JN162997

国際規範としての人権法と人道法

篠原　梓

Human Rights and Humanitarian Law
as International Norms

東信堂

はしがき

2017年を迎えた国際社会では、5年にわたるシリア内戦が終結する兆しは未だ見えず、日本が国連PKOに自衛隊を派遣している南スーダンでも武力闘争が激化してきている。中東・アフリカ地域の混迷は多くの難民や移民を送出し、これを受入れる寛容な政策をとったヨーロッパで、難民関係者によるテロが相次いでいる。その結果社会に不安が蔓延すると同時に、イギリスのEU離脱決定のような分断化が進んできた。アメリカでも医療保険改革や核兵器廃絶を目指したオバマ大統領に代り、移民・難民に厳しい姿勢をとるトランプ大統領が就任した。又拉致事件を解決していない北朝鮮が核開発を止める気配はなく、南シナ海の軍事拠点化を進める中国は国内で人権活動を抑圧する等、アジアも決して安定した状態にはないと言えよう。

日本でも近隣諸国との領土紛争に加え、一旦合意を達成した慰安婦問題で韓国との関係が悪化している。このように人権・人道を巡る対立は国民感情を直接に喚起し、国家間紛争や内戦に発展する要素を多分に内包している。従って明確な国際基準を設定して、国々の行為規範を確立することが必要とされ、国連や赤十字国際委員会を中心に人権・人道法条約が締結されてきた。人権法と人道法は夫々平時或いは戦時において、個人の権利を侵害から守るための法であり、謂わば人々を保護する「戦争と平和の法」と捉えられる。

本書は国際人権法と人道法の全体像を把握した上で、両者の比較対照が可能とされるよう、現代国際法理論との関わりを分析して、国際規範としての実体や性格を解明することを目的としている。人権法と人道法は歴史的経緯や成立過程、履行方法等多くの面で異なる特徴を示しているが、両者が相俟って人間の生命と尊厳を確保していくと言える。そして人権・人道に関する国際法が現在抱えている課題を提示することにより、21世紀における国際規範としての人権法と人道法の更なる発展を期待できると考える。

著　者

目　次／国際規範としての人権法と人道法

はしがき …… i

序 …… 3

第一部　国際法の成立と特徴 …… 15

はじめに　―国際法の歴史― …… 16
1　国際法における主権概念 …… 18
2　国際法の主体 …… 20
3　国際法上の権利義務の性格 …… 24
はじめに　24
(1) 対世的義務の概念　27
(2) 強行規範の実定化　29
4　義務違反に対する国際法上の責任 …… 34
はじめに　34
(1) 国家責任条文　36
(2) 外交的保護　37
(3) 個人の国際犯罪　40

第二部　国際人道法の生成と発展 …… 49

はじめに …… 50
1　戦争の違法化　―ユス・アド・ベルム― …… 51
2　武力紛争法　―ユス・イン・ベロ― …… 56
3　国際人道法の概念 …… 58
4　国際人道法条約 …… 61
5　条約による非人道的兵器の規制 …… 66

6　慣習としての国際人道法……………………………… 69
7　慣習国際人道法認定の阻害要因……………………… 74
8　国際裁判における国際人道法の適用　……………… 79

第三部　人権の国際的保護と保障…………………… 89

はじめに……………………………………………………… 90
1　国連における人権保護のための組織整備………… 92
2　国際人権規約の成立…………………………………… 98
3　難民条約と議定書の成立……………………………… 102
4　個別分野における人権条約の締結………………… 107
はじめに　107
(1)　人種差別の禁止と撤廃　108
(2)　女性差別の禁止と撤廃　112
(3)　子どもの権利の保護と促進　115
(4)　拷問等の禁止と廃絶　117
(5)　死刑の廃止　120
(6)　移住労働者と家族の権利保護　121
(7)　障がい者の権利の保障　123
(8)　強制失踪からの保護　125
5　人権条約の履行と実施措置…………………………… 127
はじめに　127
(1)　ILO 条約の履行監視制度　128
(2)　国家報告制度　131
(3)　国家通報制度　136
(4)　個人通報制度　138
(5)　調査制度と防止制度　142

6 人権条約に対する留保…………………………… 145
はじめに 145
(1) 留保の一般規則と人権条約の留保条項 146
(2) 条約の留保に関する実行ガイドラインの策定 150
(3) 人権条約に対する留保の実態と特徴 153
7 慣習としての国際人権法………………………… 157
はじめに 157
(1) 植民地人民の自決権の確立 159
(2) 人権条約規範の慣習化 163
(3) 人権分野における慣習法認定の特徴 171
8 他の国際人権規範………………………………… 184
はじめに 184
(1) 人権分野の国連総会宣言・決議の概要 185
(2) 国際人権基準の履行監視制度 187
(3) 国連人権理事会の制度構築と履行監視活動 190

結 語……………………………………… 203

主要参照文献 …………………………………………… 215

あとがき …………………………………………… 223

索引…………………………………………………… 226

国際規範としての人権法と人道法

序

21世紀の今日、国際連合を初めとして国際社会一般においても「人権の主流化」が顕著な趨勢と捉えられている。20世紀半ばの国連の設立後間もなく起草に取組まれ、総会で採択された世界人権宣言とその条約化である国際人権規約の成立、人種・性差別の禁止や難民・子どもの権利保護等の個別分野における様々な多数国間条約の締結、更にそれらの条約に導入された履行監視メカニズムの実現と、新たに設立された国連人権理事会における普遍的定期審査（Universal Periodic Review ; UPR）の最近の実行に加えて、国家間の紛争を解決するための国際司法裁判所（International Court of Justice ; ICJ）に付託される訴訟においても、死刑執行の停止や人種差別、自決権（right of self-determination）・外国人追放・ジェノサイド・犯罪人引渡し等人権に関わる事件の増加傾向が著しい。しかし20世紀前半の国連設立以前には、人権の保障は各国の国内法に委ねられる代表的な分野として、国際法においては国内管轄（domestic jurisdiction）事項に該当すると認識され、国家による外国人の権利侵害の救済や労働者・少数者保護等の例外的な事象においてしか扱われることがなかった。その方向が大きく転換されたのは言うまでもなく国連の設立に負うところが大きく、国連憲章第1条に規定される機構の目的に「人権及び基本的自由」の尊重が掲げられ、第二次世界大戦や戦時中の大規模な人権侵害の経験を踏まえて、平和の実現と人権保障との間の非常に密接な相互依存関係に基づき、国際連盟に代る新しい政府間機構が国際連合として設立されて人権保護活動を開始したのである。従って現在では、人権問題が国内管轄事項の範囲内に止まるとする考えはもはや時代遅れとなり、国際法の様々な規範により規律されるべき国際関心（international concern）事項として、近年になって唱道されるように国際法の主流としての地位を人権の国際的保障は獲得するに至っている。このように翻れば、国際人権法は20世紀後半から現在までの国連による人権促進活動により実定化され、強力に推進されつつあると言っても過言ではあるまい。

国際人権法が平時の人や財産の保護を目的とするのに対して、戦時における個人の保護も戦時国際法或いは武力紛争法の大きな課題の一つであり、赤

十字国際委員会 (International Committee of the Red Cross ; ICRC) の本部が置かれた地名からジュネーブ法との名称を経て、現在では国際人道法という用語が定着している。これを推進したICRCは政府間国際機構に先行して、19世紀に設立された古い伝統を誇る民間団体 (NGO) で、スイス政府の支援の下に1864年には早くも「戦地における軍隊中の傷者及び病者に関する条約」(第1回赤十字条約) が締結された。この条約はその後も改正を重ねると共に、1929年には「捕虜の状態改善に関する条約」が成立し、第二次世界大戦後の1949年にジュネーブ諸条約として戦争犠牲者の保護を目的として集大成された。又19世紀における国際法の多くの部分が戦時法から成立っており、平時国際法に分類される規範が相対的に限定されていたことからも窺えるように、絶え間ない戦争を経験した19世紀から20世紀初頭の世紀転換期には、平和への希求と呼応して戦時国際法の分野で多くの多数国間条約が成立したが、一般にハーグ法と呼ばれるこれらの条約にも人道法に相当する規定が数多く含まれている。20世紀後半には国連が原則として掲げる憲章第2条4項の武力行使違法化の下で、戦時国際法或いは武力紛争法の重要性は俄かに低下したかに見えたが、依然として国家間の伝統的戦争はなくなっていないし、非国際的武力紛争である内戦はむしろ増加傾向にあって、大きな犠牲や甚大な被害を齎している。そこでジュネーブ諸条約を補完して強化する目的で、1977年には二つの追加議定書が締結され、更に20世紀から21世紀への転換期には、頻発する内戦等国内の混乱状態において司法制度が十分機能しない事態に鑑みて、人道法の重大違反を犯した個人を処罰する国際裁判所が国連安全保障理事会 (安保理) により設置され、個人の国際犯罪の抑止が図られてきた。そして第二次世界大戦終結後から懸案とされていた常設の国際刑事裁判所 (International Criminal Court ; ICC) を設立するローマ規程が1998年に成立し、裁判所は2003年から活動を開始している。又軍縮分野における兵器規制に関しても、大量破壊兵器としての核兵器不拡散や生物・化学兵器の禁止に加えて、対人地雷やクラスター爆弾等の非人道的兵器の規制が多くのNGOの支援を得て実現した。

以上20世紀を中心とするこの100年余りの歴史を概観しても、人権・人道法分野における国際法の発展の足跡は顕著に認められ、「人権の主流化」への動向は今後の100年近くの間にも、国際法による規律の強化を志向する「法の支配」と相俟って、引続き国際社会の重大課題に措定される可能性が高いと予測される。そのような中、人権条約の締結や人権・人道に関する慣習規範の裁判における認定と、人権に関する国際会議の宣言や声明等の規範的文書の作成を通じて、個別人権分野の国際規範の内容や特徴に関しては広く知られるところとなり、政府やNGOによる現実の人権の保護・促進運動に活用されていると同時に、研究上の関心を喚起して多様な観点からの分析が試みられてきた。しかし人権・人道法に関する国際法の動きが非常に速いことから、国際規範の生成や人権侵害救済過程の実態についての実証研究が中心であり、国際人権論と呼ばれうる法理論構築を視野に入れた研究業績は必ずしも多くないと言えよう[1]。その理由は既に述べたように、複数国家間の戦闘に適用される戦時の国際人道法に対して、人権保護政策や法制度は国毎に異なることを許容された国内管轄事項であったことから、国際人権法の発展は相対的に遅れていた事実に求められよう。これに加えて人権法・人権論の起源は近代ヨーロッパの国内社会に始り、現在も国際法の基礎であるウエストファリア・システムの普及拡大に伴って、民主主義と並び人権を尊重する機運が世界の国々に根付きつつある。その間に先進国を中心とする国内社会において、人権保護のための法政策学や法理論、更に法哲学や法社会学上の研究が蓄積され、その成果が途上国を含む世界各地に影響を与えるに至ったと考えられる。人権保護のための国内法と国際法は目的を同じくするのであり、国内で十分に議論されて練り上げられ、更に洗練された形で国外に普及されていく人権理論が共有されている以上、国際人権法独自の理論が格別必要とされていなかったと推測することに大きな困難は伴わない。しかし国内法と国際法の法構造には基本的に大きな相違が認められるのであり、国内社会を中心に発展してきた人権理論がそのまま国際人権法にも適用できるのか、或いは国際人権法独自の理論が必要とされるのか、必ずしも究明されてきてはいないと思われる。そこで国際法の国内法とは異なる特徴を明確にした上で、人権・人道に関する国際法の実態を分析する実証研究に基づき、国際法に特異な位相に根差した理論化が可能であるのか考察することを本書の目的としたい。

国際法と国内法の相違として第一に挙げられるのが法主体の構成であり、国際法主体が原則として主権国家を基本単位として、その合意の下に設立された国際機構が限定的な法主体と認められるに至った。しかし国内法主体である個人や企業、NGO 等は権利義務を付与されるのみの受動的主体、或いはその行為が一定の法的効果を発生しうるアクターと捉えられることはあっても、法定立に関与したり訴訟を提起する等の請求権を保持する能動的主体としての資格は認められていない。ところで自決権や発展の権利 (right to development) 等の国際法に特有な人権概念を除いて、国際人権法・人道法が保護する権利の大半は、原則として国際法の主体ではない個人に帰属するものである。しかしながら国際人権法の定立に個人は自らの資格では参加できない上に、権利侵害が生じても直接に救済を請求できない困難が依然として確認される。これに対して人権に関する国際規範が実体的義務を課しているのは主に国家であり、義務違反の責任を追及できるのも国家又は国際機構に限られるのを原則としている。そこで現実の国際人権法・人道法の定立や解釈・適用において、このような特異性に起因する障害や困難に国際法はいかに対応し、克服するためのメカニズムを整備しつつあるのかを解明する必要があると考えられる。

まず国際人権法・人道法の定立に関しては、国内社会における制定法や判例法に相当する法源として、特定国家間の合意である条約と一般的適用が可能な慣習法が存在するが、前者が具体的な人権カタログを成文化しているのに対して、後者は内容が曖昧な上に形成過程の分析についても様々な理論が錯綜して、不明確な部分が多く残されている。即ち同意を表明して人権・人道法条約を締結した国家の範囲を超えて、条約義務を引受ける意思表示をしていない国家一般に対しても、国際規範として人権・人道法上の義務が課されるためには、条約規範の慣習法化が原則として必要とされる。しかし慣習法化の認定は容易でなく、条約規範と慣習規範の間の相互作用や関係についても近年様々に論じられる中で、慣習国際法の理論が確立しているとは到底認められない状況であろう。慣習法が成立して国際社会の国家一般に義務が課されているかどうかの認定は、最終的には個別国家の主観的判断に委ねられるが、相反する主張の対立が国家間の紛争として裁判等の客観的な第三者判定機関に付託されない限り、確定的な結論は導きえないことになる。しかも主権国家は自らの意思に反して国際裁判において訴追されたり、客観的判定機関の結論に服すことを強制されないため、慣習法の生成や変更は非常に不確定と言わざるをえない。ただし実行は少ないものの、法的拘束力のある国際裁判の判決が下された限定的なケースにおいては、慣習法の認定や確認方法が有益な先例となりうるが、裁判判決の法源上の地位や性格に関しては更に問題が残されている[2]。他方で国連総会や安保理等国際機構とその機関の決議・宣言や国際会議の声明が、国際規範の生成に非常に重要な役割を果している現実も見逃すことができない。このような新たな法定立現象は、国家間における非法律的国際合意締結の慣行も含めて、法源論におけるソフトロー理論として20世紀末に向けて大きな潮流を齎したが、活発な議論が展開された領域として国際人権法の分野も対象とされていた。以上のように国際規範として国々を拘束している人権法・人道法の実体とは別に、その定立や認定には多様な国際法理論が関わっていて、実体法を支える周辺には様々な理論的課題が潜んでいる現実を認識できるのである。

次に国際法を執行する機能を果しているのは各国の政府機関であり、国々の法制度に従って国内法化された国際規範を通じて、人権法や人道法の履行も実現されている。しかし国内法の制定や執行が国際基準を充たすような形で実行に移されず、国内で人権侵害や人道法に悖る行為が放置されてしまうことは十分予想されよう。こうした場合には人権・人道に関する国際規範が適正に実施されているかどうかを確認するため、公正・中立な国際機関によるモニタリングがまず必要とされる。そのための手法としては国際労働機

関 (ILO) で開発された履行監視、或いは国際的実施措置を継承する制度が多くの人権条約により採用され、条約規定により設置された委員会等の条約機関の活発な関与が展開されている。又各国が人権・人道規範を適正に遵守していくためには、国連の人権理事会を初め人権高等弁務官事務所・難民高等弁務官事務所・UN Women・ユニセフ、そして国連専門機関や赤十字国際委員会等の支援や調整のための機能も不可欠であり、国際行政と呼ばれるような活動の進展も人権・人道の分野において顕著である。中でも人権理事会の前身である人権委員会によって継続されてきた経済社会理事会 (経社理) 決議1235による国別手続と、決議1503に基づく通報手続は世界人権宣言の履行監視を目的とし、同じく人権委員会によって後に開始されたテーマ別手続と共に人権理事会により継承されている。更に1回限りのモニタリングに止まらず、各国政府から提出された報告の審査や各国に対する通報の受理という、加盟国政府との「対話と協力」を通じてのフォローアップが継続され、時間はかかるものの人権状況の改善に向けて粘り強い努力が重ねられている。以上の国際機構・条約機関等による人権・人道規範の履行監視・実施措置は活発な活動として展開されており、関連情報はNGOやマスメディアを通じて広く国際社会において共有されるに至った。こうして国連機関やNGOに限らず、広く国内外の一般社会においても人権侵害や人道法違反に対する非難を高め、国際世論を形成して人権・人道法の履行を確保していくことが不可欠と認識されている。

最後に国際人権・人道法の執行・履行監視制度が20世紀後半を通じて飛躍的に発展したのは、国際法の適用即ち司法制度の進展の程度が他の機能と比較して相対的に遅れていることと無関係ではない。既に述べたように、国際法の解釈・適用の機能も最終的には各国家の主権的権限の範囲内にあり、国家間の対立から国際紛争が生じても関係国の同意の下でしか、第三者による法的拘束力のある判決が下されることはない。しかも人権・人道法違反によって被害を受けるのは、国際法上能動的主体性に欠けるため、原則として被害の救済を国際機関に対して直接に請求することが認められていない個人である。そのような中で違法行為を終結させて被害者を救済する方法は、様々に試みられてきている。まず違法行為が非常に大規模で特に重大な侵害を引起している場合には、国連憲章第7章下の「平和に対する脅威」として、国連加盟国による制裁としての強制措置が発動された事例が、20世紀後半特に1990年代に数多く見られた[3]。又重大な人道法違反を犯した個人は、国連安保理によって設立された国際刑事裁判所や国内に設置された特別法廷において裁かれ、政治的な理由等に基づく不処罰 (impunity) の慣行の根絶が図られて、ジュネーブ諸条約に規定される普遍的裁判管轄権の行使と相俟って、国際人道法の遵守・履行の徹底が実現されてきた[4]。更に今世紀初頭には常設的な国際刑事裁判所が活動を開始し、既に数件の付託事件において判決が下されている[5]。これに対して人権裁判所の設置は、欧州・米州・アフリカの地域レベルにおいてしか実現していないし、その中人権侵害を受けた個人に裁判所への直接の出訴権が認められるのは欧州人権裁判所の制度に限られている。従って人権侵害の被害者が救済を求められるのは原則として国内裁判所に限定され、そこで救済を受けられなかった外国人の場合に限り、国籍国が自国民の被害に関して外交保護権を行使して、国家間紛争解決のための国際裁判所に請求を提起する実行が伝統的に認められてきた。このように未だ数は多くはないものの、国際人権・人道法が適用されて法的拘束力のある判決によって救済が実現されるケースは、近年増加傾向にあると言えよう。そして人権・人道法に関する裁判判例の積重ねを通じて、国家間の合意によっても逸脱が許されない強行規範 (*jus cogens*) としての性格や、国際社会全体への責任を発生させる対世的 (*erga omnes*) 義務の概念が人権・人道法の一部に認められ、より効果的な人権侵害の救済を可能にしていくと考えられる。

本書では以上の目的意識の下に、国際規範としての人権法と人道法の現状と将来の進展の可能性について、特に国際法理論との関わりに焦点を当て分析しつつ考察していきたい。言葉を換えると法源論・慣習法理論・国家責任法等の国際法の理論的枠組を人権・人道の分野に適用して、そこから対象とされる人権・人道法規範の全体像と発展段階を把握することを目指して検討を加えていく。尚本研究の対象は国連や専門機関、赤十字国際委員会等の普遍的な国際機構やNGOの活動を中心とし、地域的な機関における人権保護活動の状況については最低限の言及に止めることとしたい。何故なら日本はいかなる地域的人権機関にも属さず、アジア全体に拡がる人権条約や人権機関の構想は近い将来実行に移される状態にはないからである[6]。従って地域的人権保障制度が場合によっては地球規模の人権保護体制の数歩先を行く現状であるとしても、日本としては国連に代表される普遍的人権保護制度を少しでも先行する段階にまで近づけ、より精緻な法制度の構築に貢献していくべきと考えられよう。

本書の構成としてはまず第一部で、国際人権法・人道法を考察するために必要とされる国内法とは異なる国際法の特徴を、国際法の歴史・主権概念・法主体・権利義務の性格・国際責任に関して概観しておくこととする。特に後半では前述の対世的義務や強行規範のような、人権・人道法規範の発展と深く関連する新たな概念についての研究状況を明らかにすると共に、国家責任や外交的保護・個人の国際犯罪に関する最近の動向について検討を加える。第二部は150年以上にわたる歴史を経て形成された国際人道法の発展の経緯を、第一次世界大戦・第二次世界大戦とその後の国連における武力行使の違法化や非人道的兵器の規制と併せて、条約締結と慣習法形成そして国際刑事裁判における適用を通じて分析し、21世紀の現時点で国際社会が直面する課題を提示したい。第三部では20世紀後半における国連を中心とした国際人権法の発展とそれを推進する組織基盤を明らかにし、国際人権条約の実体規定と実施措置の現状や、慣習並びに他の国際規範としての国際人権法に関する理論的な推敲を重ねた上で、条約規範と慣習規範の其々が抱える問題点を浮彫りにして、国際人権規範の特徴と実効性について考察する。以上の検討から導出された知見を、最後に結語において人権法と人道法の比較・対照として纏めていきたいと考える。

注

1 初期の理論的研究書としては、Lauterpacht, H., *International Law and Human Rights* (1950) が挙げられるが、国連による国際人権法の実定化以前に出版されたものである。又慣習国際法理論を人権・人道分野に適用した画期的な著作は、Meron, Th., *Human Rights and Humanitarian Norms as Customary Law* (1989) で、本書もここから非常に大きな示唆を受けたものの、重大な人道法違反を裁く国際刑事裁判所や国連人権理事会設立以前に発表されたため、20世紀までの法状況を分析する上では有益であった。最近の包括的な国際人権・人道法に関する体系書は、欧米の多くの大学で設置されるようになった「国際人権法」の講義の教科書として書下ろされる傾向が顕著で、中でも Steiner, H.J., Alston, Ph., Goodman, R., による *International Human Rights in Context : Law, Politics, morals* (1996, 2000, 2007) とそれを継承する *International Human Rights* (2013) が充実しており、Tomuschat, Ch., *Human Rights : Between Idealism and Realism* も理論的洞察が優れている上に、2003年・2008年と版を重ねている。

2 ICJ 規程第38条1項は「付託される紛争を国際法に従って裁判する」任務を達成する上で、国際条約・国際慣習・法の一般原則を適用するとしているが、第59条の「裁判所の裁判は、当事者間において且つその特定の事件に関してのみ拘束力を有する」との規定に従うことを条件として、「裁判上の判決及び諸国の最も優秀な学者の学説」を「法則決定の補助手段として」適用することを認めている。従って英米法諸国に見られる直接の先例拘束性を承認されてはいないと考えられている。

3 冷戦期には1966年の安保理決議232による白人政権を樹立した南ローデシアに対する経済制裁や、アパルトヘイト政策を継続する南アフリカに対する武器禁輸決議 (418) に従った強制措置が挙げられる。冷戦終結後の1990年代以降は「平和に対する脅威」の認定件数は飛躍的に増大し、1991年には旧ユーゴスラビアに対する武器禁輸決議 (713)、1992年の対ソマリア決議 (733) 対リビア決議 (748) 対リベリア決議 (788)、1993年の対ハイチ決議 (841) 対アンゴラ決議 (864)、1994年の対ルワンダ決議 (918) 等が挙げられるが、それ以降もアフリカ諸国における内戦に関する安保理決議が継続してきた。

4 安保理決議により設立された旧ユーゴ国際刑事裁判所 (ICTY)・ルワンダ国際刑事裁判所 (ICTR) の他、カンボジア特別法廷・シエラレオネ特別法廷が審理を継続している。尚安保理決議1272に基づき派遣された PKO、国連東ティモール暫定行政機構 (UNTAET) が2000年に設置した重大犯罪特別法廷は、400名近い容疑者に対する裁判を行った後2005年に任務を終了した。

5 2012年のルバンガ (Lubanga) 被告に対する14年の禁固刑を科す有罪判決の他、同年末には同じコンゴ民主共和国の Ngudjolo Chui 被告に戦争犯罪と人道に対する罪についての無罪判決が下されたが、検察側からの上訴により控訴審への移行となった。又検察官が自己の発意により2010年から捜査に着手したケニアの事態では、ケニヤッタ (Kenyatta) 大統領に対する訴追は2014年に取下げられ、ルト (Ruto) 副大統領等に関しては第一審で訴追の終了が決定された。ごく最近の事件としては、西アフリカ・マリの文化財を破壊したとして戦争犯罪に問われたマフディ（al-Mahdi）被告に対し、2016年9月に禁固9年の判決が下されている。

6　Tomuschat, *op.cit.*, pp.36-37

第一部
国際法の成立と特徴

はじめに　―国際法の歴史―

国際法の起源は古代ギリシャの都市国家間の戦争や条約締結、ローマ法における「諸民族の法」(*jus gentium*) の規則や中世キリスト教世界で信奉された自然法思想、更にヨーロッパで広く行われていた商慣習や海事慣習等にも求められるが、近代国際法の成立は近世絶対主義王政の確立に伴う主権概念の生成と、絶対的な最高権力である主権の君主間での相互承認に基礎を置くと考えられている。中世封建社会の終焉とされて最後の宗教戦争となった三十年戦争終結時の、ウエストファリア会議で締結された1648年の条約により西欧国家体系(ウエストファリア・システム)が樹立され、主権平等と独立・領土保全・国内問題への不干渉等の国際法の基本原則が合意された。この時期は「国際法の父」と呼ばれ、最初の国際法に関する体系書『戦争と平和の法』を著したグロティウス(Grotius)が活躍した時代でもあった。

他方国内社会において、主権者として権力の集中を果した絶対王政は国民(その時代は臣民と言われていた)による抵抗を余儀なくされ、イギリスではドイツの三十年戦争の期間中に「権利の請願」(Petition of Rights)や信教の自由を求めるピューリタン革命が進行し、17世紀後半には名誉革命と「権利の章典」(Bill of Rights)が実現した[1]。その動向を推進したのは自然法理論に基づく社会契約説であり、ホッブス(Hobbs)・ロック(Locke)等のイギリスの学者によって発表された政治理論が大きく影響していた。その後ヨーロッパ各地で国王の権力に対抗する政治思想としての人権論がルソー(Rousseau)等により展開され、アメリカ独立時の1776年独立宣言と1789年のフランス人権宣言において近代国民国家の樹立と共に結実したのである。これにより国内社会は一応平等な国民から構成される民主主義社会として、もはや国王の絶対的権力を認めない国民主権を目指す方向へと舵をきるが、その動きは決して速いものではなかった。まず国民主権の根幹とされる議会への代表を選ぶ選挙権が有産階級の国民に限定され、更に女性も長い間政治参加から排除され続けることになる。その他にも少数者(minority)や植民地人民に対して国民と同じ権利が認められず、抑圧的支配を受けたり場合によっては奴隷として売買される制度さえ横行していた[2]。これらの人権侵害は19世紀を通じて徐々に是正されていったが、それでも多くの弊害が20世紀まで持越され、今も大きな国内の政治・社会問題としてのみならず、国家間の国際的な摩擦を引起こす要因となっている。

17世紀から18世紀にかけてのヨーロッパで、先進国を中心に国内で確実になりつつあった国民国家の進展は、同時にその外部的枠組である近代国際社会の基本構造の構築にも寄与することになる。まず国内で絶対最高の権力を意味する主権を有する者は、従来の家産国家における国王の世襲から国民の意思による選出に移行していき、世襲に基づく国王制が維持されて主権者の地位が継承されても、象徴的・非政治的な意味しか持ちえないようになっている。従って「主権在民」と言われるように、主権の所在は国民一般に普及される結果を齎したものの、主権を持つ国民の代表として信託を受けて立法権限を行使するのは議会であり、法の国内での執行や対外関係を処理する行政権限を行使するのは、国民による直接選挙又は議会の信任に基づく政府である。このようなメカニズム或いは法制度により、国内社会における主権即ち対内主権の所在は国民一般に移ったのに対して、政府によって行動すると見做される国際社会の構成単位としての国家は、依然として対外主権を保持し続けている。いかなるものにも拘束されない最高・絶対の権力としての主権概念は、国内社会においても歴史上重要な機能を果していたが、国内の主権概念の影響を強く受けていたと考えられる18世紀当時とは異なり、現代の国際法においては次に見るように対外主権として異なる意味内容を付与されていると考える[3]。

以下第一部では、国際法における主権の内容と法主体性、法主体が有する権利義務の性格、そして義務違反が生じた場合の国際法上の責任について、順次検討を加えていく。

1　国際法における主権概念

国際社会において主権国家は国内と同様にいかなるものにも従属することのない最高の権力を保持するが、権力の行使は自国の領域内に限定され、他国の領域についてはその国の主権を尊重し、そこで生じる問題に対して不介入の姿勢を貫くことが原則とされる。これがウエストファリア条約で合意された主権平等と独立・領土保全・不干渉の原則の内容であるが、そのような合意が主権国家を拘束するという基本原則 (*pacta sunt servanda*) 自体を、若しくは長期間にわたり行われてきた国家間慣習に従わなければならない義務 (*consuetude sunt servanda*) を、国家の主権概念そのものから導くことは困難である。主権国家自らが同意した約束を守らなければならないという意思主義、或いは自然法に基づく自明の理 (axiom) に根拠を求めることは可能であるとしても、主権が絶対的と捉えられる場合には、自らの意思を翻したり自然法に反する行動も許されることになろう。従って主権国家が基本原則を受入れたり確立した慣習に従うのは、国家によって構成される国際社会の構築や秩序維持のために、国家相互の共存を図る制度としての国際法に対する承認が前提にあると考えられる[4]。即ち国内社会の構築における社会契約説が歴史上実際にはありえなかったフィクションとして、国内的支配の正当性を保持する理論上の大前提とされているのと同様に、主権国家を拘束する国際法上の基本原則は、国際社会の構築それ自体に内在する一定の義務を国家に対して課していると認められる。言葉を換えると、個別の主権国家が明示又は黙示に同意を表明しているか、一定の慣行を尊重して慣習法の形成に参加しているかに関わりなく、国際社会の一員としての国家の資格を主張して自認する以上、国内社会と同様の絶対的な主権を行使することはもはや許されず、国際社会の秩序維持のために一定の義務が課されるのは、社会契約によって正当化された国内社会における個人への支配と同じなのである。

国内法が数万人から数億人の国民たる個人を法主体として、政治参加の権利と基本的人権を認めると同時に、法人を含めて国内法の規律対象としているのに対して、国際法の本来の主体は国際社会の一員として、その秩序維持に寄与することを期待される主権国家に限られるが、その数は僅か数十の主権国家に始って、国際法の適用範囲の地理的な拡大や植民地の独立に代表される新独立国の参入を経ても、現在約二百を数えるに過ぎない。このような数字上の規模の相違以上に大きな制度上の違いが、組織化の程度として国際法と国内法との間には認められる。まず約二百の主権国家が並立する国際社会において、国内社会のように権力の統合は未だ達成されていないので、議会のような法制定のための専門的な機関は存在しない。従って国際法の成立様式も統一的・一般的に適用される制定法ではなく、国内社会において締結した者のみに限定して拘束力を生じる契約と同質とされる条約と、国際社会の一般或いは地域等限定的に拘束力を生じる慣習法が中心となっている。又国際法の規則は国内法に一般的に受容されたり変形されたりして、国内法と同様に各国政府によって執行されるのを原則とし、国際的な法執行機関が存在するわけではないが、20 世紀に入って国際機構が数多く設立されるようになると、加盟国内における国際法規則の実施状況を確認して調整し、国際的な義務の履行を監視・促進する機能が国際機関によって担われるようになった。国際行政とも言われる国際機関のこのような任務は、国際人権法・人道法上の義務の履行・実施のために、後述するように非常に重要な役割を果している。

最後に国際法の適用についても、国際法規則を解釈して執行に当って適用するのは各国家を原則としているため、最終的な解釈・適用の権限は主権国家の権能の一部になっている。従ってそれが対立を生じた場合、国家間の紛争に対して法的拘束力のある最終的判決を下すべき第三者機関たる国際裁判所は、20 世紀初頭までは紛争当事国の同意に基づいて事件毎に仲裁裁判所が設けられるのが通例で、1920 年に国際連盟によって初めての常設機関として常設国際司法裁判所（Permanent Court of International Justice ; PCIJ）が設立されたものの、仲裁裁判所と同様に事件の付託には紛争当事国の同意が要件とされていた。第二次世界大戦後 PCIJ は国際司法裁判所（ICJ）として国連の主要司法機関と位置付けられ、更に20世紀後半には地域的人権裁判所や国際海洋法裁判所、国際刑事裁判所（ICC）等常設的な国際裁判所の多様化が実現した。しかし常設の司法機関として国際裁判所は活動しているにも関らず、国内裁判所のように統合的国家権力を背景とする同意に基づかない強制的な裁判管轄権を一般に有していない。国際裁判所の義務的裁判管轄権を拡大するために、多くの人権条約に見られるように多数国間条約中に裁判付託条項を挿入したり、予め一定の紛争について義務的管轄権を受諾する宣言方式が採用されたりして、国内裁判所の管轄権に近づける努力が様々に試みられているが、現在に至っても十分成功したと言うには程遠い状況である。以上のように、国際法と国内法では主体の数が異なるだけでなく、法の定立・執行・適用の全ての機能について大きな相違が認められるが、その理由は国内社会が権力的な統合を達成しているのに対して、国際社会は主権国家が並立する分権社会であることに求められ、国家間の主権を相互に尊重して秩序ある共生を実現するために国際法は機能していると言えよう。

2 国際法の主体

国際法の本来の主体は前述のような主権を有する国家に限定され、国家機関の地位において行動する場合を除き、その管轄権下にある個人や団体が直接に国際法の定立・執行・適用に関わることはなかった。しかし例えば二国間の友好通商条約が相手国民の待遇について規定したり、相手国に登録された法人の自国内における商業活動を許容・限定するような実行は頻繁に認められ、そこでは個人や法人に両国の国内法上付与されるべき権利義務関係が国際法によって規律されていた。又慣習法上も海上交通の安全を脅かす存在としての海賊行為が厳しく規制され、国家領域外で海賊行為に従事するいかなる個人や団体に対しても、いずれの国も管轄権を行使して取締ることが可能とされてきた。即ち個人や法人は国際法の主体とはなりえず、その規律を受ける客体としてしか伝統国際法においては認識されていなかったのである。

このような国際法主体性の国家による独占状態は20世紀初頭まで長く続くことになるが、それを修正するような予兆は150年程前に既に顕れていた。

主権国家ではないアクターが国際法の定立に大きな影響を及ぼした最初の実行例は、国連のような政府間国際機構ではなく、民間団体であるNGOによって実現された。イタリア統一戦争における傷病兵の惨状を記した『ソルフェリーノの思い出』の作者であるデュナン (Dunant) を中心として、1863年にはジュネーブ公益協会の協力を得てスイスの国内法人として負傷兵救護国際委員会が設立され、1880年に赤十字国際委員会 (ICRC) と名称を改めた。同委員会は武力紛争において戦闘能力を失った傷者・病者を敵味方の区別なく積極的に救援すると同時に、活動の法的基礎となる国際人道法の定立にも深く関与することになった。それは1864年に成立した最初の赤十字条約 (傷病兵保護条約・後の第1条約) として結実するが、条約は委員会の活動に賛同するスイス政府を通じて各国に提案され、ジュネーブにおける政府間の外交交渉を経て国家間の多数国間条約として締結された。従って実質的にはともかく少なくとも形の上では、国際法の主体に変更を加えるような新しい法定立の要素は何ら認められなかったのである。その後第1回ハーグ平和会議が開催された1899年には、海戦時に適用される海上傷病難船者保護条約 (第2条約) が成立し、第2回ハーグ会議の1907年に両条約は改訂された。更に第一次世界大戦後の1929年には捕虜条約 (第3条約) が追加されると共に、先行する二つの条約が再度改訂され、第二次世界大戦中にはこれら三つの条約の多くの規定が慣習法として機能していたと言われる[5]。そして戦後の1949年に戦闘に加わらない民間人を保護する文民条約 (第4条約) を加えて、ジュネーブ4条約として赤十字国際委員会により集大成されたのである。

以上のように20世紀前半までに、赤十字国際委員会は国際人道法の普及・発展に大きく寄与してきたにも関らず、その国際法上の主体性が問題とされることはなかった。何故なら人道規範の実定化は伝統的な国家間条約の形式を継承し、又戦争犠牲者の実際の保護活動に際しても大きな支障が生じないよう厳格に中立・公正な態度が維持されて、交戦国の同意の下に戦闘地域で独自の活動が行われていたためと考えられる。20世紀に入ると第一次世界大戦後に、国際連盟と国際労働機関（International Labor Organization ; ILO）という初の政府間国際機構が多数国間条約によって設立された。連盟は国際協力の促進と各国間の平和安寧の完成を目的に活発な活動を開始し、ILOは労働分野における国際的基準の設定に着手したが、後者の活動は赤十字条約の場合と同様に加盟国間の多数国間条約の締結という伝統的手法を採用していた。ただし条約草案を採択するのは従来のように政府間でアド・ホックに開催される外交会議ではなく、政府代表に加えて雇用者代表・労働者代表からなる三者構成の国際労働総会によるものであったため、国家による独占的な国際法定立を覆す新たな形態がILO条約について実現したとして、これを革新的な「準立法的活動」と称揚する動きも見られた[6]。又ILOを設立する憲章の改正やILO条約の履行についても、国際機構独自の組織的な進展が実現されたが、これについては第三部**5**で詳述することとしたい。

このように国際関係における新しいアクターとしての政府間国際機構の活動は、国際協力の促進という調整的な機能のみでなく、国際法定立の実体的側面においても顕著な貢献を齎すようになったにも関らず、20世紀前半の国際連盟の時代に国際法上の主体性についての議論が生じなかったのは、NGOとしての赤十字国際委員会の場合と同様であった。そして政府間国際機構の国際法主体性が初めて争点とされたのは、国際連合設立後の1948年に総会が国際司法裁判所（ICJ）に勧告的意見を求めた損害賠償事件（国連の勤務中に被った損害の賠償に関する勧告的意見）においてであった。

第一次中東戦争の際に国連の調停官として派遣されたスウェーデン赤十字総裁のベルナドッテ（Bernadotte）伯爵が、国連監視団と共に任務遂行中にイスラエル支配下のエルサレムで殺害された。これに対する損害賠償を得るために国連は国際請求を提起しうるかが問題となり、国連の法的能力についての裁判所の意見が要請された。翌年与えられた裁判所の勧告的意見は国連の国際法上の法人格を承認した上で、その具体的な権利義務は国家間合意としての設立条約に明示又は黙示される機構の目的・任務に依存するため、国連は加盟国に対しても非加盟国に対しても国際請求を提起しうると結論付けた[7]。この結論は国連に限らず政府間国際機構一般に適用可能であり、ここから国際機構は一般的に国際法上の法人格を有すが、国際請求を提起できる基礎となる権利義務は設立条約の目的・任務の範囲内に限られるとの認識が確立された。更にこの勧告的意見の意義は国際法上の法人格の内容に関して、権利義務を保持できることと国際請求によって権利を主張しうることと措定して、国際法の主体概念を明確化した点に求められる。従って国際法主体の国家による独占は修正を受け、限定的にではあるが政府間国際機構の法主体性が承認されたが、個人や法人・NGOの国際法上の主体性の考察においても、本勧告的意見の主体概念が非常に有益となろう。

伝統的には国際法の規律を受けるだけの客体と認識されていた個人は、19世紀後半からの赤十字条約や戦間期に数多く締結されたILO条約・少数者保護条約等により、国家の機関としてではなく個人又はその集団として一定の保護を受ける権利を付与されるに至ったと考えられる。更に従来の慣習法上の海賊行為の禁止に加えて、20世紀中葉にはニュルンベルク裁判と東京裁判で人道に対する罪・平和に対する罪・戦争犯罪という国際法上の犯罪で個人が処罰され、又集団殺害（ジェノサイド）やアパルトヘイトの禁止等を国際犯罪として、個人や集団に直接に義務を課す条項を設ける条約が締結されるようになった。従って個人は国際法上の権利義務を有する主体と見做されることは可能となったものの、権利が侵害された場合でも国際請求を提起することはできず、伝統的な外交的保護制度を利用して個人の国籍国或いは法人の登録国を通じてしか、侵害に対する国際法上の救済を求められない。又赤十字条約やILO条約の締結過程で顕著なように、個人や団体が例外的に条約の作成に直接又は間接に関与することはあっても、国家と国際機構以外が国際法の締結主体となることはないと言えよう。そのため個人や法人等の団体は国際法の受動的主体ではありえても、能動的主体とはなりえない段階にあると考えられている。ただし一定の条約制度においては、例えば欧州人権条約の締約国による人権侵害に関する訴訟を個人や団体が直接に欧州人権裁判所に提起したり、国際海洋法裁判所規程第20条2項が深海底に関して明示的に規定される事件については、締約国以外の主体にも裁判所が開放されるとし、又投資紛争解決条約の締約国に対する調停手続や仲裁手続の開始を、他の締約国民が投資紛争解決センター（International Centre for Settlement of Investment Disputes ; ICSID）に直接請求することが可能とされる等の事例が見られる。しかしそれはILO条約の採択のように特定の機構の設立条約に基づく制度内部に限定された現象に過ぎず、個人や法人の国際法上の能動的主体性承認に直ちに結びつくとは考えられないと言える。

3 国際法上の権利義務の性格

はじめに

国際法上包括的な権利義務能力を有する本来の主体（一次的主体又は原初的主体）が主権国家であり、その主体間の合意である条約により二次的主体として政府間国際機構が設立されて国際法の定立や執行に関わり、場合によっては設立条約に規定される権限の範囲内で加盟国や他の国際機構と条約を締結したり、損害賠償等の国際請求を提起する能力が承認されるに至った。又友好通商条約や人権条約・人道法条約によって個人や団体に権利義務が付与され、海賊行為や武力紛争時の一定の行為の禁止等慣習法上のルールにより、個人や団体が受動的主体として国際法の規律を受けている。しかし国際法の本来の主体が国家である以上、国際法が設定する権利義務は本来主権国家間の法的関係として、ウエストファリア・システムの下で伝統的に捉えられてきた。ではそれらの国家間の権利義務がどのように機能し、変容しているのかをここで考察してみたい。

まず初めに主権国家は平等・独立の主体であり、その中の任意の二主体の間には一方の権利に対応して他方には義務が生じるというように、相互主義（reciprocity）の観点から国家間の権利義務関係は相対的に認識されていた。その典型的な法的状況は二国間条約の中に見出され、国内法上の契約と同じ機能を果していると考えられる。これに対して多数国間条約締結の慣行は、戦後の講和条約における複数の戦勝国と敗戦国の間の同内容の取決めを成文化する必要から始ったが、やがて19世紀における国際関係の緊密化を背景に共通の国際的なルールによる規律の要請に応えて、数多くの多数国間条約が成立するようになった。多数国間条約は二国間条約の場合とは異なり、相対する権利義務というよりは一定の同じ内容の行為規範を規定しているために、国内の制定法と同様の機能を果していることから、立法条約と言われて二国間の契約条約とは区別する学説が唱えられ始めた[8]。しかし一締約国の条約上の義務や義務違反に対応して他締約国はその履行や責任を追及する権利を有し、同様に条約上の権利を尊重する義務が他の任意の一締約国に課されているという意味で、立法条約においても権利義務の法的関係は相対的にしか作用していない。従って締約国間に相互的権利義務を設定する条約としての本質にいかなる相違もなく、二国間の契約条約が法的関係の完結を意味しているのに対して、立法条約は国際社会全体への普遍的適用を志向しているものの、立法条約と契約条約の区別は国際法において法的に意味のある区分とは認められていない[9]。

同意を表明した締約国のみを拘束する条約とは異なり、国際社会一般又は或特定の地域や関係集団一般の国々に対して一定の同等の行為を要求する慣習法についても、国家間の権利義務関係は立法条約の場合と同様に捉えられる。即ち国際社会や地域・集団全体の中の任意の二国間の法的関係として、慣習法上の権利義務関係も相対的に抽出されてしまうのである。このことは任意規範である慣習法規則を、特定の二国間或いは数カ国間で条約を締結して変更した場合、条約締約国間では特別国際法として条約規則が優先的に適用され、締約国と非締約国との間又は非締約国相互間では慣習法規則が適用される状況から明らかであろう。

同じことは多数国間条約に対する留保についても認められる。留保とは、条約の特定の規定の自国への適用上その法的効果を排除又は変更することを意図して、条約への同意の表明の際に単独に行われる声明である（条約法条約

第1条1項d)。表明された留保に異議を申立てず受諾したと見做される国と留保国の間では留保によって変更された条約内容が有効となり、異議を申立てかつ留保国との間で条約の発効を妨げる意図を明確に表明した国と留保国との間では条約関係は発生せず、異議を唱えたが条約関係の発生に反対しなかった国と留保国の場合は、条約中の留保に関わる条項のみが適用されなくなる(同条約第20・21条)。このように多数国間条約で同等の行為規範が一般的に規定されていても、条約の一体性が保たれて平等に適用されるのではなく、単なる例外というよりも遥かに頻繁に利用される留保の制度化によって、恰も二国間条約の束のような形で多数国間の条約関係が捉えられている。

ただし留保の表明にしても異議の申立てにしても、いかなる基準もなく恣意的に行われているのではなく、留保について規定される留保条項や留保に関する事前の了解が欠けていても、表明された留保が条約の趣旨及び目的と両立していなければ許容されないという判断基準(両立性の原則)が設定されている(同条約第19条)。そしてこの両立性の判断が他の全ての締約国に委ねられていて、多数決の導入等によって統一化が多少なりとも図られているのは、国際人権規約に先立って国連の初期の実行において起草された1965年の人種差別撤廃条約(第20条2項)のようにむしろ例外と言えよう。両立性の原則が成文化されたのは1969年の条約法条約においてであるが、その契機となったのは1951年のジェノサイド条約に対する留保事件でのICJの勧告的意見で、数カ月前に発効したばかりのジェノサイド条約のような立法的な条約では、できる限り多くの国に普及して国際社会における普遍性を高める必要があり、多分に契約的な色彩の強い条約の一体性の確保に優先されるべきとの論拠に基づいていた[10]。この時ICJによって新たに提示された両立性の原則がその後国連内部の行政的慣行において踏襲され、条約法条約の成立時には既に慣習法として確立していたと考えられる。しかし留保により多数国間条約の権利義務関係が非常に複雑になるばかりでなく、1990年前後のアメリカによる人権諸条約への留保や女性差別撤廃条約へのイスラム諸国の留保等、自国の国内法を条約規定に優先させる一般的性格の留保が適切に異議を申立てられないまま許容されていることへの批判が高まり、条約法条約を起草した国連国際法委員会 (International Law Commission ; ILC) が 1993 年に「条約に対する留保についての法と慣行」の検討を決定した。その成果については、第三部**6**で詳しく取上げることとしたい。

(1) 対世的義務の概念

以上のように、国際法上の国家の権利義務は最終的には二国間の法的関係に還元しうる相対的な性格と捉えられる伝統に対して、それに加えて本質的に異なる権利義務の概念が ICJ によって 1970 年に初めて提示された。自国民である株主の権利がスペインの措置により侵害されたとして、ベルギーが外交保護権を行使して訴訟を提起したバルセロナ・トラクション事件 (第二段階) において、裁判所はベルギーの当事者能力 (*jus standi*) を認めず事件を受理不能と判決したが、その傍論 (*obir dicta*) は次の区別を明らかにしている；

> 自然人であれ法人であれ外国の投資や外国人を自国の領域に入れるとき、国はそれらに対して法的保護を与えなければならず、それらに付与されるべき待遇に関する義務を引受けなければならない。しかしながら、これらの義務は絶対的でも無制限なものでもない。特に国際社会全体(the international community as a whole) に対する国家の義務と、外交的保護の分野において他の国家に対する国の義務との間には、根本的な区別が設けられるべきである。正しくその本質から、前者は全ての国の関心事である。そこに含まれる権利の重要性に鑑みて、全ての国がその保護に法的利益を有すると認められる；それらは対世的義務 (obligation *erga omes*) である。
>
> そのような義務は現代国際法においては、例えば侵略行為やジェノサイドの非合法化、奴隷や人種差別からの保護を含む人間の基本的権利に関する原則や規則から生じる。このような保護に対応する権利の一部は既に一般国際法体系に包摂され、その他は普遍的又は準普遍的な性格の国際文書により課されている[11]。

この有名な傍論は一見したところ訴訟の内容とは直接関係していないが、その4年前の南西アフリカ事件において原告国であるエチオピアとリベリアの法益侵害を認めず、請求を受理不能とした判決への強い批判から、結論において同趣旨の判決を下すに当って挿入されたとの見解が定着している[12]。しかしその重要性は学説上甚大な影響力を維持し続け、ICJの判例に限っても1995年の東チモール事件において自決権を尊重する義務が対世的と判断されたが、そのような義務の性質が同意に基づく裁判所の管轄権に直接影響することはないとして、本案審理が行われることはなかった[13]。その後1996年のジェノサイド条約適用事件では、自国の条約加入前に行われた提訴であるために管轄権に欠けるとした被告国セルビア＝モンテネグロの先決的抗弁に対して、同条約が規定する当事国の義務は対世的であり、時間的・地域的な限定なく適用可能であると判示された[14]。更に2004年のパレスチナ分離壁事件において移動の自由等の尊重という人権法・人道法上の対世的義務が認定され[15]、2012年の訴追又は引渡し事件では拷問等禁止条約が締約国間の対世的義務 (obligation *erga omnes partes*) を課しているとして、全ての締約国に義務違反の終結と義務の履行を請求する当事者能力が認められるとする判決がICJによって下された[16]。

ここで明らかにされたのは伝統的な二国間の相互的権利義務関係ではなく、国際社会の全ての国或いは多数国間条約の全ての締約国に平等に認められ、更にそこから抽出される任意の二国間関係に還元されえないような、客観的な拡がりを有する構造の権利義務関係と言える。訴追又は引渡し事件の原告国であるベルギーは、被告国セネガルが提起した当事者能力に欠けるとする抗弁に対して、チャドの元大統領の引渡請求を行ったことから生じる特別の利益や特別の立場を申立てたが、判決はこの主張を吟味することなく拷問等禁止条約の締約国であるという事実のみから、ベルギーの当事者適格を承認した[17]。これはジェノサイド条約への留保事件勧告的意見においてICJによって示された、次のような記述を更に発展させたと捉えられる；

> この種の条約において締約国は、それ自身のいかなる利益も有さない；そこにおいて全ての締約国は、条約の存在意義である非常に高い目的の達成という共通利益（common interest）を有するのである[18]。

即ち対世的義務の観念から導かれる権利義務関係は個別国家の法的利益を確保するためではなく、国際社会や多数国間条約締約国間の共通利益を保護する目的の下に設定され、更に国際社会全体の公益を維持する機能を果していると認識されよう。このような国際法上の権利義務の性格は、例えば海賊行為の禁止に見られるように決して新しいものばかりではないが、19世紀以来の立法的多数国間条約の増加や海洋秩序を構築する慣習国際法の発展等により、20世紀後半になって明確な形で確認されるに至ったのである。バルセロナ・トラクション事件判決で対世的義務の宛先として同定された「国際社会全体」という実体は、次に考察する強行規範に関する条約法条約の規定において、更に擬人化された論理的前提として提示されていると見られる。

（2）強行規範の実定化

国際社会全体に適用される一般国際法上の権利義務は原則として慣習国際法の形式で成立し、それは任意規範のみから構成されると考えられてきた。従って主権国家間で条約が締結されて一般国際法規範とは異なるルールが合意されると、特別国際法として締約国間では優先的に適用されると同時に、国はいかなる制限もなく条約内容を自由に決めることができる（条約内容自由の原則）とされていた。即ち国際法における権利義務の法的関係には、特別法と一般法という適用範囲の相違による平面上の区別しか存在せず、規範の上下関係に基づく優越性は認められていなかったのである。唯一適用の優先性が実定化されているのは国連憲章の規定で、国連加盟国の「この憲章に基く義務と他のいずれかの国際協定に基く義務とが抵触するときは、この憲章に基く義務が優先する。」と第103条に規定される。同様の規定は国連の前身である国際連盟規約第20条にも見られたが、両規定の解釈として抵触する他の協定の義務を無効にするとまでは考えられておらず、単に機構内で援用できない状態に止まるとされている。その根拠としては条約法条約中の条約の無効原因に関する規定（第46条から第53条）に、国連憲章との抵触が挙げられていないことがある[19]。従って国連憲章に基づく義務の優先は憲章という条約関係内部の、或いは国連システムとしての機構内部における権利義務関係への適用に限定され、条約法における一般的な規則を構成しているとは考えられない。このような状況に大きな変革を齎したのは、1969年に成立した条約法条約に強行規範に関する規定が設けられたことであった。

条約法条約第53条は「締結の時に一般国際法の強行規範に抵触する条約は、無効である。」とし、国連憲章等一定の条約義務の優先を更に進めて法的効果を明記すると同時に、無効原因として適用を一般化している。続いて強行規範の定義を「この条約の適用上、一般国際法の強行規範とは、いかなる逸脱も許されない規範として、また、後に成立する同一の性質を有する一般国際法の規範によってのみ変更することのできる規範として、国により構成されている国際社会全体（the international community of States as a whole）が受け入れ、かつ、認める規範をいう。」と明確に規定した。又締結時に強行規範と抵触していなくとも、「一般国際法の新たな強行規範が成立した場合には、当該強行規範に抵触する既存の条約は、効力を失い、終了する。」と第64条は規定している。これらの条項は条約内容の自由という従来の伝統を覆すと同時に、学説上その存在を巡る議論が継続していた強行規範の概念に対して、確実な実定法上の根拠を提供したのである。しかし強行規範に関する議論は条約法条約における実定化により収束するどころか、条約法に限定されない分野にまで強行規範が及ぼす法的効果等、より多くの様々な疑問を喚起してしまったと考えられる。

まず初めに強行規範を「受け入れ、かつ、認める」主体とされる「国により構成されている国際社会全体」の実体が明らかではなく、対世的義務の宛先たる「国際社会全体」と同じであるのかが吟味されなければならない。両者とも同じ「国際社会全体」との表現を使用しているものの、第53条の規定には「国により構成されている」という限定が認められ、地球規模の包括的な国際社会全体よりも狭い国家間共同体に近いものを意味していると捉えられる。このような相違は、対世的義務の宛先が国家に限定されない広範な対象にまで拡大可能であるのに対して、条約法条約第1条が「この条約は、国の間の条約について適用する。」と規定するように、条約の締結主体がここでは国家に限定されていることに起因している[20]。従って強行規範の受容・承認主体も国家に限定されているとの推論が可能であるが、このような限定には強い批判もあり、そのために条約法条約の成立の翌年に下されたICJの判決では、限定を削除した表現が適切とされたとも考えられる。いずれにせよ強行規範により課される義務と対世的義務とは必ずしも同一とは見做されず、その法的効果も機能も異なる性格であるため、ここでは両者の間に非常に高い親和性があることのみを確認しておきたい。

次に問題となるのは、国により構成される国際社会全体が強行規範を「受け入れ、かつ、認める」態様が明確に示されていないことである。このような欠缺は第53条の強行規範の定義や第64条の文言についても認められ、「後に成立する同一の性質を有する一般国際法の規範」により既存の強行規範が変更されたり、「新たな強行規範が成立」して抵触する既存の条約の効力が失われて終了するのが可能であるとしても、その過程や確認手段については全く言及されていない。これに関しては様々な学問的究明がなされているところ、強行規範が一般国際法の規範であることが繰返し強調されていることから、原則として慣習法形成過程を辿るものと考えられる。しかし一般慣習法の形成においては、慣習法の成立以前から一貫して反対を唱えてきた国 (persistent objector) への適用を除外する特別のルールの存在が承認され、慣習法の形成自体を容易にすると認められてきた[21]。このルールは慣習国際法の成立の根拠を黙示の合意に求める意思主義の影響の下に維持されていたが、一般慣習法の成立要件を一貫した慣行と法的確信又は必要信念 (*opinio juris sive necessitasis*) とする客観主義或いは意識主義の立場においては、厳格に制限される傾向にある[22]。これを慣習法形成過程を辿る強行規範の成立に適用した場合、一貫した反対国には強行規範の適用が除外されることになり、「いかなる逸脱も許されない」という第53条の定義との矛盾が生じてしまう。それでは一貫した反対国が存在する限り強行規範が成立したとは見做されないのか、又は強行規範の形成に限っては一貫した反対国の例外が認められないのか、明らかにはされていない。即ち慣習過程における強行規範の成立を確認する理論は、一貫した反対国ルールとの調整も含めて、未だ確立していないと言わざるをえないのである[23]。

一般国際法の強行規範が慣習過程を経て成立することは、一貫した反対国が存在しない場合は可能とされよう。しかしルールの強行規範性を初めから承認しない国に対しても、強行規範としての法的拘束力を生じさせるための、慣習過程とは異なる別の態様が可能とされるのであろうか。そのような別の形態の成立過程として挙げられるのが、国により構成されている国際社会全体による「宣言過程」(declaratory process) という考え方である[24]。具体的には国連総会のような場が想定されることから、1948年の世界人権宣言(Universal Declaration of Human Rights) をモデルとしている可能性が高いと思われる。国連総会決議は内部規則を除いて加盟国に対する法的拘束力を生じないことを原則とするが、加盟国のみならず「すべての人民とすべての国とが達成すべき共通の基準」と前文に謳われているように、世界人権宣言は普遍的に適用されるべき規範との位置付けが支配的で、国連人権委員会・人権理事会においてもその履行状況の監視が継続して実行されてきた。しかしその拘束力の根拠としては、憲章規定の有権的解釈として加盟国を拘束するというものから、各国の憲法に導入されている状況から慣習法化が実現したというもの、更にICJ規程第38条1項cで裁判基準として適用可能とされる「法の一般原則」(general principles of law) と見做されるというものまで、様々な説が唱えられている[25]。しかも人権が普遍的に認められるべき一定の価値と重要性を伴うために本質上一般的に強行規範を志向するとしても、世界人権宣言に含まれる全ての権利が強行規範であるとの確証は十分とは言えない。加えて世界人権宣言が採択当初から「宣言法」として、国連加盟国或いは全ての国に対して法的拘束力を認められていたとは確言できず、慣習過程ではないにしても「国により構成されている国際社会全体が受け入れ、かつ、認める」までには、一定の時間的経過が必要とされていたと考えられる。

又世界人権宣言の法的拘束力を導く上で、二段階方式と言われる国際人権法特有の形成過程を辿り、まず総会宣言で一定の方向が示された後に同じく総会で条約が採択される経緯を経て、1966 年に国際人権規約として社会権規約と自由権規約が成立し、共に 160 カ国以上に普及している事実も見逃せない[26]。国連総会が採択した人権条約の成立に先立つ宣言が、全て法的拘束力を承認されているわけではなく、むしろ条約が数多くの締約国を得て受入れられる過程を経て、一般国際法に統合されると見るべきであろう。このことは 2012 年の訴追又は引渡し事件の判決が、「拷問等を無くすための世界各地における努力を一層効果的なものとする」という拷問等禁止条約の前文を引用して、1975 年の総会宣言により採択された拷問の禁止は締約国間の対世的義務であると認定すると同時に、慣習国際法の一部として強行規範になっていると判示したことから明らかである[27]。ただしこの判決では、締約国間の対世的義務と強行規範、一般国際法と慣習国際法との間に微妙なズレが存在することも見逃せないが、この点についても後に吟味していきたい。

宣言過程の他にも類似の理論として、慣行を伴わなくとも法的確信のみから成立する慣習法形成という考え方もある。その一つとして即時慣習法 (instant customary law) が提唱されたこともあるが[28]、慣習過程が完結しているかの認定は別として、国連総会決議が慣習法の結晶化以前に法的確信の表明に寄与する機能を果すとされる発生的効果を有することは一般に認められている[29]。その代表的な例は 1960 年の植民地独立付与宣言で、宣言が後の国家慣行を促進すると同時に履行特別委員会の活動を通じて慣行の確立を達成し、植民地人民の自決権を承認する慣習法が成立したと 1971 年のナミビア事件・1975 年西サハラ事件の勧告的意見は述べている[30]。ただし宣言を植民地独立を巡る慣習法の発展過程における決定的な契機と位置付けているものの、両意見は慣習法が成立した時点を明言してはいないため、国連総会宣言のみにより慣習法が即時的に成立したとは結論できないと言えよう。

以上のように条約法条約によって強行規範の概念と、これに抵触する条約を無効とする法的効果は実定化されたものの、強行規範の成立態様や法源上の位置付けについては様々な学説が展開されている状況にある。加えて条約法を超えた分野において強行規範がいかなる法的効果を有すのか、例えば国内法の制定等を含む国家による一方的行為や国際機構の決議をも無効とする効果が認められるのか、この点を明らかにする実定法が確立されているとは言い難い。しかし国際法の権利義務の法的関係が平面上においてのみ捉えられ、規範の上下関係に欠ける構造にあったとの認識は、少なくとも条約法についてはもはや維持されなくなっている。このことは従来の国際法の権利義務関係の構築を大きく転換する契機とも見做され、国際法上の権利義務の性格に重大な構造変革を齎したと考えられるのである。

4　義務違反に対する国際法上の責任

はじめに

国際違法行為が生じた場合に違反国はいかなる形で追求され、どのような責任が課されるのかという問題は、国連成立以前から特に外国人の身体・財産に生じた損害に関して、1930年のハーグ法典編纂会議等において法典化の対象とされてきた。国連国際法委員会は設立直後の1949年に「国家責任」を法典化の議題に取上げ、1963年には国家責任の包括的な検討に方針を変更した後、更に30年以上にわたる長い審議を経て「国家責任条文案」を完成させた。この条文案は2001年に国連総会決議56/83によって留意(take note)され、条約化の予定は現在まで明らかにされていないために法的拘束力は認められないものの、既存の慣習法を反映する「国家責任条文」として違法行為に対する国家の責任に関する一般国際法を体現すると見做されている。国家責任条文は国家間の国際法上の違法行為に対する責任発生のメカニズムを詳細に法典化しているが、当初の目的とされていた外国人の身体・財産の損害に対して領域国が負うべき責任や請求手続については、「外交的保護条文案」として同じく国際法委員会によって纏められ、2006年の国連総会によって同様に留意された(決議61/35)。

又これとは別に国際法に違反する行為を個人が行った場合、その責任を追及して処罰したり賠償を命じる権能は各国の国内裁判所に委ねられるのが原則であった。特に武力紛争において戦時国際法の規律に服すべき戦闘行為による義務違反が頻繁に発生していたが、国籍国による処罰のみでは十分でないと認識されるようになり、国際人道法として赤十字国際委員会の活動を通じて発展してきた1949年のジュネーブ諸条約では、重大な違反行為の処罰に関して海賊の場合と同様に管轄権の普遍化が図られ、締約国には違反者の国籍に関りなく引渡し又は訴追(*au dedere au judicare*)の義務が課されている(第1条約第49条等)。このような条約による普遍的管轄権の設定は犯罪の国際化に対応して多くの分野に拡大し、1970年のハイジャック防止条約(第7条)や1979年人質禁止条約(第8条)、1997年の爆弾テロ条約(第8条)や1999年のテロ資金供与防止条約(第10条)等でも採用されてきた。

更に戦争や内戦によって国家組織が崩壊したり、司法機関が十分機能しない状態に陥ってしまった場合、国内司法機関に裁判管轄権を限定することなく、国際裁判所を組織して直接に処罰を行う実行が20世紀半ばから見られるようになった。第二次世界大戦後のニュルンベルクと東京に設置された国際軍事法廷は、人道に対する罪・平和に対する罪・戦争犯罪で日独の戦争指導者を訴追して処罰を実現した。同様の国際刑事裁判所の設立は、1948年のジェノサイド条約においても想定されていたが(第6条)、冷戦下の東西の政治的対立から国家間の合意は達成されず、冷戦終結後の1990年代になって漸く着手される運びとなった。しかし通常の条約による裁判所の設立ではなく、国連安保理決議による憲章第7章下の措置として、1993年に旧ユーゴ国際刑事裁判所(ICTY)が、そして1994年にはルワンダ国際刑事裁判所(ICTR)が設置された。両裁判所は第二次世界大戦後の軍事法廷と同様に、各紛争に限定されて管轄権を有するアド・ホックな裁判所であるが、個人の国際犯罪を裁く常設的な国際裁判所として、国際刑事裁判所（ICC）を設立するローマ規程が1998年に成立し、既にいくつかの事件で判決が下されている[31]。

以上のようにここで取上げる内容は近年特に顕著な進展を遂げている領域で、学説においても様々な研究や論証が試みられている。その詳細や問題点に深く立入ることはできないが、前述の対世的義務や強行規範の概念の出現という現代国際法の新たな特徴を受けて、現時点までにどのような展開を見せているかについて簡単に纏めておきたい。

（1）国家責任条文

国家責任条文は第一部において、国際法に基づいて規律される義務の違反を「国の国際違法行為」と定義し、国際責任を発生させるものとして「行為の国への帰属」や「違法性阻却事由」等について規定している。違法性阻却事由としては同意や自衛、対抗措置や緊急状態等が挙げられているが、一般国際法の強行規範に基づく義務と一致しない行為の違法性は上記の事由があっても阻却されない（第26条）。更に第二部第3章は「一般国際法の強行規範に基づく義務の重大な違反」について規定し、「責任国による当該義務の著しい又は体系的な不履行を伴う場合」を重大な違反として（第40条）、違反行為を終了させるための協力や不承認・不支援等の特別な効果を付与している（第41条）。続く第三部の第42条では他国の責任を援用する権利を有す被侵害国として、責任国が個別的に負う義務に違反した相手国に加えて、「国の集団又は国際社会全体に対して負う義務」の違反により特に影響を受ける国、若しくは当該義務の履行の継続について根本的な立場の変更を受ける全ての国が挙げられる。この後の二つの場合が対世的義務の違反と考えられ、その中の前者が武力行使禁止義務の違反としての侵略のような場合で、後者は軍縮条約違反に対する他の締約国の事例が相当すると考えられる。

更に第48条では被侵害国以外の国による責任の援用について規定され、「国際社会全体に対して負う義務」である場合に加えて、「国の集団に対して負う義務」であると同時に、「その集団の集団的利益を保護するために設けられ」ている義務の場合には、違法行為の停止と再発防止の約束や保証と、被侵害国や本来の受益者のために賠償義務の履行を請求することが、被侵害国以外の国の権利として認められる。即ち侵害された義務が国際社会全体又は条約締約国等の集団内の対世的義務である場合は、被侵害国以外の国は自らのために賠償を請求することはできないが、違法行為の停止や被侵害国等のために賠償義務の履行を求めることができるのであり、それを確保するために責任国に対して対抗措置を執ることはできないものの、適法な措置を執ることが可能とされている（第54条）。

国家責任条文の起草過程では、対世的義務や強行規範の概念が導入されて国家責任法の現代化の実現が図られてきたが、更に踏込んで「国際社会の根本的利益の保護のために不可欠」である国際義務の違反を国家による国際犯罪とする規定（暫定条文草案第一読第19条）が模索され、具体例として侵略や力による植民地支配の禁止義務の重大な違反と、大規模人権侵害や環境保全義務の重大な違反が挙げられていた[32]。しかし国家の国際犯罪概念は未だ国際社会に十分浸透しているとは見做されず、時期尚早として結局草案から削除されてしまった。この点は設立間もない国連で1948年に成立して、集団殺害を「文明世界によって罪悪と認められた国際法上の犯罪である」（前文）と明記したジェノサイド条約が、締約国に対してジェノサイドを防止・処罰する義務を課すのみで、処罰の対象も統治者・公務員・私人であるかを問わないとしているものの、国家自身が犯罪を犯すことを想定していないことと呼応すると考えられる[33]。従って現在のところ、義務違反の行為が国際犯罪として責任を追及されるのは、国家ではなく個人に限られている状態にあると言えよう。

（2）外交的保護

2006年に国連総会決議61/35で留意された外交的保護条文案は、「他国の違法行為により自国民又は法人に生じた被害について、行為国による責任の履行を求める外交的行動等の平和的解決手段を通じて、責任を追及すること」を外交的保護と定義し（第1条）、これを行使する外交保護権を国に認めている。第一部**3**で述べたように、国家や国際機構と同様に国際法により権利義務を付与される個人や法人は、権利が侵害された場合でも他の国際法主体のように自ら国際請求を提起する能力に欠け、国際法の能動的主体ではないとされている。従って外国人や外国法人が国から権利侵害を受けた場合、侵害国の国内法に基づいて司法的・行政的救済（redress）を図る国内的救済が原則とされており、国内的救済が利用可能でなかったり、又はそれを尽しても尚侵害された権利の回復が実現されない状況に限って、当該個人の国籍国や法人の登録国が代って国際請求を提起して、侵害国の責任を追及することができる。外交保護権という国際法上の権利はあくまでも国家の権利であり、実際に権利侵害を受けた個人や法人の権利ではないところから、国は自国民や法人の権利侵害を自国の権利侵害と見做すことにより、侵害国の責任を追及できるというフィクションに基づくと言えよう[34]。

国際法委員会における条文起草過程においては、20世紀後半の国際人権法や国際投資法の発展等の状況に鑑みて、上記フィクションに修正を加えることにより個人や法人の権利を有効に保護する方向への改革が試みられた。このような改善は仏・伊・西等の西欧諸国の国内法で採用されているように、一定の外交保護権の行使を国の義務と位置付けて責任追及に着手する国家の裁量を制限し、権利侵害を受けた個人や法人の救済を容易にすることを意図していた[35]。その対象とされたのは強行規範の重大違反から生じる損害の場合で、国家責任条文第二部第3章の規定（第40条・第41条）を更に発展させて、強行規範の法的効果を明確にする可能性を内包するとして注目された[36]。しかし外交保護権の行使を義務とする国家慣行は未だ普及しているとは言えず、法的確信を伴って慣習国際法の地位を獲得したとは判断されなかった[37]。結局重大な損害が発生した場合の外交保護権行使の考慮義務が、損害賠償に関する被害者の見解の考慮義務や補償金の被害者への引渡し原則と共に、法規則への転換を未だ果していないものの、重大な人権侵害から国民を保護する義務として不完全ながらも生じているとの認識から、条文末尾に規定される「推奨される実行」(第19条)において、言及されるに止まった。

このような傾向はディアロ事件(先決的抗弁)における「外交的保護の慣習国際法は人権をも含むように事項的範囲(scope *ratione materiae*)を拡大してきた」とのICJの判決とも呼応するが[38]、草案中には個人の保護への方向に従って実現した条文も確認できる。それは第8条に規定される無国籍者と難民についての外交的保護で、合法的に常居所を有している国は彼等に代って権利侵害の責任を追及できるとされる。しかし条文は無国籍者や難民について国が外交保護権を有しているとは認めずに、「行使することができる」(may exercise)とのみ規定して、その裁量的性格を更に明確に示している[39]。何故なら外交保護権を導く上述のフィクションは、無国籍者や難民についてもはや維持されておらず、個人や法人の国籍という紐帯の機能がここには認められないからである[40]。従って自国籍を有する国民と同じように個人の権利を最大限保護するために、従来のフィクションではカバーしきれないような形で、伝統的な外交的保護の制度を変革していく必要が確認できると考えられよう。

以上は個人の権利侵害が、人権保護の観点から外交的保護の対象となるのを容易にされるべきとの一般的傾向を示しているが、外交的保護条文案第3章に規定される法人の権利侵害については状況が異なっている。会社の国籍国は原則として設立準拠法国とされているが、多国籍企業等の中には設立国において実質的な営業をしないで、経営の本拠地や財政のコントロールが外国に置かれている場合もあり、その外国が国籍国と見做されることもある(第9条)。更に企業の株主が会社の国籍国以外の国籍を有している場合には、バルセロナ・トラクション事件において問題になったように、株主の国籍国に外交保護権を行使する資格があるのかが問われることになる。企業の株主の権利は近年二国間や多数国間の投資保護条約の対象として国際法の規律が及びつつあるものの、そのような特別の条約の外では会社が存在しなくなったり侵害国における設立を義務付けられているような場合を除き、会社に齎された損害について株主の国籍国が外交保護権を行使することはできないと規定された（第11条）。ただしディアロ事件においてICJが判示したように、会社の権利とは区別される株主の権利に対する直接の侵害については、株主の国籍国が外交保護権を行使することが認められる（第12条）[41]。

今日では多くの人権条約や国際投資保護のための二国間・多数国間の条約が締結され、其々の条約独自の履行監視制度や紛争解決の場が設けられる傾向が顕著となっている。そのために個人や法人の権利侵害を国家に対する権利侵害と見做して、請求権に欠ける被害者に代って国家が国際請求を提起する外交的保護が利用される機会は、相対的に減少していると言えよう。確かに外交保護権を行使してICJに請求が提起された事例では、PCIJの時代の約20年間に10件で本案判決が下されていたのに対して、その後の70年間では先決的抗弁に阻まれて少数の本案判決しか出されていない[42]。先決的抗弁の多くは国内的救済原則又は受理可能性に関して異議を唱えるものであるが、今日では殆どの国で司法的・行政的な救済手続が完備される傾向にあり、外交保護権の行使への領域主権の優先に呼応していると捉えられる。更に外交的保護が以前は外国人や外国企業の経済活動に関する紛争において多く見られたのが、近年では人権に関する紛争が多数付託されている[43]。即ち外交的保護条文の起草過程における国際法委員会の議論からも明らかなように、個人の人権保護が今日の国際社会の大きな課題となっていることが、外交的保護制度の現代化においても窺えるのである。

（3）個人の国際犯罪

既に述べたようにテロやハイジャック等国際法によって規制される特定の犯罪は、国内法上の犯罪でもあるために、国内裁判所によって容疑者である個人の責任を追及されて処罰されるのを原則とする。通常の国内犯罪と異なるのは、当該犯罪行為を処罰する国内立法が条約により締約国に義務付けられ（ジェノサイド条約第5条・爆弾テロ防止条約第4条）、刑事裁判管轄権が拡大又は締約国内で普遍化されていること（拷問等禁止条約第5条・テロ資金供与防止条約第7条）、そして「犯罪の重要性を考慮した適当な刑罰を科」したり（人質禁止条約第2条)、通常の犯罪よりも「重い刑罰を科す」(ハイジャック防止条約第2条)義務が条約に規定されている点である。同様に武力紛争時の戦争犯罪は交戦国の軍事法廷において裁かれ、特に国際人道法の重大な違反行為についてはジュネーブ諸条約及び追加議定書により、容疑者の国籍に関わりなく普遍的管轄権に基づき引渡し又は訴追の義務が課されている。

国際犯罪を犯したとされる個人を国際裁判所において処罰する構想は、第一次世界大戦を終結するヴェルサイユ条約がドイツ皇帝に対する特別裁判所について規定したものの(第7編第227条)、同条約の当事国でないオランダが皇帝の身柄引渡しを拒否したために実現しなかった[44]。ドイツ皇帝を除く戦争犯罪人については、従来と同様にドイツを含む交戦国の軍事裁判所において処罰されることとなったが、戦勝国側の軍事裁判権と容疑者引渡しの義務をドイツに認めさせ(同第228条)、複数の戦勝国が軍事裁判所での訴追を主張する場合は混合委員会に近い方式が規定されていた(同第229条)[45]。更にドイツの同盟国トルコとの講和のために起草されたセーブル条約では、1914年トルコ領内のアルメニア住民の虐殺について、翌1915年に仏英露共同宣言が「人道に対する罪」(crimes against humanity)との表現を初めて用いたことから、戦勝国又は国際連盟が特別の裁判所を設置すると予定されていたが(第230条)、同条約は結局批准されることはなく発効しないまま終っている[46]。

第二次世界大戦後の1945年8月に米英仏ソ4カ国は、「主要戦争犯罪人の訴追・処罰に関するロンドン協定」及び附属書としての国際軍事裁判所条例(ニュルンベルク裁判所条例)に署名し、これに基づき同年11月からドイツのニュルンベルクで22名の被告に対する審理が、協定を締結した国が任命した4名の裁判官によって開始された。この裁判所条例では平和に対する罪・人道に対する罪・戦争犯罪が、個人としての行為か組織の構成員としてかに関わりなく裁判所の管轄権に属す犯罪とされ、各犯罪の内容が条文化された(第6条)。裁判は1年を経ずして終結し、12名が絞首刑、3名が終身禁固、4名が有期禁固、3名が無罪と判決された。これに対して東京裁判(極東軍事裁判)はニュルンベルク裁判とは異なり、条約ではなく連合軍司令官が交付した1946年の命令に基づいて設置された[47]。同命令には極東軍事裁判所条例が附属され、ニュルンベルク裁判所条例第6条と同じ犯罪に管轄権が及ぶが（第5条）、裁判官は上記司令官が任命する6名から11名の間とされた（第2条）。1946年5月に始った被告25名に対する審理は2年半に及び、48年11月に7名が絞首刑、16名が終身禁固、2名に有期禁固を科す判決が下された。

第二次世界大戦後の両裁判所の実行は戦勝国による軍事裁判ではあったが、被告人の公的地位に関らず主要戦争犯罪人が訴追・処罰されることを明示し、更に実際に被害を受けた国に限定されない国際的に構成される裁判所が審理に当り、犯罪行為における上官命令の抗弁が認められないこと等を明確にした意義が認められる。他方国際裁判所が個人の犯罪を処罰する初めてのケースであり、就中両裁判所が管轄権の対象とする犯罪が果して国際法上確立していたのか、特に戦争犯罪を除く新しいタイプの二つの犯罪は個人の刑事責任を追及することが可能な法的性格を有していたのかが疑問視された。そのため1946年12月の国連総会は、「ニュルンベルク裁判所条例及び判決により認められた国際法諸原則」を確認し（決議95(I)）、更に1950年には設立間もない国際法委員会が7つの原則から成る「ニュルンベルク諸原則」を定式化した。そこでは平和に対する罪・人道に対する罪・戦争犯罪が国際法上の犯罪として処罰可能であることが繰返され（原則6）、共犯の可罰性（原則7）や国内法上刑罰規定がなくても国際法が直接に個人の責任を問えること（原則2）が、公正な裁判を受ける権利（原則5）と共に規定されている。そして1948年のジェノサイド条約や1949年のジュネーブ諸条約の成立を経て、1968年には「戦争犯罪及び人道に対する罪に対する時効不適用に関する条約」が国連総会で採択され、1970年に効力を発生した。

1947年にニュルンベルク諸原則の定式化と共に総会から国際法委員会に付託された「人類の平和と安全に対する罪」の法典化（決議177(II)）は、同諸原則に与えられるべき法的地位を明確にする目的で委員会において作業が開始され、1950年の上記諸原則の定式化の採択に続いて1951年と1954年に草案が纏められた後、侵略の定義との関連で延期されることとなった。総会が

1974年に「侵略の定義」(決議3314(XXIX))を採択したのを受けて1982年から作業が再開されたが、1991年の暫定草案を経て1993年に67カ条から成る草案が提案され、1996年に国際刑事裁判所を設立するローマ規程の起草と共に委員会は審議を終了した。国際刑事裁判所の設立は1948年のジェノサイド条約第6条と1973年のアパルトヘイト条約第5条で予定されていたものの、東西対立の政治的影響もあって実現には至っていなかったのである。

国際刑事裁判所の設立は冷戦終結後の1993年に、国連憲章第7章の下に行動する安保理による旧ユーゴ国際刑事裁判所(ICTY)規程の採択(決議827)に始った。安保理は旧ユーゴ紛争においてジュネーブ条約の重大違反を犯したり命じた個人には責任を負わせることを確認し(決議764)、民族浄化(ethnic cleansing)等の国際人道法違反を強く非難し、あらゆる違反行為を直ちに停止するよう要求した(決議771)。しかし旧ユーゴにおける状況は一向に改善されることはなく、1994年11月からハーグに設置された裁判所の活動開始や翌1995年8月のNATO軍による空爆を経て、同年11月のデイトン和平合意により漸く武力紛争は終結した。ICTYが旧ユーゴ紛争に対処して早急に設立され理由としては、冷戦の終結により安保理における拒否権の行使が一時的に極端に減少した事実に加えて、通常の多数国間条約による設立では合意に至るまでに相当な時間がかかるため、武力紛争における組織的かつ重大な人道法違反行為に対する直接の抑止効果を期待できないと判断された可能性が高いと言える[48]。従って当時ボスニアのセルビア人指導者であったカラジッチ(Karadzic)やムラジッチ(Muradic)を含む50名近くが、1995年末の和平合意前に既に訴追されていたにも関らず、身柄拘束が実現しなかった被告に対する審理の開始までに10年以上の歳月を費やす例もあった。1994年11月から活動を開始した裁判所は、1997年5月以降150名を超える被告を起訴して判決を下してきたが、その過程では裁判手続や証拠規則、更に慣習国際法の認定方法等多くの解決すべき課題に直面した。次に見るように常設の国際刑事裁判所(ICC)の設立に伴い、2010年までにICTYは任務を終了して残務はICCに引継がれることになっていたが、2016年現在漸くカラジッチ被告に対する審理を終了して有罪判決を下したところで、明確な終結時期については未だ確定していない状況である[49]。

旧ユーゴ紛争とほぼ同じ時期の1994年に大規模な内戦が発生したルワンダでは、ツチ族とフツ族の対立からジェノサイド・人道に対する罪等の人道法違反が短期間に急速に蔓延した。これに対して安保理はICTYと同様にルワンダ国際刑事裁判所 (ICTR) の設置を1994年に決定し、1995年には訴追が開始された。裁判所の構成や裁判手続等は僅かに先行するICTYに準じ、手続証拠規則と控訴審は共有されることになった。このような中で常設の国際刑事裁判所の設立が国際社会の急務とされ、「人類の平和と安全に対する罪」の法典化作業を継続していた国際法委員会は、その中に含まれていた国際刑事裁判所規程を法典本体とは切離し、1994年に規程草案を国連総会に提出した。そして1998年にはローマで開催された外交会議で国際刑事裁判所規程が成立し、2002年の規程発効を経て2003年からICCがオランダのハーグで活動を開始した。ICCは2012年3月にコンゴ民主共和国 (DRC) の民兵組織指導者ルバンガ (Lubanga) 被告に対して、15歳未満の児童を強制的に徴募して敵対行為に参加させた戦争犯罪の罪で14年の禁固刑を言渡す有罪判決を初めて下し、他の係争事件についても審理を継続している[50]。

以上のように国際法上の義務に違反した個人の責任については、20世紀の中頃まで国際法が関与するのは共通のルール設定という法定立の側面においてのみで、実際にルールを適用して執行する機能は主権国家に委ねられる状態にあった。国際裁判所を設置して個人の刑事責任が問われた先例は第二次世界大戦後の軍事裁判所において見られたものの、懸案とされた常設の国際刑事裁判所の設立への合意は容易に達成されず、半世紀近くを経て漸く着手に至ったと言えよう。ICTY・ICTRにおける裁判も含めて国際刑事裁判の判例の形成は、21世紀に入って端緒に着いたと考えられるが、その成果と問題点については第二部において詳細に検討することとしたい。

注

1　三十年戦争はボヘミア王の新教徒弾圧に起因して、1618年から48年にかけてドイツを中心に戦われた宗教戦争で、デンマーク・スウェーデン・フランスも参戦し、ウエストファリア条約により終結した。この間イギリスでは、1628年に英国憲政上の三大法典の一つとされる「権利の請願」が議会から国王に提出され、同意のない課税や不法逮捕への反対を表明し、1642年には議会派のクロムウェル（Cromwel）を中心にピューリタン革命が開始した。又1688年に始る名誉革命では国王が追放され、議会が提出した「権利の宣言」が新国王により「権利の章典」として公布された。

2　17・18世紀を通じて西アフリカ等を中心に奴隷取引が盛んに行われていたが、19世紀に入ると奴隷の非人道性に非難が高まり、1815年のウィーン会議以後1841年のロンドン条約や1890年のブラッセル条約等奴隷制廃止に関する多くの条約が締結された。1926年に成立した国際奴隷条約は国際連盟を実施機関として指定し、現在は国際連合によって引継がれて1956年にはこれを補足する条約が締結されている。又国連国際法委員会や国際刑事裁判所規程は、奴隷制を人道に対する罪と位置付けている。

3　Hart, H.L.A., *The Concept of law*, Oxford, 1961, p.77.

4　*Ibid.*, pp.218-221.

5　Meron, *op.cit.*, p.45.

6　国際法學會（編）『国際法講座』第一巻、有斐閣、1953年、196頁。

7　*I.C.J. Reports*, 1948, pp.180-184.

8　Triepel, H., "Les rapports entre de droit interne et le droit international," *R des C*, Tom.1 (1923), p.77.

9　McNair, A.D., *The Law of Treaties*, Oxford, 1961, pp.749-752.

10　*I.C.J. Reports,* 1951, pp.21-22.

11　*I.C.J. Reports,* 1970, p.32, para.34.

12　Meron, *op.cit.*, pp.190-191 ; Scobbie, I., "The invocation of Responsibility for the Breach of 'Obligation under Peremptory Norms of General International Law'," *E.J.I.L.*, Vol.13 (2002), pp.1208-1209.

13　*I.C.J. Reports,* 1995, p.102, para.29.

14　*I.C.J. Reports,* 1996, pp.615-616, paras.30-31.

15　*I.C.J. Reports,* 2004, p.32, para.34.

16　*I.C.J. Reports*, 2012, p.449, para.65.

17　*Ibid.*, pp.26-27, paras.65-70.

18　*I.C.J. Reports,* 1951, p.23.

19　条約法条約第五部第二節「条約の無効」の規定は、無効原因を網羅していると解釈されている。

20　国際機構と国家間の条約及び国際機構相互間の条約については、同じく国際法委員会の起草になる「国際機構条約法条約」が1986年に成立したが、未だ効力を発生していない。

21　慣習国際法形成における一貫した反対国の役割については、Stein, T.L., “The Approach of the Different Drummer : The Principle of the Persistent Objector in International Law,” *H.I.L.J.*, Vol.26 (1985) ; Charney, J., “The Persistent Objector Rule and the Development of International Law,” *B.Y.I.L.*, Vol.56 (1985) ; 江藤淳一「慣習国際法の理論と『一貫した反対国』の原則」『国際法外交雑誌』第 88 巻第 1 号 (1989 年) 等参照。

22　Stein, *op.cit.*, pp.458-463.

23　*Ibid.*, pp.480-482.

24　Mendelson, M.H., “The Formation of Customary International Law,” *R des C*, Tom.272 (1998), pp.382-390 ; Thirlway, H., *The Sources of International Law*, Oxford, 2013, pp.155-157.

25　Meron, *op.cit.*, pp.88-89.

26　Tomuschat, *op.cit.*, pp.73-75.

27　*I.C.J. Reports*, 2012, p.457, para.99.

28　即時慣習法については、Cheng, B., “United Nations Resolutions on Outer Space : ‘Instant’ International Customary Law?” *I.J.I.L.*, Vol.V (1965) 参照。

29　萬国国際法学会第 13 委員会の暫定結論 23 参照。*A.I.D.I.*, Vol.62-II(1986), p.264.

30　*I.C.J. Reports*, 1971, p.31, para.31 ; *I.C.J.Reports.*, 1975, pp.31-33, paras.54-59

31　国際刑事裁判所における付託状況については、第二部末尾の注 62 及び ICC ホームページ (URL は第一部末尾の注 50 に掲載) を参照されたい。

32　1996 年までに採択された「国家責任に関する暫定条文草案」(第一読) 第 19 条 3 項は以下のように規定する；

………国際犯罪は、特に、次のものから生ずることがある。

(a) 侵略を禁止する義務のように、国際の平和及び安全の維持のために不可欠の重要性を有する国際義務の重大な違反、

(b) 植民地支配の力による確立又は維持を禁止する義務のように、人民の自決権を保護するために不可欠の重要性を有する国際義務の重大な違反、

(c) 奴隷制度、集団殺害及びアパルトヘイトを禁止する義務のように、人間を保護するために不可欠の重要性を有する国際義務の大規模で重大な違反、

(d) 大気又は海洋の大量の汚染を禁止する義務のように、人間環境を保護し及び保全するために不可欠の重要性を有する国際義務の大規模で重大な違反。

33　薬師寺公夫「ジェノサイド条約適用事件 ICJ 本案判決一行為の帰属と国の防止義務再論一」坂元茂樹 (編)『国際立法の最前線』有信堂、2009 年、346-348 頁。

34　*Report of ILC*, 2006, p.25. (http://untreaty.un.org/ilc/reports/2006/2006 report.htm)

35　*Yearbook of ILC*, 2000, Vol.II(Part Two), pp.77-79 ; 広瀬善男『外交的保護と国家責任の国際法』信山社、2009 年、5-6 頁。

36　Milano, E., “Diplomatic Protection and Human Rights before the International Court of Justice : Re-fashoning Tradition?” *N.Y.I.L.*, Vol.35(2004), pp.96-97.

37　*Report of ILC*, 2006, p.29.

38　*I.C.J. Reports*, 2007, p.17, para.39.

39　篠原　梓「現代国際法における人権と外交的保護の交錯」『武蔵野大学政治経済研究所

年報』第 5 号 (2012 年)、92 頁。

40　同論文、94 頁。

41　*I.C.J. Reports,* 2007, pp.23-24, paras.64-66.

42　Milano, *op. cit.*, pp.110-111.

43　篠原、前掲論文 (2012 年)、73-74 頁。

44　小長谷和高『序説　国際刑事裁判―独裁指導者に対する人道の審き―』(第 2 版)、尚学社、2007 年、16-17 頁。

45　藤田久一、『戦争犯罪とは何か』岩波新書、1995 年、41-42 頁。

46　小長谷、前掲書、30-31 頁。

47　同上、35 頁。

48　D'Amato, A., "Peace vs. Accountability in Bosnia," *A.J.I.L.*, Vol.88 (1994) , p.500.

49　2016 年 3 月 24 日に ICTY は 2014 年に終身刑を求刑されていたカラジッチ被告に対し、起訴された 11 の中 10 の罪状で有罪を認めて、禁固 40 年の判決を言渡した。朝日新聞、2016 年 3 月 25 日、朝刊。

50　ICC における審理の現況については、http://www.icc-cpi.int の掲載記事を参照。

第二部
国際人道法の生成と発展

はじめに

第一部冒頭で述べたように、激しい宗教戦争が長く続いてきた17世紀初頭のヨーロッパで自然法に基づく理論を展開し、「国際法の父」と言われたグロティウスの主著は『戦争と平和の法』と名付けられていた。ウエストファリア条約の締結を待たずして3年前に他界したグロティウスが、三十年戦争の悲惨な戦場の現実に直面して平和を希求した願望を題名に託したとも見られるが、それ以上に当時形成されつつあった国際法の基本的性格が凝縮されていると考えられる。戦争とは原則として二以上の国家又は集団としてのアクター間の武力闘争であり、相互の利益はもとより権利義務に関わる対立が顕著で、交渉等による解決の余地がもはやない状態と想定される。従って直接の話合や第三者の介入を通じて合意を目指すことが可能な平和な状態と比べ、遥かに厳格な共通の規制なくしては戦争の終結を望むことはできない。そのために国際法は二国間の相互関係を戦争状態と平和状態の二つに区分し、各々の状態に適用すべき二元的規律を構築した。即ち宣戦布告等の戦争開始の宣言により二国間への平時国際法の適用は停止し、交戦国間における戦時国際法による規律に移行した後、平和条約や停戦合意の締結により戦争状態が終了すると、平時国際法の適用が再開することになる。故に当時の国際法はグロティウスの著書名の通り、「戦争と平和の法」として戦時国際法と平時国際法から構成されていたのである。そして戦争が基本的に許容されていた20世紀初頭までは、二国間の合意に基づき自由に相互の関係を設定することが可能な平時国際法に比べて、国家間の対立状態に適用される戦時国際法の規則が圧倒的に多数を占め、かつ精緻であったと言われている。

国際法の黎明期においては国家の数も少なくキリスト教に基づく同質性を維持しており、又国家相互間に認められる具体的な慣行も未発達であったため、15世紀末から16世紀にかけて活躍したヴィトリア (Vitoria) やスアレス (Suarez) 等の法学者は、自然法の強い影響の下に国際法の理論化を試みた。17世紀に頭角を現したグロティウスも中世の神学者の伝統を受継ぎ、自衛・財産の回復・懲罰という正当原因に基づく戦争のみが許容され、その他の戦争は禁止・制限されるべきとの正戦論 (just war) を唱えると同時に、戦争状態においても守られるべき共通の法が存在すると主張した。しかしその後近代の合理主義・実証主義の台頭により、正・不正の客観的な判定機関に欠ける国際社会においては、結局は勝者が正義とされる (Might makes right) と考えられて正戦論を維持することが困難となり、いかなる区別もなく戦争を平等に扱う無差別戦争観にとって代られた。従って正戦論のような戦争の発生そのものを規制する規則 (ユス・アド・ベルム) は大幅に後退し、戦争の開始と終了に際して適用される手続規則の遵守のみが求められた。これに対して戦争における具体的行為を規律する規則 (ユス・イン・ベロ) が戦時国際法の大部分を占め、無差別戦争観の下で頻繁に繰返された戦争を通じて国家間の慣習として発展することとなった。

1856年の戦時海上法に関するパリ宣言のように、戦時国際法の一部は19世紀中頃に条約化される例も見られたが、ユス・イン・ベロの多くは世紀転換期に開催された2回のハーグ平和会議において法典化され、締結された条約は一般にハーグ法と呼ばれる。25カ国が参加した1899年の第1回会議においては、陸戦ノ法規慣例ニ関スル条約と附属規則が成立し、44カ国の参加になる1907年の第2回会議ではこれが改訂され、加えて開戦ニ関スル条約や海軍砲撃条約、海戦・陸戦ノ場合ニ於ケル中立国ノ権利義務ニ関スル条約等により、慣習法として発達しつつあった交戦法規や中立法規が成文化された。ハーグ法は両世界大戦を通じて長期にわたり適用され、武力行使を違法とする国連の時代においても武力紛争法の重要な部分を構成している。

1　戦争の違法化　—ユス・アド・ベルム—

ハーグ平和会議は戦時法規に関する法典化条約を多数成立させる実績を挙げると同時に、国家間紛争の平和的解決のための制度の整備にも顕著な成果を残した。しかし戦争を拡大させないための軍備の制限については、軍事費の増大が列強諸国の財政を圧迫していたにも関らず、参加国間の合意を達成できなかった。そして1907年の第2回会議では、戦争の開始を手続的に規制する目的の開戦ニ関スル条約に加えて、「契約上ノ債務回収ノ為ノ兵力使用」を制限するポーター条約が成立した。この条約には中南米を中心に17カ国しか参加せず、債務国が国際裁判を拒否した場合には適用されない等の制約も見られたが、その後一定期間の戦争開始を制限して戦争のモラトリアムを図る目的の下に、アメリカが17カ国との間でブライアン諸条約を締結する等、ポーター条約はユス・アド・ベルム (*jus ad bellum*) としての戦争違法化への動向の出発点になったと言えよう[1]。

ハーグ会議に代表される20世紀初頭における平和希求の機運にも関らず、未曽有の規模となった第一次世界大戦の発生が阻止されることはなかった。19世紀を通じて支配的な安全保障政策とされた勢力均衡 (balance of power) のため、多くの同盟条約がヨーロッパ中に張巡らされ、それらの条約を通じて同盟関係にあった国々を巻込む長期にわたる総力戦は、更に西欧諸国の植民地に拡大して全世界に波及した。第一次世界大戦末期の1918年に発表されたアメリカ大統領ウィルソンの14カ条に基づき、1919年のヴェルサイユ講和会議で設立が決定された初の平和維持のための国際機構が国際連盟 (League of Nations) である。連盟の原加盟国は45カ国が予定されていたもののアメリカ等3カ国が不参加となり、ロシア革命後内戦状態にあったソ連や敗戦国のドイツ等21カ国が後に新規加盟を認められたが、1930年代に入ると日本・ドイツ・イタリア等17カ国の脱退やソ連の除名により、結局は英仏中心の機構に終始してしまった。

国際連盟の設立規約は前文の「締約国ハ戦争ニ訴ヘザルノ義務ヲ受諾」するとの文言で始り、戦争又はその脅威は全て「連盟全体ノ利害関係事項」であると明言した (第11条)。又第12条では連盟国間に「国交断絶ニ至ルノ恐レアル紛争」が発生した場合、裁判又は連盟理事会の審査に付託すべきで、その結論が出た後3カ月間は「戦争ニ訴ヘザルコトヲ約ス」として、一定期間の全ての戦争を明確に禁止している。更に第13条では裁判判決に従う国に対して、第15条では紛争当事国を除く全員一致の理事会勧告に従う国に対して、3カ月を超えても同様に戦争が禁止された。しかし裁判が義務的でない以上実行される保証はなく、又理事会の勧告が全員一致でない場合には戦争に訴えることが容認されるため、連盟規約の規定は戦争の一般的禁止までには至らず、ブライアン諸条約等の戦争モラトリアムの延長上に位置すると見られる[2]。ただしこの約束を無視して戦争に訴えた連盟国は、「当然他ノ総テノ連盟国ニ対シ戦争行為ヲ成シタルモノト見做」され、通商・金融・交通上の制裁の対象となる集団安全保障制度が、第16条で初めて導入された。この新たな制度は後に国際連合 (United Nations) によって継承され、より強化されたメカニズムへと発展していくことになる。

第一次世界大戦と第二次世界大戦の戦間期には、国際連盟の内外で軍縮に関する国際会議が頻繁に開催され、又連盟総会により常設国際司法裁判所 (PCIJ) が設立されて世界規模での常設的な国際裁判が可能とされる等、国家間紛争の平和的解決への努力が重ねられた。しかし小国間の紛争処理には成功例が見られたものの、1931年の満州事変や1935年のイタリアのエチオピア侵攻等を有効な解決に導けず、1930年代末には第二次世界大戦勃発の契機となったドイツの東方侵攻に際して殆ど機能しないまま連盟は活動を停止してしまった。その原因としては規約上の戦争の禁止が時間的にも事項に関しても制限的であったこと、連盟への参加国が限られていた上にその後脱退国が相次いだことに加え、制裁のためのメカニズムが十分整備されていなかったことが挙げられよう。まず連盟総会・理事会における議決には紛争当事国を除く全員一致の伝統が維持され (第5条)、決議が採択されてもその法的拘束力は内部関係の規律に限られていた。更に1921年には制裁に関する第16条適用指針が採択され、制裁の適用と内容については加盟国の主権的な判断に委ねられると明示された[3]。従って実際に有効な制裁が発動されたことはなく、エチオピア併合後のイタリア商品のボイコットの呼びかけという限定的な経済制裁と、フィンランド侵攻時のソ連の除名制裁等を数えるに過ぎない結果となった。

戦間期に十分な成果を収められなかった連盟の活動とは別に、この時期には戦争違法化へのもう一つの重要な動きが見られた。それは米仏間で戦争を放棄する条約の締結が提案されたことに始り、やがて多数国間の一般条約の作成へと発展した1928年の不戦条約の成立である。不戦条約は欧米を中心にアジアも含む15カ国間で締結されたが、最終的には63カ国が締約国となり、これに加わらなかった中南米4カ国も後にラテン・アメリカ不戦条約を他の2カ国と締結し、ほぼ同じ内容の義務を引受けていたので全世界に普及したと見られる。しかし米英が留保を表明したこと等から明らかなように、自衛のための戦争や宣戦布告を伴わない武力衝突は放棄の対象とはされず、又条約違反が生じた場合の対応についても定められていなかった。従って宣戦布告に欠けるために戦争の名を用いられていない1931年に始る満州事変では、日本の自衛行動との主張により直ちに違反とは認定されず、その後1933年に7カ国間で侵略の定義に関する条約が成立したこともあり、1907年の開戦ニ関スル条約で要件とされていたにも関らず、宣戦布告を避ける傾向が一層強まったのである。

以上の経験から第二次世界大戦後の国連憲章では戦争という言葉は一切使用されず、より直接的に「武力による威嚇又は武力の行使」との表現で、いかなる国に対するものも、国連の目的と両立しないいかなる方法によるものも慎むべきとされた（第2条4項）。これは不戦条約が戦争という用語を使用したために受けた制約を理由に、憲章義務からの逃げ道を狭める意図に基づく改善であった。ただし不戦条約で放棄の対象から除外された自衛のための武力行使は、第51条の個別的又は集団的自衛の固有の権利として許容されている。そして第7章に規定される「平和に対する脅威、平和の破壊及び侵略行為」の存在が決定された場合には、安保理は第41条・第42条に従って非軍事的・軍事的措置を決定することができる。憲章第25条は安保理の決定が加盟国に対して法的拘束力を持つと規定し、この決定は常任理事国の同意を含む9理事国の賛成投票によって行われるとして（第27条3項）、連盟の全員一致から多数決原則への移行を部分的に達成したのである。更に軍事的措置に必要とされる兵力は、予め安保理との間で締結される特別協定に従って加盟国から提供され（第43条）、このような措置としての武力行使が自衛の場合と並び「国連の目的と両立」すると見做されている。こうして国連の集団安全保障体制は連盟時代の弱点を克服し、一応完成されたメカニズムを実現したと考えられる。

しかし国連の設立直後から顕在化し始めた冷戦構造に基づく対立から特別協定が締結されることはなく、又常任理事国の拒否権の行使により安保理の迅速な決定は度々妨げられてきた。従って第42条に基づく本来の軍事的措置が決定されたことはないが、冷戦時に例外的な状況で設置された1950年の朝鮮国連軍に続き、1966年には南ローデシアに対して、1977年には南アフリカに対して一定品目の禁輸が第41条の非軍事的措置として実施された。又この時期には並行して平和維持活動（peacekeeping operations ; PKO）が実行に移され、憲章規定を欠くPKOは加盟国が自発的に拠出した部隊等が当事者間の停戦監視に当る間に、平和的解決を実現する努力を重ねるものであるが、和平交渉の難航から中には50年以上も活動が継続している例もあり、平和的解決達成の困難に加えてPKO派遣の長期化の弊害が課題とされている[4]。そして冷戦終結後には1991年の湾岸戦争以降、加盟国に対して軍事行動を含むあらゆる必要な措置を授権するタイプの安保理決議が、ソマリア・ハイチ・旧ユーゴ・ルワンダ・東チモール・アフガニスタン・リベリア・リビア・コンゴ等に関して採択されてきた[5]。これらの決議は加盟国に軍事的措置を義務付ける決定とは異なり、措置への参加は加盟国の裁量に任されるものの、当事者間の和平合意が脆弱な内戦等の場合には国連による有効な対処を可能としてきた。しかし冷戦終結後の世界各地における内戦の頻発に加え、加盟国による自衛或いは先制自衛を主張した武力行使、更にアルカイダやイスラム国のような非国家主体が関わる「対テロ戦争」等に対して、安保理が常任理事国の拒否権に起因して有効に対処しえないために、国際社会における事実上の武力闘争としての戦争は依然としてなくなっていない現状である。

2 武力紛争法 ―ユス・イン・ベロ―

国連憲章により武力行使が違法化されて違反が生じた場合の制裁メカニズムが整えられた現在でも、内戦や国家間の戦闘行為は世界の多くの地域で続いている。従って戦闘における具体的な行為を規制するユス・イン・ベロ (*jus in bello*) は依然必要とされるが、国連憲章が戦争という言葉を避けているところから、伝統的な戦時国際法とは呼ばれずに武力紛争法と言われるのが一般的で、更に世紀転換期のハーグ平和会議を中心に条約化されたことからハーグ法と称されることも多い[6]。ただしハーグ法も次に見るジュネーブ法も慣習法から発展して法典化されているため、両者を明確に区別することは困難とされ、国際人道法を体現しているジュネーブ法も含めた概念として武力紛争法の用語が使用されることもある。ここでは国際人道法と比較するため、代表的な武力紛争法として交戦法規と中立法規の特徴について簡単に記述したい。

交戦法規は戦闘の手段や方法、戦闘が許される区域や交戦資格者等について規律するが、そこでは軍事的必要性の要請と戦闘による被害を最小限に止める人道上の考慮が働き、両者のバランスの上に軍事作戦が遂行されなければならない均衡性の原則が適用される。そのために軍事目標主義の原則に基づいて、軍事施設等に限定されない広範囲な無差別攻撃は禁止され、交戦資格を有する戦闘員と非戦闘員の厳格な区別も維持されている。加えて不必要な苦痛を与える兵器の使用や、偽装等によって相手の信頼を裏切る背信行為が禁止された。不必要な苦痛を与える害敵手段の規制は国際人道法の規律とも重なり、1868年には17カ国でサンクト・ペテルブルグ宣言が締結され、400グラム未満の爆弾の発射を人道の法則に反するとして放棄することが約束された。又1899年の第1回ハーグ平和会議ではダムダム弾禁止宣言と毒ガス禁止宣言が其々33カ国間で成立し、その後1925年のジュネーブ議定書により毒ガスと細菌学的手段の使用禁止へと発展した。この流れは第二次世界大戦後に一方では核兵器を含む大量破壊兵器の規制として、もう一方では特定通常兵器の規制へと繋がっていくが、詳しくは兵器の規制として後に第二部**5**で取上げたい。

交戦法規に関する条約はハーグ平和会議等を通じて数多く締結されてきたが、交戦国間の平等な適用を確保するために全ての交戦国が締約国である場合にのみ、条約が適用されるとの総加入条項を含むのを原則としていた。1868年のサンクト・ペテルブルグ宣言に始り（第11パラグラフ）、1899年に締結されて1907年に改正されたハーグ陸戦条約第2条に見られたような総加入条項は、1907年の第2回ハーグ平和会議で条約化された陸戦中立条約（第20条）や海戦中立条約（第28条）では維持された。しかし第2回ハーグ会議で成立した諸条約の未批准国であるイタリア・トルコ等の参戦により、これらの条約を第一次世界大戦に適用できなくなり、又1899年のハーグ陸戦条約・附属規則も未批准国リベリアの1917年の参戦により効力の停止を余儀なくされた。従って大規模な武力紛争において条約を適用できない事態が生じたり、非締約国の参戦により効力が停止されてしまうために条約の有効性を阻害する要因となっていた。その場合も当該規則が条約の締結前から慣習法として確立していて、狭義の意味で法典化されたものであれば引続き慣習法として全ての国が法的な拘束から免れず、又条約締結後に慣習法として結晶化した場合も同様の効果が推定されよう。しかし実際には一つの条約の中に慣習法を宣言する条項もあれば、新たな規則を定立する条項も含まれている混在状態である上、慣習法の認定は国によって判断が異なるため、条約を離れての公正な適用は非常に困難となってしまう。そのために1922年の空戦規則案や1925年の毒ガス禁止に関するジュネーブ議定書等、総加入条項は第一次世界大戦以降の条約では用いられなくなり、後述第二部**4**で取上げる人道法条約においては総加入原則の排除が明文化されたのである。

無差別戦争観の時代には交戦国と非交戦国（中立国）を峻別し、両者の法的関係を明確にして戦争の拡大を防止することが重要とされ、交戦国と非交戦国間に適用される中立法規が慣習として発展してきた。交戦国と中立国の関係には基本的に平時国際法が適用されるが、これに加えて特別の場合として中立国に公平の義務と黙認の義務が課される。公平の義務は交戦国に戦争遂行のための援助を与えてはいけない回避義務と、自国領域が交戦国により戦争の遂行に利用されない防止義務から成っていて、黙認の義務とは自国民が受ける不利益を一定程度容認しなければならない義務である。中立法規は交戦法規と共に1907年の第2回ハーグ平和会議で法典化され、陸戦及び海戦における中立条約が成立したが、空戦における中立国に関する義務の規定は航空機が初めて実戦で使用された第一次世界大戦後の1922年空戦規則案に持越されることになった。そして二度にわたる世界大戦での交戦国数の拡大や総力戦化を経て、戦時における中立の維持は格段に困難となり、更に武力行使の違法化と集団安全保障体制が確立した国連の時代において、中立法規の存在や維持自体が問われるに至っている。しかし国連の制度が必ずしも十分に機能していない現状では、その役割が全て否定されるとは考えられないし、国連設立後の1949年に成立したジュネーブ諸条約にも中立国に関する規定が含まれている[7]。

3 国際人道法の概念

19世紀後半の国際NGOとしての赤十字国際委員会の設立と1864年の第1回赤十字条約の成立については、第一部**2**で国家以外のアクターとしてのNGOの活動として既に述べたが、以後150年にわたり発展してきた法規範を国際人道法と呼ぶようになったのは近年になってからである。「人道の法則」(lois de l'humanite) という言葉は1868年のサンクト・ペテルブルグ宣言で既に使用されていたが、国際人道法 (international humanitarian law) という用語が公式の会議で使用されたのは、100年以上後の1971年に赤十字国際委員会が「武力紛争において適用される国際人道法の再確認と発展に関する政府専門家会議」を招集した際に使用されたのが最初であった[8]。デュナンによって1863年に創設された負傷兵救護国際委員会は人道的立場から敵味方の区別なく傷病兵を救護する活動を開始し、活動の法的基礎を確立する目的で翌1864年にはスイス政府の支援の下に第1回赤十字条約が成立した。同委員会は1880年には赤十字国際委員会と名称を改め、第1回ハーグ平和会議が開かれた

1899年には現在の第2条約となる海戦に適用される条約が成立し、第2回ハーグ平和会議の1907年に両条約は改訂されている。しかしこれらの条約は当時の戦時国際法として、又交戦法規の一部として特段に区別されることはなく、中心となった場所の地名から概略的にハーグ法に対してジュネーブ法と呼ばれていた。

既に述べたように交戦法規の均衡性の原則において、戦闘による被害を最小限に止める人道上の考慮が義務付けられていたため、赤十字条約の他にも1868年のサンクト・ペテルブルク宣言や1899年にハーグで成立したダムダム弾禁止宣言等があるが、これらの条約も成立場所とは関わりなく兵器を規制する国際人道法の一部と分類されよう。即ち「人道」という言葉がキリスト教の伝統に基づき古くから使われていたのに対して、国際法上の用語としての国際人道法の概念は歴史が浅く、現在でも明確な定義が確立していないのである。従って最も広くは人間の尊厳を確保するための全ての国際法規範を指し、そこには平時において個人の人権と基本的自由を保障する国際人権法も含まれるし、戦時に交戦国の行動を規制する交戦法規も当然含まれることになる。国際人権法との関係については、戦時と平時に適用されるという大まかな区分が可能なものの、それにより排他的に適用を限定するような法的分類とは認められず、戦時においても人権に関する条約が適用可能であることは、2004年の分離壁事件のICJの勧告的意見等から明らかである[9]。しかし国際人道法の一部に膨大な分量の国際人権法を包含させることには非常に大きな困難が伴うし、又それに見合う利益があるとも考えられないため、人間の生命と尊厳の確保という目的を同じくするが、一応は区別されているのが通説と考えられる。

次に交戦法規においても人道上の考慮が必要とされ、不必要な苦痛を与える兵器が規制されている等、戦争の方法と手段を使用する権利が制限されている。ただしこのような戦闘による被害を最小限に止める考慮は、軍事的必要性の要請とのバランスの上に軍事作戦が遂行されなければならないとして、均衡性の原則に照らして交戦国には一定の幅を持った裁量の余地が残されることになる。従って交戦法規に代表される戦時国際法や武力紛争法と重なる部分は相当多く認められ、国際人道法をその一部と見做すことも可能ではあるが、ジュネーブ法としてハーグ法から区別する伝統が維持されてきた。即ち第二次世界大戦前の戦時国際法の用語が一般的に使用されていた時代には、赤十字条約やジュネーブ法との通称によってある程度の区別はあったものの、国際人道法はまだ未分化で交戦法規等と混在した状態にあったと見られる。その後第二次世界大戦を経て国連の時代に入ると、国連憲章に代表されるように戦争の用語は避けられる傾向が顕著で、より直接的に武力紛争法と呼ばれるようになった。そしてこの時代には1949年のジュネーブ諸条約や1954年の文化財保護条約等が成立して、国際人道法として分類可能な法規も徐々に整備されてきたため、1970年代以降国際人道法の名称が広範に使用されるようになったのである。従って武力紛争法も国際人道法も明確に定義されることはなく、武力紛争法が戦時国際法と同義として使用される場合には、国際人道法は歴史的にその一部に含まれていたし、20世紀の後半から使用され始めた新たな特徴を強調される場合には武力紛争法はハーグ法のみを指して、既に国際人道法として顕現してきたジュネーブ法と区別され、近接分野として対置されることになる。

以上の経緯はあるものの、NGOとして実質的に国際人道法の発展を推進する任務を掲げる赤十字国際委員会は、1977年のジュネーブ条約第一追加議定書のコメンタリーにおいて、国際人道法を次のように定義している；

> 条約又は慣習によって確立された国際規則であって、国際的又は非国際的武力紛争から直接に生ずる人道的諸問題の解決を特別に意図し、又、紛争当事国が選択する戦争の方法と手段を使用する権利を制限し、又は紛争によって影響を受けることのある人と財産を保護するもの[10]。

ここではジュネーブ法との言葉は使用されていないので、ハーグ法が除外される根拠は何ら認められないし、同様に近接領域として国際人権法とも密接な関係を保っていると考えることができる。このように武力紛争法や国際人権法との境界は必ずしも明確とは言えないが、一般に国際人道法として認識されている国際法規範の全体像を次に明らかにしたい。

4 国際人道法条約

既に述べたようにハーグ法と呼ばれる2回のハーグ平和会議で条約化された陸戦条約や附属規則等にも、上記赤十字国際委員会による国際人道法の定義に当嵌まる規定は多く含まれる。例えば同附属規則第23条には禁止事項として毒素兵器の使用や投降兵の殺傷等が列挙され、第46条・第47条では私有財産の没収や略奪が明確に禁止されているし、これに先立つ第1款第2章は捕虜に関する規定（第4条から第20条）、同第3章は病者及び傷者の取扱いに関する規定（第21条）を置いている。兵器の規制については第二部**5**で論じるとして、第21条は「病者及傷者ノ取扱ニ関スル交戦者ノ義務ハ『ジェネヴァ』条約ニ依ル」と規定するだけで、捕虜に関する第2章の規定も1929年には別条約が成立して、1949年に改正されて現在のジュネーブ第3条約として法典化された。しかし非戦闘員である文民を保護する第4条約には先行する条約がないため、第二次世界大戦中の従軍慰安婦等の個人に齎された損害が問題とされる場合、同附属規則の第3款第46条が義務付ける私権の尊重等の規定が適用されたり、ハーグ条約の締約国でなくても慣習法としての適用の可能性が追及されることになる。

戦時における個人の権利と財産の保護を目的とする国際人道法条約の中心には1949年のジュネーブ4条約があり、第1条約である傷病兵保護条約は1864年に第1回赤十字条約として締結されて改正と充実を重ねてきた。第2条約の海上傷病難船者保護条約は1899年に成立して、当初は「ジュネーブ条約の原則を海戦に応用する条約」と名付けられたが、1907年の改訂・補充を経て現在の名称となった。捕虜に関しては前述のようにハーグ陸戦条約附属規則に17カ条の規定が置かれていたが、1929年に独立の捕虜条約が締結されて、1949年に改正された現第3条約に至っている。最後に第4条約は第二次世界大戦後に新たに成立したが、ハーグ陸戦条約附属規則の中に占領地域の住民についての規定が見られるし、既に慣習法として確立していた規則も含まれている可能性も指摘される[11]。4条約には揃って国連加盟国を上回る196カ国が締約国となっており、現在では手続規定等を除くほぼ全ての規定が慣習法として確立したと考えられている[12]。

ジュネーブ4条約は独立した条約であると同時に、共通の前文と締結手続等に関する最終規定、そしてかなりの数に上る共通条項を備えているが、批准状況から見ても国際人道法条約の一揃いとして扱われ、その特徴も共有されていると言えよう。その代表的な規定が第二部**2**で既に取上げた総加入原則に関する共通第2条で、第一次世界大戦後の1922年空戦規則案や1925年毒ガス禁止に関するジュネーブ議定書のように総加入条項が挿入されなくなったばかりでなく、1929年の赤十字条約の改正や新たな捕虜条約の成立時には、総加入原則を明確に否定する規定が置かれるようになった。この共通第2条は締約国が戦争状態を承認するか否かに関らず、又占領が武力抵抗を受けるか否かを問わず全ての戦争その他の武力紛争に条約が適用され、非締約国が条約規定を受諾・適用する場合にはその国との関係においても拘束力が生じるとしている。

同様の4条約共通の規定は第1編総則に多く見られるが（第1条から第3条、第6条から第11条、ただし第4条約のみ第7条から第12条が同じ規定）、共通第1条の条約の尊重の確保のために設けられた違反防止規定にも共通性が確認される（第1条約の場合第46条の「実施の確保」、第48条「条約文の公布」、第47条「訳文と国内法令の相互通知」等）。ハーグ法を法典化する条約においては、違反の場合に交戦国が軍隊構成員の一切の行為について責任を負うと規定されるものの、違反者の処罰に関する定めは見られなかった。これに対してジュネーブ4条約は違反の防止に関する共通の条項を置き、条約の重大な違反行為を処罰するための立法を締約国に義務付け、締約国間の普遍的裁判管轄権を認めると共に、引渡し又は訴追（*aut dedere aut judicare*）の義務を課している（第1条約第49条等）。

次の重大な違反に関する規定は条約により若干文言が異なっているものの（同条約第 50 条等）、その趣旨に大きな隔たりはなく、続く締約国の責任（同条約第 51 条等）や違反行為の調査（同条約第 52 条等）は全く同文となっている。特に第 1 条約第 49 条の裁判管轄権に関する規定は重要で、20 世紀後半に進行した航空犯罪等を取締る国際刑事法の進展、即ち条約による普遍的裁判管轄権設定の先駆的実行であると同時に、第二次世界大戦後の国際軍事裁判の実施と並んで、個人の国際法違反を裁くための国際刑事法発展の重要な契機になったと認められる。

最後の特徴として挙げられるのは、内戦に関する共通第 3 条である。国連の時代には国家間の伝統的な戦争は数の上では減少し、代って民族対立や宗教間抗争に起因する内戦が頻発するようになったが、従来は交戦団体の承認が行われない限り戦時国際法が内戦に適用されることはないとされてきた。ジュネーブ 4 条約は内戦の影響を受ける人と財産を保護するための規定を設け、非国際的武力紛争の場合も傷者・病者は看護されなければならず、敵対行為に直接参加しない者を人道的に待遇しなければならないとして、暴行・殺人・人質・尊厳への侵害や裁判によらない刑の執行を禁止している。国際人道法のこのような発展は、古くは第 1 回赤十字条約と同じ時代に起ったアメリカ南北戦争中の内部文書であるリーバー・コード（Lieber Code）にも見られたが、第二次世界大戦直前のスペイン内戦等を経て、内戦にも適用されるべき最低基準を 4 条約共通の規定として設けるに至った[13]。しかし現実には共通第 3 条による規律では不十分で、その後 1977 年に非国際的武力紛争に適用される第二追加議定書が締結されたのである。

ジュネーブ諸条約追加議定書の成立には、憲章第 1 条 3 項で「人道的性質を有する国際問題」の解決を機構の目的とする国連が深く関与していた。国連は 1948 年の世界人権宣言採択から 20 年後の 1968 年を「国際人権年」に指定し、84 カ国の参加の下にテヘランで国際人権会議を開催した。会議では国際人道法条約の更なる発展を促すべき決議が採択され、これを受けて同年末の総会が決議 2444(XXIII) を採択して、事務総長に対して赤十字国際委員会の諮問の下に研究を進めることを付託した[14]。ここには国際人道法の諸問題を国連が促進すべき人権法の一部として捉える姿勢が明確に示されており、人権法と人道法の融合が認められるのである[15]。又1960年のウィーン国際赤十字会議以降、赤十字においても人道法条約の改正が課題とされていたこともあり、1974年から1977年まで毎年開催された外交会議を経て、赤十字国際委員会が提出した草案を基に二つの追加議定書が成立した[16]。

追加議定書は国際的武力紛争の犠牲者の保護に関する第一議定書と、非国際的武力紛争の犠牲者の保護に関する第二議定書に分けられている。第一追加議定書はジュネーブ諸条約成立後の兵器の開発や新戦術の採用に対応すると同時に、武力紛争の犠牲者保護を強化する目的で締結され、一部はハーグ法の分野にも踏込んでいる。主な特徴としては、人民自決権の行使として植民地からの独立を目指す民族解放戦争を国際的武力紛争と認めて適用対象としたこと（第1条4項）、戦闘員と非戦闘員の区別を見直して民族解放団体の構成員やゲリラも戦闘員や捕虜の資格を与えられるようになったこと（第43条から第45条）、そして違反の場合に国際事実調査委員会が設置される等処罰のための締約国間の相互援助や協力が強化されたこと（第88条から第90条）が挙げられる。ただしこの第二の特徴、即ち戦闘に参加する全ての者に捕虜の資格が認められ、第3条約が適用されることを明記しているのは第一議定書のみであり、第二議定書にはこれに相当する規定は含まれていない。そこから現在もキューバのグアンタナモ基地に収容される敵性戦闘員（illegal combatant）の取扱い等、未だ解決されていない課題が生じていると考えられる。

第二追加議定書はジュネーブ諸条約の共通第3条を発展させ、多発する非国際的武力紛争の犠牲者の保護の強化を目指している。第二追加議定書は第一追加議定書の対象とならない全ての武力紛争に適用されるが、暴動や騒乱等散発的な暴力行為を伴う緊張状態は武力紛争とは見做されない（第1条）。敵対行為に直接参加しない者は人道的に扱われなければならず、それらの者に対する暴力や略奪は禁止されている（第4条）。第二追加議定書は武力紛争によって影響を受ける全ての者に適用されるものの（第2条1項）、政府軍や正規の軍隊構成員がこれらの規定を周知されているのに対して、反乱軍や反政府武装組織がその内容を承知している保証は乏しく、冷戦終結後の内戦の頻発や拡大の中で国際人道法の重大かつ大規模な違反の増大が明らかにされてきた。そのため第二追加議定書だけでは必ずしも有効な防止機能を果すことが期待できず、違反を裁いて処罰するための国際刑事裁判所の設立が抑止力として必要とされたのである。

他方両追加議定書は民有物の一般的保護や住民の生存に不可欠な物の保護に加えて、文化財と礼拝所の保護に関する規定を設けた（第一追加議定書第53条、第二追加議定書第16条）。文化財については1907年の陸戦ノ法規慣例ニ関スル規則が既に破壊や毀損を禁じ（第56条）、同時に慣習上の発展が進行してきたと考えられるが、1954年に文化財保護条約と同議定書が締結され、国際的な登録を前提とする特別の保護制度を設ける等、国民の共有物として保全すべき体制が強化された。1999年には第二議定書が成立してユネスコとの協力関係が整備され、刑事責任の追及についても裁判管轄権の普遍化が図られている。又1977年のジュネーブ諸条約第一追加議定書が自然環境の保護についての規定を置いている点は、環境分野への武力紛争法の新たな進展として特徴的である（第35条3項）。前年の1976年にはベトナム戦争での枯葉剤の使用等を受けて、環境改変技術使用禁止条約が国連総会で採択されているが、ICJが1996年の核兵器合法性事件勧告的意見で指摘した核兵器使用の環境への壊滅的影響とも併せて[17]、環境保護は武力紛争時に配慮されなければならない重要な義務を構成すると考えられる。

両追加議定書はジュネーブ諸条約の196カ国には及ばないものの、第一議定書が173カ国・第二議定書が163カ国と世界の4分の3以上の国により批准されているが、主要国のアメリカやインド等のアジア諸国、内戦を多く抱えるアフリカ諸国には現在も普及が不十分で、成立後20年以上未締結であった日本もイラク戦争後の2004年になって漸く加入した。又2005年には第三追加議定書が成立したが、赤十字の標章として赤十字・赤新月・赤いライオンと太陽の三つが認められていたところ、ライオンと太陽の標章は使用されなくなったため、赤菱形をこれに代える改正であった[18]。第三議定書は59カ国の批准を既に得て効力を発生している。

5 条約による非人道的兵器の規制

人体に不必要な苦痛を与える非人道的な兵器の禁止は、1868年のサンクト・ペテルブルク宣言や1899年のダムダム弾禁止宣言・毒ガス禁止宣言、1925年のジュネーブ議定書等古くから見られる。この流れは一方では大量破壊兵器の規制として20世紀後半においても、1968年の核兵器不拡散条約(NPT)・1972年の生物兵器禁止条約(BWC)・1993年の化学兵器禁止条約(CWC)の成立へと繋がった。もう一方では1980年に特定通常兵器禁止制限条約(CCW)と三つの議定書が成立し、検出不可能な破片を利用する兵器の使用禁止、地雷・ブービートラップ・焼夷兵器の使用の禁止又は制限を実現した。CCWは議定書により新たな兵器の禁止に合意するための手続を備え(第8条)、1995年に失明を齎すレーザー兵器に関する議定書が、2003年には爆発性の戦争残存物に関する議定書が成立している。又1996年には改正地雷議定書が採択されて、内戦への適用や移譲の禁止等規制を強化したものの、生産そのものの禁止には至らなかった。

対人地雷は殺傷力が弱く安価な兵器であるために内戦において多用され、子ども等一般住民に被害を齎すと同時に除去に莫大な費用と危険が伴うので、生産・保有・使用を全面的に禁止すべきとの国際的な世論が高まった。しかし国家間のコンセンサスを重視するCCWの軍縮交渉の枠組では進展が期待できず、カナダ政府の呼掛けに応じて50カ国と多数のNGOが結集したオタワ会議での交渉を経て、1997年に対人地雷全面禁止条約(オタワ条約)が成立した[19]。1999年に条約は発効して現在までに世界の4分の3を超える161カ国が締結しているが、米中ロシア等大量に地雷を保有している国は参加の意思すら表明していない。しかし対人地雷の使用が非人道的との国際的な非難は十分浸透し、アメリカもその後のアフガニスタンやイラク戦争で対人地雷を使用することはなかった。僅か2年以内に条約が効力を発生し、締約国は勿論非締約国の行動にも一定の影響を及ぼすことに成功したのは、国際世論をリードしてノーベル平和賞を受賞したNGOの連携の力によるところが大きく、このような方式はオタワ・プロセスとして高く評価されている。爆発性戦争残存物の一種であるクラスター爆弾についても、NGOとの協力の下にノルウェー等が主導するオスロ・プロセスが同様に進行し、クラスター爆弾禁止条約(オスロ条約)が2008年に成立して2010年に発効した。

他方大量破壊兵器の中では生物兵器と化学兵器が禁止されたものの、軍事的・政治的重要性から核兵器の使用・保有を一般的に禁止する条約は、2010年のNPT再検討会議の最終文書において、その交渉を検討する動きに注目すると初めて言及された後、2015年に開かれた同会議は核保有国の反対から最終文書の採択すらできないまま閉幕した[20]。しかし核兵器使用の禁止が明文化されていなくても、その破壊力の大きさから無差別攻撃を余儀なくされることや、不必要な苦痛を与える害敵手段禁止の類推が可能なこと等に基づき、既存の国際法の適用によってアメリカによる原爆投下を違法とした日本の国内判決がある(下田事件、東京地裁昭和38年12月7日)。又一連の国連総会決議が同様の理由に基づき核兵器の違法性について言及し、決議によっては禁止されるべきとの明文を置いているが、総会決議は加盟国に対する法的拘束力に欠ける上、これらの決議の採択状況等から慣習を構成する法的確信が確立しているとまでは認められていない。日本は1994年以来核兵器廃絶決議案の国連総会による採択を主導し、同趣旨の総会決議は22年間連続して採択されてきたが、世界の指導者に被爆地訪問を促す内容を盛込んだ2015年の決議も166カ国の賛成を得られたものの、前年には賛成票を投じた米英仏を含む16カ国が棄権し、中ロ北朝鮮の3カ国は反対票を投じた[21]。従って2016年のアメリカのオバマ大統領による被爆地広島への訪問には、このような経緯を反映する特別な意義が認められよう。

現在の核兵器廃絶へ向けた世界の潮流は政治的駆引きや軍縮交渉の延長線上にあるとは言えず、むしろ人道的観点から非合法化していく動きと捉えられるが、その出発となったのは世界保健機関(WHO)と国連総会からICJに付託された勧告的意見の要請であったと見られる。1993年5月にWHOが決定した「武力紛争時における国家の核兵器使用の合法性」に関する勧告的意見要請は、諮問機関であるWHOが核兵器使用の合法性を扱う権限を有さないという理由から、「その活動の範囲内において生ずる法律問題」(国連憲章第96条2項)ではないとして、裁判所が管轄権を行使する要件に欠けると判断された[22]。しかし1994年末に国連総会が要請を決定した「核兵器による威嚇又は核兵器使用の合法性」に関する勧告的意見(核兵器合法性事件)は1996年7月に下されて、戦闘員と非戦闘員の区別や軍事施設と非軍事施設の区別のない無差別攻撃のための武器として、又戦闘員に不必要な苦痛を与える武器として、核兵器の使用は一般的に国際人道法違反であると判断した[23]。ただし国家の存亡が問題となる自衛の極限状況においては、確定的な結論を導きえないとの見解が多数意見とされたため、核兵器の使用は一般的に国際法違反であるとしても、その保有自体は違法とは結論できないと言えよう。

ICJの勧告的意見を拠所にして、2013年から14年には核兵器の人道的影響に関する国際会議がオスロ・メキシコ・ウィーンと続けて3回開かれ、2012年以降核兵器の非人道性と不使用を訴える共同声明がノルウェーやオーストリアを中心に発表されてきた。しかし核兵器保有国と非保有国の溝は現在も埋まっておらず、核兵器を一般的に禁止する条約の構想も一定期間内の段階的な廃絶を志向する「包括的核兵器禁止条約案」、対人地雷やクラスター爆弾に関する条約のように核保有国の参加を得ずに交渉を開始する「核兵器使用・保有禁止条約案」、そして気候変動枠組条約のように具体的な義務内容を後の交渉に委ねる「核兵器禁止枠組条約案」等が浮上して、様々に議論されている段階にある。そして国連の核軍縮作業部会が2016年8月に、核兵器禁止の法的措置を交渉する会議を2017年中に開催するよう総会に勧告する報告書を採択したのを受けて、メキシコやオーストリア等6カ国が核兵器禁止条約を目指す交渉開始の決議案を総会に提出した[24]。提案国側の主張によると決議案は約100カ国の支持を得ていると推測されるものの、核保有国は条約の成立が核抑止の信頼を揺るがせて不安定化を齎すとして激しく抵抗しているため、第71会期中の採択は予断を許さない状態である。

又同時期の2016年10月初めには、2014年にマーシャル諸島が核兵器保有国9カ国に対してICJに訴訟を提起した事件（核軍縮交渉義務事件）の中、裁判所の管轄権受諾宣言をしている英・印・パキスタンの先決的抗弁を支持して、これらの国とマーシャル諸島との間に紛争は存在しないとの理由に基づき、裁判所の管轄権を否定する判決が下された。マーシャル諸島は核兵器保有国がNPT第6条に規定される；

> 各締約国は、核軍備競争の早期の停止及び核軍備の縮小に関する効果的な措置につき、並びに厳重かつ効果的な国際管理の下における全面的かつ完全な軍備縮小に関する条約について、誠実に交渉を行うことを約束する。

との義務に違反していると主張したが、核軍縮を巡る国連等の多国間交渉の場において同国が行った声明は特定の国を対象としたものではなかったため、核兵器保有国は自らの行動が義務違反と申立てられていることを承知する立場にはなかったと判断されて、紛争の不存在から本案審理に進むことはないと決定された[25]。しかし1996年の前記核兵器合法性事件の勧告的意見同様、本判決の決定にも可否同数の結果としてICJ規程第55条2項が適用され、裁判所長エブラヒム（Abraham）の投票決定権が行使されたことは、核兵器を巡るICJの判断における偶然の符合であったとは断言できないと考えられる。

6　慣習としての国際人道法

国際人道法は伝統的には「軍人の名誉」という概念に基づいていて、不必要な残虐性や不名誉を除去するために一定の行動を禁止すべきとの規範から出発して、軍人自身の自制と宗教指導者等の教えに支えられて発展してきたと考えられる[26]。その代表的な例がアメリカの南北戦争中にリーバー教授(Professor Lieber)によって起草され、リンカーン大統領により1863年に発出された第100号一般命令(General Order)であり、これは「リーバー・コード」と呼ばれて後の戦時の法規慣例に大きな影響を与え、同時代の第1回赤十字条約の成立と並ぶ歴史的重要性を付与されてきた。リーバー・コードは高く評価されて他国による同様の規則の制定を促したが、あくまでも一国内の軍規律に相当する内部文書であり、国々を法的に拘束する国際的な共通の規則ではなかった。そのために共通の軍事行動規範を法典化する目的で1874年にブラッセル会議が開催され、国際条約の起草が試みられたものの採択には至らず、作業は1899年と1907年の2回のハーグ平和会議まで持越された[27]。

ハーグ会議で採択された条約や宣言については既に第二部 **1** で述べてあるが、その目的が当時慣習法として普及しつつあった戦時国際法の法典化であったとしても、その全ての成文化が達成されて条約に反映されてはいず、引続き慣習による規律の継続の必要性が強く認識された。1899年の第1回会議で陸戦条約と附属規則の草案が十分慣習法を反映していないとの意見を押えて条約を成立させるため、小委員会委員長のロシア代表マルテンス(Martens)が発した声明の第3節が、同条約前文に採入れられて現在マルテンス条項と呼ばれている以下の一節である；

> 一層完備シタル戦争法規ニ関スル法典ノ制定セラルルニ至ル迄ハ、締約国ハ、其ノ採用シタル条規ニ含マレサル場合ニ於テモ、人民及交戦者カ依然文明ノ間ニ存立スル慣習、人道ノ法則及公共良心ノ要求ヨリ生スル国際法ノ原則ノ保護及支配ノ下ニ立ツコトヲ確認スルヲ以テ適当ト認ム。

この条項は陸戦条約と附属規則の解釈指針とされたが、そればかりではなく条約による法典化が十分でないことを承認し、条約化されていない慣習法の存在と進化の重要性を明らかにしていると言えよう。従って慣習国際法としての人道法の特異性は既にこの時代から強く認識され、第一次世界大戦・第二次世界大戦を初めとする戦時中の多くの戦争犯罪についても、この条項が適用されて裁判を通じて処罰が実行されてきた[28]。そしてマルテンス条項はそれが挿入されたハーグ法のみならず、ジュネーブ法にも間違いなく多大な影響を与えてきたのである。

マルテンス条項が起草された時代と比べて、現在では数多くの国際人道法条約や非人道的兵器を規制する条約が締結されているが、慣習としての人道法の重要性が低下することはなかったと考えられる。その理由はいくつか挙げられるが、まず第一に慣習法が法典化されて条約が成立しても、条約の非締約国に対しては適用できない点にある。1949年のジュネーブ4条約こそ国連加盟国数を上回る国々に普及しているものの、1977年の両追加議定書については主要国を含む相当数の未締約国が残されている。特に20世紀後半から頻発する内戦においては、アジア・アフリカの武力紛争国の多くが第二追加議定書の非締約国となっているために、適用できる条約規定はジュネーブ4条約の共通第3条に限られてしまう現実がある。又非人道的兵器規制条約の中には未だ世界の半数以下の国にしか締結されていないものもある上、人道法条約というよりは人権条約に分類されるものの深い関連を有する「武力紛争における児童の関与に関する選択議定書」も十分普及しているとは言い難い[29]。従って条約の非締約国間や締約国と非締約国の間では、依然として慣習法が法的拘束力を持つ唯一の国際的な規律規範であると言えよう。

第二に同一の人道法条約の締約国間であっても、条約締結時に付された留保により一部の条約規定が適用されない可能性が指摘される。ジュネーブ4条約と追加議定書は最終規定に留保条項を含んでいないため、これらの条約に対する留保は条約法条約第二部第二節の第19条から第23条によって規律されることになるが、その結果多数国間条約の締約国間の権利義務関係を二国間の条約関係の束のように還元してしまう効果を生じて、非常に複雑な構成の権利義務関係を齎すと言わざるをえない。例えば第一追加議定書は自然環境の保護に関して第35条3項に、

> 自然環境に対して広範、長期的かつ深刻な損害を与えることを目的とする又は与えることが予測される戦闘の方法及び手段を用いることは、禁止する。

と基本原則を規定し、更に第55条では自然環境の保護のために注意を払う義務を締約国に課した上で、復仇の手段としても自然環境に対する攻撃を禁止している。英仏は第一追加議定書の批准に際してこの二つの条項について留保を表明したが、その理由は核兵器合法性事件の勧告的意見においてICJが指摘したように、核兵器の使用が上記のような損害を与える戦闘の方法及び手段と認定される可能性が非常に高いからであった[30]。勧告的意見は核兵器の使用は一般的に国際法違反であると明言したが、自衛の極限状態においては合法性を判断できないとの結論が導かれた過程では、核兵器保有国であるアメリカが第一議定書の非締約国であったことに加えて、英仏の留保が影響していたと推測されている[31]。

第三に現在までの人道法条約が十分に詳細な規定を備えていず、新たな武力紛争の形態や戦闘方法に対応できていないことが挙げられる。同様の理由から40年近く前の1977年に追加議定書が作成されたが、国際的武力紛争に適用される第一議定書が80以上の実体規定を備えているのに対して、非国際的武力紛争に適用される第二議定書は僅か13の実体規定を有すのみで、条約における規則内容の不備に加えて定義や要件等に欠けていると言わざるをえない[32]。そして国家間の武力紛争が数の上では減少しているのに対して、内戦はますます増加して激化・長期化している現実の中で、どのようにして戦闘員と非戦闘員を区別し、かつ均衡性の原則を維持していくのかについて、条約が十分な答を用意しているとは考えられない。又クラスター爆弾に関する条約等非人道的兵器を規制する条約や武器貿易条約等が21世紀に入って成立して規制を強化している反面、新たに成立した条約が武器の開発や実用化にどこまで対応できて広く締約国を獲得できるのか、実際の規制における保証を未だ確認できない状態であろう。従って現在に至ってもマルテンス条項が掲げる内容は、色褪せることなく武力紛争の現実において重要性を保持し続けているのである。

最後に補足的ではあるが、人道法条約が締結されていても実際の武力紛争において必ずしも厳格に守られていない現状が、特に非国際的武力紛争において顕著である。その理由は上記三つの要因から派生していると考えられるが、ジュネーブ 4 条約の重大違反については既に第二部 **4**で共通条項を取上げて簡単に説明した。しかし最も重大な阻害要因は国際人道法の教育を受けて知識を有す正規の軍隊構成員とは異なり、内戦においては国の軍事機関に所属しない反政府武装勢力や民兵が戦闘主体となっているため、内戦に適用可能な規則が乏しい上に第二追加議定書の実体規定やジュネーブ諸条約共通第 3 条すら守られていない現実が数多く確認されている。一つの例として挙げられるのは、2000 年に国連安保理が採択した決議 1325「女性と平和・安全保障」が、強姦や性的暴行等の女性に対する暴力を戦闘手段として使用してはならないとして強く非難したにも関らず、現在もアフリカ各地の内戦において根絶されていないことである。更にアフリカや中東ではボコ・ハラムやイスラム国等テロ集団と思しき団体が政府軍や先進国民に攻撃を仕掛けたり、明白な女性の人権侵害や犯罪としか言えない暴力行為を繰返している。このような中で非国際的武力紛争に適用可能な人道法規範をいかに整備し、履行を確保していくのかが現在の世界が直面する大きな課題であろう。

以上のように 19 世紀後半以降国際人道法条約が数多く成立しても、締約国が限られていることや条約規定の内容上の不十分、そして留保等により必ずしも履行が確保されないことからマルテンス条項が起草された時代と同様に、慣習としての国際人道法は必要不可欠な役割を果し続けている。特に 1993 年の戦争犠牲者保護のための国際会議は内戦において頻発する国際人道法違反に対応して、新たな条約の作成ではなく人道法の履行をより効果的にするための方法の開発を会議の最終宣言として採択し、次回の赤十字国際会議に報告するよう付託した[33]。これを受けて 1995 年の赤十字国際会議第 26 会期は、国際的・非国際的武力紛争に適用可能な国際人道法の慣習規則に関する研究の開始を赤十字国際委員会に授権し、世界中の国や研究者の協力を得て10年に及ぶ研究期間を経た後、161の規則を網羅した『慣習国際人道法』(*Customary International Humanitarian Law*) 全3巻が刊行された。第1巻は600頁を超える規則集とコメンタリーから構成され、学問的成果に基づいていると同時に実務的な効果が強く期待されているため、あらゆる国の軍隊や国内の武装組織が利用可能なように普及が図られている。第2巻・第3巻は第1巻に掲げられた規則が導かれる基礎となる慣行についての研究で、多くの国の軍事専門家や国際人道法・慣習国際法を研究する国際法学者が作成に貢献している。これは今までのところ今世紀最大の国際人道法分野における成果と認められるが、同時に慣習国際法認定の困難をも顕現させたと考えられる。

7 慣習国際人道法認定の阻害要因

慣習国際法の認定はそれ自体非常に困難な作業であり、そのための統一的に適用可能な一般理論の究明における混乱や錯綜は、国際法の歴史と共に様々に形を変えて継続されてきたと言っても過言ではない。その原因は慣習法理論を適用する国際法領域毎に異なる特徴に基づく認定の阻害要因が存在するためであり、領域毎の規律対象・目的・特異性等を勘案した上で、そこから抽出される一般規則にどれ程の整合性を見出して、理論として整理しうるのかを見極める困難に求められると考える。従って第三部で検討する予定の国際人権法の分野においても同様の困難が予測されるし、海洋法・外交関係法・国家責任法等国際法委員会が法典化を試みた全ての領域についても同様のことが言える。それにも関らず同委員会により成文化された条約草案が国家責任法の分野を除いて多数国間条約として成立したのは、法典化条約が新立法をも含む広義の法典化作業に基づくからであり、特に人道法の分野では今から100年以上前に陸戦法規の法典化の際に導入されたマルテンス条項の趣旨が現在も維持されて、慣習法規範の効力が保全されていることに求められよう。赤十字国際委員会が今回着手したのは新たな多数国間条約の起草ではなく、武力紛争において戦闘員となる可能性を有す全ての者が入手でき、その意味を理解できるような一種のマニュアルとしての規則集の作成と刊行であったが、それらの規則が慣習法に基づいている以上、規則集作成に当って慣習国際人道法認定の困難を伴うのは当然の帰結に他ならない。そこで国際人道法分野における慣習法認定がどのようなものであり、いかなる阻害要因が確認されたのかを明確にしておきたい。

『慣習国際人道法』第1巻規則集の冒頭で、同書の研究に当り国際法上のどのような理論に基づき慣習法認定が実践され、特異な考慮が払われたのかが説明されている。国際法の法源としての慣習法の定義は、ICJ 規程第38条1項bに裁判に適用可能な基準として規定される「法として認められた一般慣行の証拠としての国際慣習」との定式化が一般に承認されている。ここから1969年にICJが北海大陸棚事件判決で示したように、国家慣行と法的確信から慣習法が成立するという二要素論が導かれて一応の定説とされているが、同書もこの立場に則って二要素毎の分析に従事している。ここで注意しておきたいのは、従来から慣習法認定の証拠として考慮されるのは条約の非締約国の慣行や法的確信であり、条約締約国の行為や法意識は条約義務の履行として慣習法形成に寄与しないと捉えられる伝統があった。しかし多数国間条約の普及と法典化条約の増加により、この立論は大きく揺らぐ結果を齎し、国連憲章規定の慣習法化が吟味されたニカラグア事件判決や拷問等禁止条約の一部を慣習法と認定した訴追又は引渡し事件判決において、ICJは条約締約国による実行や声明を排除することなく、むしろ国連や条約の目的を表明するものとして締約国の意図に積極的に依拠している[34]。2006年のモンテネグロの加入によりジュネーブ4条約は国連憲章と同様に国際社会における普遍化をほぼ達成したし、第一・第二追加議定書についても非締約国は20から30を残すのみの状態となっている[35]。従って慣習国際人道規則の認定に当っては、人道法条約の締約国の行動や声明を証拠として排除することが非常に困難となり、国家慣行も法的確信も締約国に由来することが『慣習国際人道法』において前提とされている。

まず初めの国家慣行については物理的に実行された行為と、口頭或いは文書上で国家により表明される行為が区別されるが、前者としては戦場における実際の戦闘行為、一定の武器の使用やカテゴリー毎に異なる人の取扱い等が含まれており、後者については国軍の軍規 (military manual) や国内法・軍への指令・戦時の軍からの公式発表・外交抗議・法律顧問の意見・条約草案への政府見解・国際裁判での訴答書面 (pleading)・国際機構や国際会議における発言や投票行動等、多様な行為が国家慣行として挙げられている[36]。国家慣行を物理的行為に限定しないのは 1974 年漁業管轄権事件・1986 年ニカラグア事件・1997 年ガブチコボ = ナジュマロシュ事件判決において ICJ が採用した方法であり、国際法委員会・旧ユーゴ国際刑事裁判所 (ICTY) や国際法協会 (International Law Association ; ILA) も同様の見解に立つと指摘されている[37]。又国際裁判判決はそれ自身が国家慣行ではないが、慣習国際法規則の存在の有力な証拠としての効力を有し、先例として後の国家慣行に大きな影響を与えるとされる。同様に国際法主体である国際機構の行為や慣行は加盟国とは独立して慣習法の形成に寄与し、特に国際人道法分野においては政府間国際機構ではない赤十字国際委員会の慣行が重要とされ、その声明や覚書等が考慮されることは ICTY の判例によっても承認されてきた[38]。最後に反政府武装組織の行動綱領や国際人道法を遵守するとの誓約は国家慣行とは見做されず、非国際的武力紛争における一定規則の受諾の証拠となる可能性はあるものの、その法的有用性は依然として不明であると判断されている[39]。

以上の記述から導かれる慣習国際人道法認定の特異性として、第一に挙げられるのは NGO である赤十字国際委員会の慣行や文書が政府間国際機構に劣らない法的価値を与えられていることで、これに対する各国の対応が直接に国家慣行を構成するのは当然と言えよう[40]。国際人道法の歴史を顧みれば赤十字国際委員会の貢献が重要かつ不可欠であったことは明らかで、今日の国際社会においても NGO としての特別な地位を十二分に承認されている。従って慣習法の認定についても、NGO でありながら政府間国際機構と同等の影響力を認められているのである。第二の特徴として挙げられるのは上記最後に提示されているように、内戦における反政府武装組織の物理的戦闘行為や行動綱領等がいかに評価されるか不明なことで、『慣習国際人道法』の刊行に至る研究を通じても最終的な結論は導かれていない。しかし内戦における政治的・軍事的な勢力の配分は極めて流動的であり、交戦団体の承認の手続を経ないまでも事実上の交戦団体として、国際人道法を遵守する義務と責任を集団として有すと解されるべきであろう。即ち反政府武装組織の慣行や声明は国家慣行とは見做されないが、後に統合的な政治権力を掌握した場合には遡及的に国家慣行を構成すると確認することは可能である。この点については、国家責任条文第 10 条「反乱団体その他の団体の行為」と、第 11 条「国により自己の行為として認められかつ採用された行為」の規定が有力な根拠を提供すると思われる。

今一つの慣習法の構成要素である法的確信については、まず当該慣習規範が一定の行為を禁止しているのか、一定行為を義務付けているのか又は一定の行為をとる権利を認めているのかに区別できる。国際人道法の領域において多くの規範は一定行為を慎むことを要求しているので、行為をとらなかったことが法的確信に基づくのか、或いは単に必要がないと判断されたのかが明確になり難い。行為をとらなかった国の意図が声明や文書で表明されたり、その結果が後に対立や論争を引起して偶然でなかったことが国の意図から証明される場合もあるが、法意識を伴う意図に基づくと確証するのは容易いことでないのが通例である[41]。特に内戦の場合に例えば一定の兵器の使用を慎むことは、その兵器の使用禁止が遥か以前に成立した条約により義務付けられていたとしても、条約の締結当時内戦への適用が想定されていなかったのであれば、国家間の武力紛争においてと同様に扱うことはできまい。加えて内戦中に戦闘行為の主体となるのは正規の政府軍のみならず反政府武装組織であるため、彼等の物理的行為や指令が国家慣行と見做されない以上、法的確信を伴っていたのか否かはそもそも問題とはならない筈である。

以上のように慣習国際人道法認定の困難の多くは、国家以外のアクターの物理的行為や声明・覚書等にいかなる法的効果を付与するかという課題に由来していると言える。その中では、NGO である赤十字国際委員会に政府間国際機構と同様の役割を承認することに大きな障害はないと見られる。ただし赤十字国際委員会の活動は非常に重要ではあるものの、それ自身国家慣行を構成していないことは政府間国際機構の場合と同様である。即ち国連を初めとする国際機構の慣行や声明は慣習法の形成に寄与して、それに対する加盟国の対応や投票行動等の国家慣行を惹起する役割を果すのみであって、それ自身が国家慣行に相当して慣習法を直接に形成してはいない。その意味で赤十字国際委員会や国際機構の活動だけでは慣習を確定することはできず、実質的法源或いはソフトローの段階にあるとしか認められないであろう。従って赤十字国際委員会によって取組まれた慣習国際人道法の法典化という膨大な作業も、条約化されていないために直接的な国際法の形式的法源とは見做されず、学会や国際機構等による法典化の延長線上に位置すると考えるのが相当である。確かに赤十字国際委員会への付託は 1993 年の国際会議の参加国の意思に基づいていたが、国際法委員会の実行に見られたような起草過程での政府見解の収集やそれに基づく再検討は行われておらず、結果として政治的な妥協が介入する余地は全く認められなかった[42]。それにも関らず国連総会決議による留意 (take note) の手続こそ踏んでいないものの、「国家責任条文」や「外交的保護条文草案」に準ずるような法的性格を有すると考えることは可能とされよう。

又内戦における反政府武装組織というアクターの行為や指令の扱いについての確定的な見解は見出されず、最低基準であるジュネーブ諸条約共通第 3 条又は第二追加議定書の実体規定 13 カ条のみでは、内戦に適用可能な条約規範が限られている上に慣習規範の認定も非常に困難な状態と考えられる。現在も継続する内戦は激化・長期化している状況にあるが、反政府武装組織の行動や声明を不用意に慣行として考慮することは混乱を招くだけであり、非国際的武力紛争においても期待される秩序を不安定化する要因となりかねない。何故なら内戦において戦闘に参加する政府軍を含む全ての集団が、同一の規範に基づいて行動しているとは到底考えられないからである。反政府組織の違反行為が政府軍の違反をも誘発し、更には別の武装組織がそれを先例と見做して自らの行為の正当化を試みる可能性は十分考えられよう。従ってマルテンス条項の趣旨に沿って今後の慣習法の発展に期待するしかないが、加えて人道法違反の個人の責任を追及して処罰する国際刑事裁判の動向にも大きく依存すると期待できる。この点に関しては慣習法の証拠が必ずしも十分でなかったにも関らず、ニュルンベルク裁判で1907年のハーグ条約の規定が慣習化していたと認定されたり、ICJがニカラグア事件で不干渉原則が慣習法の一部であると認定したのは、反証が少ない上に国際の平和や安全又は個人の保護のために望ましいからであったと示唆されている[43]。このような考慮は人道的理由から戦闘行為を規制する国際人道法の慣習化の認定においては特に重要と考えられるが、それでも核兵器合法性事件におけるICJの勧告的意見に見られたように、大多数の国が望ましいとの見解を有して国際社会において強く望まれる規範であっても、慣習法の存在を認定できない場合もあるとの慎重さを保持することが、『慣習国際人道法』編纂の基本的立場であるとして明確に確認されていた[44]。

8 国際裁判における国際人道法の適用

国際裁判においてICJが国際人道法を適用した例は数多く存在するが、ジュネーブ諸条約成立直前の1949年にICJ初の本案判決が下されたコルフ海峡事件では、アルバニアによる通告を伴わない機雷の敷設が「人道の基本的考慮」(considérations élémentaires d'humanité) 原則等に反するとして、アルバニアの国際法上の責任を認めてイギリスに対する損害賠償を裁定した[45]。同様の事態は1986年のニカラグア事件本案判決でも争点とされ、同判決はアメリカによる機雷敷設を「ハーグ第8条約の基礎にある人道法の諸原則の侵犯」と性格付けた[46]。更に国際的・非国際的武力紛争に適用される最低限の基準として、ジュネーブ諸条約の共通第3条に規定される義務は「条約からだけでなく、人道法の一般原則からも導かれるものであって、条約は原則を明確に表現しているに過ぎない」との理由から慣習国際法としての同事件への適用を認めた[47]。ただし後に詳述されている武力不行使・不干渉原則等の慣習法との認定の場合とは異なり、国家慣行や法的確信の検討は一切行われていないため、条約が廃棄されても「文明国民の間で確立している慣行・人道法・公衆の良心の命令として、引続き遵守すべき義務を定めている」として、ジュネーブ諸条約の法典化条約としての性格に依拠していたと考えられる[48]。

次にICJの勧告的意見の中では1996年の核兵器合法性事件において、条約上も慣習国際法上も核兵器使用を特定して許容又は禁止する規範は存在しないが、国連憲章第2条4項及び第51条に違反する場合は違法であり、戦闘員と非戦闘員の区別を不可能とする無差別攻撃を余儀なくする上に、戦闘員に対して不必要な苦痛を与える兵器を禁止する国際人道法の基本原則に一般的に違反するものの、自衛の極限的状況においては確定的な結論を下すことはできないとされた。ここで裁判所は国際人道法として1868年のサンクト・ペテルブルク宣言に始り、1899年・1907年のハーグ諸条約と1864年以降の赤十字諸条約を特定しているが、本勧告的意見が検討したのはそれら一連の条約が慣習法であるかではなく、条約で表明された基本原則がその後開発された核兵器に適用可能であるかであった[49]。最終的には大多数の国から表明された見解を支持して、「法体系全体に浸透している本質的に人道的な法原則は、核兵器を含む全ての兵器に適用」されるべきと結論した[50]。その8年後のパレスチナ分離壁事件の勧告的意見も上記意見の次の部分を引用して、国際人道法規範の対世的性格に基づきパレスチナ占領地における壁建設から生じた違法状態を承認しない他国や国連の義務を導出している；

> 武力紛争に適用可能な人道法の大半の規範は個人の尊重と「人道の基本的考慮」の基礎であるため、規範を含む条約を批准しているか否かに関りなく、侵すべからざる慣習国際法原則として全ての国により遵守されなければならない[51]。

分離壁事件ではイスラエルがハーグ第4条約の締約国でないことに加えて、ジュネーブ第4条約のパレスチナ占領地への適用可能性が吟味されたが、裁判所は国連安保理決議・総会決議・赤十字国際委員会の宣言・イスラエル最高裁の判決等を援用して、最終的に適用可能と判断した[52]。従ってイスラエルについてはパレスチナ人民の自決権を尊重する義務違反や、自由権規約・社会権規約と子どもの権利条約違反と並んでジュネーブ第4条約違反を認定したが[53]、他国の法的義務を導く上では自決権尊重義務と国際人道法の一定の義務が慣習法であり、同時に対世的性格を有すると承認する必要があったと考えられる。

更に1993年に国連安保理決議827により設立された旧ユーゴ国際刑事裁判所（ICTY）は、1991年以後旧ユーゴの領域内で行われた「国際人道法に対する重大な違反について責任を有する者を訴追する権限」を付与され（ICTY規程第1条）、具体的にはジュネーブ諸条約に対する重大違反（第2条）・戦争の法規又は慣例に対する違反（第3条）・集団殺害（第4条）・人道に対する犯罪（第5条）の訴追権限が設立規程に明記された。これらの規定には訴追対象となる具体的な行為が列挙されているが、第3条は違反に含まれる財産の略奪等5項目に限定されないとしているし、第5条は殺人・拷問等に加えて「その他非人道的行為」を訴追可能な犯罪としている。従ってジュネーブ諸条約やジェノサイド条約に加えてマルテンス条項を前文に掲げるハーグ諸条約、第二次世界大戦後ニュルンベルク裁判で適用された人道に対する罪等、国際人道法の広範な慣習法が適用されることとなった[54]。その結果ICTYは人道法の分野における慣習国際法を認定して適用するという困難な課題に、ICJ以上に恒常的に直面せざるをえない状況に至ったのである。尚ICTY設立の翌年の1994年の安保理決議955により設置されたルワンダ国際刑事裁判所（ICTR）の場合は、内戦であることを前提としているためにジュネーブ諸条約に代って、同条約共通第3条と第二追加議定書が適用法規とされ、共通第3条と第二議定書第4条2項に掲げられた行為が訴追対象として列挙されている（ICTR規程第4条）。同様の理由から戦争の法規又は慣例に対する違反は事項管轄の対象とはされず、又人道に対する犯罪についてはICTY規程第5条が「国際的な性質であるか否かを問わず」武力紛争において非戦闘員に対して直接行われた犯罪を列挙しているのに対して、ICTR規程第3条は「非戦闘員である一般住民に対して国民的・政治的・民族的・人種的・宗教的理由に基づき広範かつ組織的攻撃の一環」としての犯罪と規定している。既に述べたように内戦に適用される第二議定書の実体規定は13カ条に限定されているため、慣習法が果す役割はより大きくなる結果として、認定の困難も増大すると考えられよう。

ICTY・ICTRにおける審理を通じて慣習国際法の適用に際して最大の焦点となったのは罪刑法定主義（*nullum crimen sine lege*）の原則であり、自由権規約第15条にも遡及処罰の禁止として「何人も、実行の時に国内法又は国際法により犯罪を構成しなかった作為又は不作為を理由として有罪とされることはない。」と規定される。国際法違反の行為について個人の刑事責任を追及する裁判では同原則が常に争点とされ、その嚆矢となったニュルンベルク裁判・東京裁判においても戦争犯罪は別として、人道に対する罪と平和に対する罪が個人の責任を追及しうる国際犯罪として、国際法上確立していたかに関する見解の対立が見られた。対立は国内法上刑法典を整備して条文に基づく厳格な解釈・適用を要求する大陸法の観念と、コモンローの伝統に基づき裁判所の裁量を容認する英米法の考え方の相違として顕現したが、国際法の場合は特別国際法としての条約中に国際犯罪が規定されることは近年になってからの現象で、伝統的な海賊行為等の国際犯罪も一般国際法としての慣習法によって規律されてきたと考えられる。従って国家慣行と法的確信が普及して一般慣習法が結晶化するプロセスの中で、国際刑事裁判における慣習法の認定は非常に重要な機能を果していると言えよう。

ICTY・ICTRが共に事項管轄を有する国際犯罪である人道に対する罪は、「文明世界によって罪悪と認められた国際法上の犯罪」とされるジェノサイドと同様に、「文明国が認めた法の一般原則」（ICJ規程第38条1項c）に由来して第二次世界大戦中及び戦後にかけて急速に慣習法化したとの見方が有力である[55]。そしてニュルンベルク・極東軍事裁判所条例に採入れられて裁判を通じて適用され、1950年には国際法委員会によりニュルンベルク諸原則中の7つの原則の一つとして定式化され、同時に「人類の平和と安全に対する罪についての法典草案」の中で起草が準備された。しかし1954年に国連総会に提出された4カ条から成る草案についての審議は長期間にわたり延期され、国際法委員会が法典化作業を終了して20カ条の法典草案が再び総会に提出されたのは1996年であった。1998年には国際刑事裁判所(ICC)を設立するローマ規程が採択されたため、その後草案を条約化する等総会における具体的な動きは見られないものの、ローマ規程の起草過程では一体として扱われていた上に、ICTY・ICTRでの審理における慣習法の認定に際して頻繁に援用されてきたことから、人道に対する罪の慣習国際法としての確立については議論の余地がないと考えられる。

以上のように罪刑法定主義の原則は国際刑事裁判における慣習法認定に大きな影響を及ぼし、具体的な審理において格段に慎重な認定方法の採用を齎したと見られる[56]。それでもICTYによる人道に対する罪違反の認定は最初に審理が開始されたタジッチ(Tadic)事件に始り多数に上り、むしろ条約により明確に定義されているジェノサイド行為の確定のほうが、「集団を全部又は一部破壊する意図」の立証の困難から多くの場合断念されている[57]。そして1998年に成立したローマ規程では第三部「刑法の一般原則」として、第22条に「罪刑法定主義」・第23条に「刑罰法定主義」が明記され[58]、人道に対する罪と戦争犯罪について裁判所の管轄権が及ぶ犯罪の定義に関する詳細な規定が置かれた(第7条・第8条)。故に現在は罪刑法定主義が国際刑事裁判の審理において慣習国際法の適用の阻害要因として作用するとは考えられず、むしろ慣習法の発展状況を慎重に明確化するような判例の積重ねを可能とすると同時に、ICRCによる慣習国際人道法の法典化の刊行と同じ目的の下に、規範内容を広く一般に周知する必要を生じていると思われる。

罪刑法定主義の他にも国際刑事裁判において慣習法の認定・適用が争われた先例は多くあり、例えば有罪を認めたためにICTYで1996年に当初は人道に対する罪違反で禁固10年の判決を受けたエルデモヴィッチ (Erdemovic) は、約70人の銃殺が上官からの脅迫によるものであったと主張して上訴を申立て、脅迫が刑事責任の阻却事由となるか又人道に対する罪が脅迫の下に成立するのかという慣習法上の争点が浮上したため、再度異なる公判廷における審理が行われた[59]。上官命令に従った行動であっても刑事責任は免除されないで刑の軽減を齎すだけであることはICTY規程第7条4項に明記されているが、脅迫による犯罪行為については第7条にも人道に対する犯罪に関する第5条にも規定されていなかった。新たな公判廷でエルデモヴィッチは人道に対する罪ではなく戦時法規・慣例違反について有罪陳述をしたため、刑事責任は免除されなかったものの刑期は5年に軽減された[60]。従って脅迫が刑事責任を阻却するとの慣習法は確立していないとICTYは判断したと見られるが[61]、その後成立したICCローマ規程では、第31条の刑事責任の阻却事由として「切迫した死の脅威」に起因してやむをえずとられた行為が挙げられている。従って罪刑法定主義の原則についてと同様、ICTY等で争点とされた慣習国際法の発展や確立状況の認定に呼応して、ICC規程では詳細な規定による改善が実現したと認められるのである。

以上の検討から国際刑事裁判における国際人道法分野の慣習法の認定は、ICJ以上の頻度と重要性を伴って進展してきており、20世紀中葉に顕著であった人道法条約の締結に対比して、今世紀に入っての国際人道法の発展は国際刑事裁判所における判例の積重ねと、それに呼応して慣習法状況を明確に成文化したICRCの法典化作業に特徴付けられると言えよう。即ち国際人道法は19世紀後半から20世紀前半にかけての慣習国際法の生成段階から、20世紀を通じての多数国間条約による法典化の段階を経て、21世紀には積重ねられた条約や慣習法に基づく履行・適用段階にまで成熟してきたと考えられる。人道法条約の締結や慣習法の法典化作業に精力的に従事してきたICRCの150年以上に及ぶ貢献は計り知れないが、ここ20年という短期間ではあるものの国際刑事裁判の実績も決して見逃すことはできない。20世紀末に性急な形で安保理により設立されたICTY・ICTRは非常に限定的な管轄権しか有していなかったにも関らず、数百件に及ぶ事件を審理して数多くの判決を下し、個別事態における国際人道法の適用という使命を間もなく全うしようとしている。任務を終了した後はICCが業務を引継ぐと決定されており、ICCにおける実行はまだ端緒に着いたばかりで数件の事件で判決を下したに過ぎない状況であるが、ICC規程は先行する二つの刑事裁判所規程に比べて遥かに慎重に起草され、かつ充実していると考えられる。ジュネーブ諸条約等に比べるとICC規程の普及は必ずしも十分とは言えず、従って裁判管轄権もかなり限定されるとも見られるが、実際に訴追されているのはアフリカ等の武力紛争に関わった個人ばかりであるとして、途上国を中心に裁判所に対する強い反発も寄せられている。それでも北朝鮮やイスラエルの政治指導者に対する刑事責任の追及の可能性が模索される等、国際法が国際犯罪の処罰に積極的に関与する意義は今日の国際関係において特筆されるべきであると考えられる。

最後に国際人道法の発展が履行・適用段階に達しているとしても、新たな慣習法の生成・発展のプロセスは現在も継続しているのであり、両者の相互作用を通じて人道法分野の慣習国際法は今後も進展し続けていくと予測できる。複数の国際刑事裁判所における判例法の形成は確実なものとなりつつあり、それに依拠することを可能とされる慣習国際法の認定がいかに進化して、慣習法プロセスに影響を与えていくのかを見定めるのは時期尚早と言えるが、少なくとも内戦における人道法規範の充実と履行確保が喫緊の課題であることは間違いあるまい。ICCに係属中の事案も内戦に関連した事態から発生しているものが多く、今後の判決の動向が注目されよう[62]。

注

1 杉原高嶺『国際法学講義』有斐閣、2008 年、535-536 頁。

2 同書、536-537 頁。

3 森川俊孝・佐藤文夫（編著）『新国際法講義』北樹出版、2015 年、239 頁。

4 1948 年に安保理決議 50 により中東に派遣された国連停戦監視機関（UNTSO）と同決議 47 でカシミールに派遣された国連インド・パキスタン軍事監視団（UNMOGIP）は現在も活動中であり、1964 年に安保理決議 186 により設置された大規模な国連キプロス平和維持軍（UNFICYP）も未だ撤退できない状態にある。

5 1990 年に安保理が採択した対イラク武力行使許可決議（678）がその嚆矢とされるが、第 2 項は「クウェート政府に協力している加盟国に対し、・・・あらゆる必要な手段を用いることを許可する。」とし、平和の破壊を認定してイラクに対する制裁としての武力行使を容認した。

6 Tomuschat, *op.cit.*, p.15.

7 例えば第 1 条約第 4 条「中立国による収容と抑留」や第 27 条「中立国の団体」等。

8 国際法学会（編）『国際関係法辞典』三省堂、2005 年、293 頁。

9 ICJ は 1996 年の核兵器合法性事件勧告的意見において、自由権規約第 4 条に規定される緊急事態の存在が公式に宣言されている場合を除いて、戦時に規約の適用が停止されることはないと明確に述べている。*I.C.J. Reports*, 1996, p.240. para.25. その後 2004 年の分離壁事件の勧告的意見でも同様の見解が示されて、自由権規約の他子どもの権利条約等が適用された。*I.C.J. Reports*, 2004, pp.192-194, paras.135-137.

10 国際法学会（編）、前掲書、293 頁。

11 Meron, *op.cit.*, pp.45-50.

12 *Ibid.*, pp.50-62.

13 Crowe, J. & Weston-Scheuber, K., *Principles of International Humanitarian Law,* Edward Elgar, 2013, pp.30-31, 35.

14 *Ibid.*, p.37.

15 *Ibid.*, p.38.

16 *Ibid.*, pp.39-40.

17 *I.C.J. Reports,* 1996, pp.243-244, paras.35-36.

18 Crowe & Weston-Scheuber, *op.cit.*, p.41.

19 黒澤　満（編著）『軍縮問題入門』（第 2 版）東信堂、1999 年、172-173 頁。

20 朝日新聞、2015 年 5 月 24 日、朝刊。

21 同上、2015 年 12 月 8 日、朝刊。

22 *I.C.J. Reports,* 1996, p.84, para.31. .

23 勧告的意見主文（2）E 前段。後段の自衛の極限状況への言及も含めて、裁判官の意見は 7 対 7 に分かれ、裁判所長ベジャウィ（Bedjaoui）の賛成票により最終的に意見が決定された。*I.C.J. Reports*, 1996, p.266, para.105.

24 朝日新聞、2016年10月6日、朝刊。

25 Obligations Concerning Negotiations Relating to Cessation of the Nuclear Arms Race and to Nuclear Disarmament,（Marshall Islands v. United Kingdom）, Preliminary Objections, 2016, paras.57-59.（http://www.icj-cij.org/docket/files/160/19198.pdf）尚対インド判決は158/19134.pdf、対パキスタン判決は159/19166.pdfを参照。

26 Henckaerts, J-M. & Doswald-Beck, L., *Customary International Humanitarian Law*, Vol.1 : Rules, Cambridge, 2005, p.xxv.

27 Crowe & Weston-Scheuber, *op.cit.*, p.32.

28 Arajärvi, N., *The Changing Nature of Customary International Law : Methods of interpreting the concept of custom in international criminal tribunals,* Routledge, 2014, p.64.

29 「武力紛争における児童の関与に関する選択議定書」の締約国は152カ国を数えるが、武力紛争とは関わりのない先進国に偏りが認められ、アジア・アフリカの紛争を抱える地域の国の参加は決して十分ではない。

30 Scobbie, I., "The Approach to Customary International Law in the Study," Wilmshurst, E. & Breau, S., *Perspectives on the ICRC Study on Customary International Humanitarian Law,* Cambridge, 2007, pp.34-36.

31 *Ibid.*, p.35.

32 Henckaerts & Doswald-Beck, *op.cit.*, p.xxiv

33 *Ibid.*, p.xxvii.

34 *I.C.J. Reports,* 1986, pp.99-100, paras.188 ; *I.C.J. Reports,* 2012, pp.456-457, paras.96-99.

35 Scobbie, *op.cit.,* p.32.

36 Henckaerts & Doswald-Beck, *op.cit.*, pp.xxxii-xxxvi.

37 *Ibid.*, p.xxviii.

38 *Ibid.*, p.xxxv.

39 *Ibid.*, p.xxxvi.

40 *Ibid.*, p.xxxv.

41 *Ibid.*, p.xli.

42 Scobbie, *op.cit.,* pp.16-17.

43 Henckaerts & Doswald-Beck, *op.cit.*, p.xlii.

44 *Ibid.,* p.xii.

45 *I.C.J. Reports,* 1949, p.22.

46 *I.C.J. Reports,* 1986, p.112, para.215.

47 *Ibid.*, p.114, para.220.

48 Meron, *op.cit.*, pp.36-37.

49 *I.C.J. Reports,* 1996, pp.256-260, paras.74-79.

50 *Ibid.*, p.261, para.89.

51 *Ibid.*, p.257, para.79.

52 *I.C.J. Reports,* 2004, pp.180-181, para.111.

53 *Ibid.*, pp.193-194, para.137.

54 Arajärvi, *op.cit.*, pp.2-3.

55 小長谷、前掲書、81 頁。

56 Meron, Th., "Revival of Customary Humanitarian Law," *A.J.I.L.*, Vol.99 (2005), p.817.

57 例えばジェリシッチ (Jelisic) 事件一審判決 (特に paras.103-108.) を参照。篠原　梓「国際刑事裁判所における判例の形成」横田洋三・山村恒雄 (編)『現代国際法と国連・人権・裁判―波多野里望先生古稀記念論文集―』国際書院、2003 年、483-484 頁。

58 赤十字国際委員会が法典化した『慣習国際人道法』においては、ルール 101 で「いかなる者も犯罪が行われた時点で国内法又は国際法上犯罪を構成していなかった行為若しくは不作為を理由として、当該犯罪に起因して訴追され又は有罪とされえない；又犯罪の時点で適用可能な刑罰よりも重い刑罰を科されることはない」としている。Henckaerts & Doswald-Beck, *op.cit.*, pp.371-372.

59 小長谷、前掲書、102-103 頁；篠原、前掲論文 (2003 年)、480-481 頁。

60 同論文、482 頁。

61 Arajärvi, *op.cit.*, p.77.

62 2015 年までに ICC が捜査を開始した事態は全てアフリカ地域に関わるもので、半数(ウガンダ・コンゴ民主共和国・中央アフリカ・マリ) が当事国により付託されている。残る 4 件の中ケニアとコートジボワールの事態が検察官の発意に基づき付託され、非締約国であるスーダン・ダルフールとリビアについては国連安保理から付託が行われた。又 2016 年 1 月からは初めてアフリカ地域外のジョージアの事態について、検察官の発意に基づき捜査が開始されている。

第三部
人権の国際的保護と保障

はじめに

第一部で既に述べたように、全ての個人が生れながらに保持する権利である人権を尊重すべきとの主張は、17 世紀から 18 世紀にかけて近世絶対王政に対抗する政治理論として展開された。そしてヨーロッパの市民革命やアメリカの独立を経て樹立された近代国民国家では、信教の自由と政治参加を中核とする市民的政治的権利（自由権）が徐々に拡大しつつ進展し、各国の憲法等国内法制に採入れられて「人権及び基本的自由」や「基本的人権」等の名の下に保護され、更に法的に保障されるに至った。又 19 世紀後半からは形式的平等のみならず実質的平等を求める社会主義思想が急速に普及し、20 世紀初めの第一次世界大戦中に勃発したロシア革命の成功によって初の社会主義国ソ連邦の誕生を見た。形式的平等を或程度実現していた欧米諸国もこの動向を無視することはできず、自由権に加えて国民の実質的平等を目指す経済的社会的権利（社会権）の保護と保障に着手することとなった。その結果自由権の代表的な権利として保障された財産権には一定の負担と責任を伴うことが、第一次世界大戦後にドイツで制定されたワイマール憲法等で明確に示されたのである[1]。

近代民主主義国家において生れながらの権利としての人権を有する国民は、同時に自らも含む国民全体に対して権力を行使して支配する政府を組織するための政治的決定に参加するという意味で、主権者として捉えられる。ただしここで言う国民との関係における主権は所謂対内主権であり、外国との関係を維持すべき対外主権は若干の例外は認められるものの政府によって行使され、国際法を定立してその規律を受ける国際法上の主体は政府により権力を行使する主権国家であることに変りはない[2]。そして国際法は国家間関係を規律する国際社会の法として、その構成主体である主権国家の内部の問題には立入らない不干渉原則に長く支配されてきた。不干渉は慣習国際法上の国家の基本的義務として 1970 年の友好関係原則宣言（国連総会決議 2625 (XXV)）にも、「いかなる国の国内管轄権内にある事項にも干渉しない義務」と明記され、ニカラグア事件本案判決において慣習法を宣言していると認定された[3]。そして人権の保護や保障は主権国家の国内管轄権内にある事項と捉えられ、国際法は介入しない伝統が20世紀初頭まで継続したのである。

20世紀に入り初の政府間国際機構として国際連盟とILOが設立され、後に国際機構の国際法主体性がICJによって認められても、不干渉原則が人権の国際的保護や保障を阻害していた状況に大きな変化はなかった。ただしILOが設立目的として労働は商品ではなく「一部の貧困は全体の繁栄にとって危険である」との原則を掲げたのは、人権としての社会権の承認に基づき、又ILOの目的達成のためには表現及び結社の自由が不可欠である等自由権の分野にも踏込むものであった[4]。同時に設立された国際連盟も規約第23条の人道的社会的経済的国際協力として、人道的な労働条件の確保や植民地住民の公正な待遇の確保を加盟国に誓約させ、人身売買や有害薬物・武器弾薬の取引に関する一般的監視を連盟に委託することと、疾病の予防・撲滅のための措置を執る義務等を加盟国に課した。又19世紀から非人道的取扱いに非難が高まっていた奴隷については、1841年のロンドン条約や1890年のブラッセル条約等売買を禁止する条約が締結されていた[5]。これを発展させて国際連盟に奴隷制廃止の監督をさせる国際奴隷条約が1926年に成立して、あらゆる形態の奴隷制の完全撤廃と奴隷売買の防止を締約国に義務付けた。奴隷の場合と同様に19世紀から条約が締結された分野としては、不干渉原則の違反を生じやすい少数民族の保護が挙げられる。ウエストファリア条約等宗教戦争終結後から、宗教上の少数者保護を目的とする国際条約が見られたが、19世紀に入ると人種・言語上の少数者(minority)に国民と同等の自由を約束する条約が、1878年のベルリン条約等として締結された。更に第一次世界大戦後には東ヨーロッパを主な対象地域として数多くの少数民族保護条約が締結され、その保障機関として国際連盟が規定されていた。

第二次世界大戦後に国際連合が設立されると、人権と国際法を巡る状況は大きな変革を遂げることになる。憲章第1条に掲げられるように、国連の設立目的は「国際の平和及び安全を維持すること」(第1項)に加えて、「人権及び基本的自由を尊重するように助長奨励することについて、国際協力を達成すること」(第3項) にある。連盟の時代とは異なり人権の尊重が機構の目的とされたのは、第二次世界大戦前から明らかにされていたように、人権侵害が不干渉原則に阻まれて他国や連盟が介入できないまま放置されると、やがて周辺国との間に摩擦を生じて国際の平和・安全が脅かされることから戦争へと発展し、そうなると今度は「言語に絶する悲哀を人類に与えた戦争の惨禍」(前文第1項) の中で更に多くの人命が失われて人権が侵害されるという、平和と人権尊重との緊密な相互依存関係の認識に基づくと言えよう[6]。そして国連は人権の保護と保障のための国際協力の達成に精力的に取組み始めると同時に、憲章第1条2項に掲げられた「人民の同権及び自決の原則の尊重に基礎をおく諸国間の友好関係を発展させること」に努め、非植民地化活動を通じて加盟国数を4倍近くまで増大させることに成功し、国際社会においてほぼ普遍的な国際機構としての活動に従事することを可能とされた。

以下国連の活動を中心に、20世紀後半から「人権の主流化」が謳われる21世紀の今日までの国際法と人権との関わりについて検討し、個人の権利である人権が国家間関係を規律する国際法によって保護され、保障されてきたメカニズムを明らかにしたい。

1 国連における人権保護のための組織整備

国連は人権の尊重をその目的に掲げたが、より正確に憲章第1条3項は以下のように規定している；

> 経済的、社会的、文化的又は人道的性質を有する国際問題を解決することについて、並びに人種、性、言語又は宗教による差別なくすべての者のために人権及び基本的自由を尊重するように助長奨励することについて、国際協力を達成すること。

この規定は第１条１項の「国際の平和及び安全を維持すること。そのために、……有効な集団的措置をとること並びに……国際的の紛争又は事態の調整又は解決を平和的手段によって且つ正義及び国際法の原則に従って実現すること。」との文言に比べ、遥かに複雑な言回しをされていると考えられる。ここに掲げられた国連の目的は人権及び基本的自由の尊重や促進ではなく、経済的・社会的・文化的・人道的な「国際問題を解決すること」に加えて「人権及び基本的自由を尊重するように助長奨励すること」について、「国際協力を達成すること」なのである。従って主語は明らかにされていないものの人権の尊重を直接に行うのは加盟国或いはその国民であると捉えられ、それを助長奨励するための国際協力の達成が国連の役割とされている。このように複雑な文言が採用された理由は、国際法上の条約である国連憲章が本来加盟国間という国家間関係を規律する法的性格を有し、更に人権及び基本的自由が不干渉原則の対象である国内管轄権内にある事項とされていた伝統に基づくと推論できよう。

不干渉原則は本来国家間に適用される慣習国際法上の規則で、それがそのままの形で直ちに国際機構に適用されるとは考えられていないが、国連憲章第２条７項は、

> この憲章のいかなる規定も、本質上いずれかの国の国内管轄権内にある事項に干渉する権限を国際連合に与えるものではなく、また、その事項をこの憲章に基く解決に付託することを加盟国に要求するものでもない。但し、この原則は、第７章に基づく強制措置の適用を妨げるものではない。

と規定して、強制措置の場合を除いて国家間の不干渉原則と同趣旨の国連に対する制約を明確に課している。ここで問題になるのは人権及び基本的自由が「本質上いずれかの国の国内管轄権内にある事項」であるか否かで、しかも第１条３項の「人権及び基本的自由」には「人種、性、言語又は宗教による差別なく」という差別の禁止以外、その内容を示すいかなる文言も付されて

はいない。従って国連憲章の成立時において、人権及び基本的自由を尊重するように助長奨励することについて、国連が国際協力を達成する目的を有しているとしても、その具体的活動が本質上いずれかの国の国内管轄権内にある事項と判断される可能性は残されていたと考えられる。

他方憲章第4章の総会の任務として規定される第13条の国際協力では、政治的分野で国際協力を促進して国際法の漸進的発達及び法典化を奨励することと並んで、「すべての者のために人権及び基本的自由を実現するように援助する」ことを目的に、総会は研究を発議して勧告できるとしている。又同様に憲章第9章の「経済的及び社会的国際協力」においては、国連が促進しなければならない事項として「一層高い生活水準、完全雇用並びに経済的及び社会的進歩及び発展の条件」や経済的、社会的及び保健的国際問題等の「解決並びに文化的及び教育的国際協力」に加えて、「人種、性、言語又は宗教による差別のないすべての者のための人権及び基本的自由の普遍的な尊重及び遵守」が第55条cに挙げられている。更に続く第56条は、

> すべての加盟国は、第55条に掲げる目的を達成するために、この機構と協力して、共同及び個別の行動をとることを誓約する。

と規定するが、これが加盟国に直ちに一定の行動を義務付ける自動執行性(self-executing)を有する条約規定であるのか、後に大山事件・藤井事件等においてアメリカの裁判所で検討されることとなった[7]。ここでは第1条3項の文言とは異なり、人権及び基本的自由の実現や普遍的な尊重と遵守を国連が促進しなければならない任務と明記して、その「任務を果す責任は、総会及び、総会の権威の下に、経済社会理事会に課せられる」と第60条が規定している。そして経済社会理事会(経社理)の任務及び権限として、第62条では関係国際事項に関する研究及び報告と条約案の作成や国際会議の招集に加えて、「すべての者のための人権及び基本的自由の尊重及び遵守を助長するために、勧告をすることができる」とされる。更に第68条は経社理が経済的及び社会

的分野における委員会や、自己の任務の遂行に必要な他の委員会を設置することができるとしているが、特に「人権の伸長に関する委員会」が明記されて、これに基づいて1946年に政府間委員会として設立されたのが国連人権委員会 (Human Rights Commission) であった。

1947年2月から活動を開始した人権委員会が最初に着手したのは、国連憲章に規定されなかった人権及び基本的自由の具体的な内容を明らかにすべく、国際人権章典の起草であった。国際人権章典は条約化されるべきか宣言の形式をとるべきかの議論を経て、翌1948年には全30カ条から成る世界人権宣言の草案が委員会において纏まり、社会・人道・文化問題を担当する総会第三委員会における審議での加盟国政府の意見に基づく修正を経た後、12月10日に総会決議217A(III) として全会一致で採択された[8]。宣言は前文において「すべての人民とすべての国とが達成すべき共通の基準」として公布されると明言し、法的拘束力に欠ける国連総会決議であるにも関らず、国連内に止まらない国際社会一般における特別の規範的価値を有すと承認されてきた。その根拠としては上記国連憲章上の加盟国の義務を具体化することにより、憲章と一体化した有権的解釈として法的拘束力を認められるとする主張や、各国の憲法や判決における援用により慣習法として確立したとの説が有力視されている。いずれにせよ世界人権宣言はその名の通り、普遍的に適用されるべき人権と基本的自由の具体的内容を宣明し、半年程前にほぼ同趣旨の内容の規範を第9回米州諸国ボゴタ会議で採択した米州人権宣言や、2年後にローマで開催された欧州審議会 (Council of Europe ; CoE) 加盟国間で成立した欧州人権条約に大きな影響を与えると共に、その後の国連による人権規範定立活動の出発の契機として重要な地位を占めることになったのである。

国連人権委員会が世界人権宣言の起草に従事した時点での委員会の構成は当初18カ国であったが、加盟国の増加と共に構成国数も1966年には32カ国、1978年には43カ国、1991年には53カ国へと増加した。冷戦期には主として人権を巡る資本主義国と社会主義国の立場の違いから生じる東西対立が色濃く反映されていたのが、冷戦終結後の世紀転換期には先進国と途上国の間で人権を巡る対立が熾烈な政治的対立へと発展すると同時に、近隣諸国間の政治的摩擦が委員会における人権を巡る議論に影響する場面が多く見られるようになった。更に国連の側も人権の伸長という活動分野の肥大化に伴う制度改革を迫られていたために、人権分野における国連の信頼性と実効性を高める目的で、2005年に総会は人権委員会を改組転換して人権理事会（Human Rights Council）を総会の補助機関として新たに設けることを決定した。理事会という名が付くものの人権理事会は安保理や経社理のような憲章に明記される国連主要機関ではなく、構成国も人権委員会よりも少ない47カ国とされることが決った。

現在人権理事会となっている人権委員会は20世紀後半の国連の人権促進活動に非常に大きな貢献を果したが、人権の伸長に寄与する国連機関は他にも数多く挙げられる。まず人権委員会と同様に経社理の機能委員会として同じ1946年に設置された女性の地位委員会（Commission on the Status of Women ; CSW、かつては婦人の地位委員会と邦訳されていた）があり、当初15カ国の政府代表から構成されていた委員会は1971年には32カ国に拡大され、更に1990年からは45カ国の代表によって構成されている。委員会は1967年の女性差別撤廃宣言や1979年の女性差別撤廃条約等女性の地位向上に関する多くの条約を起草したが、その活動は人権委員会の作業とは異なるという意味から国連内で微妙に区別され、1993年にウィーンで開かれた世界人権会議において「女性の権利は人権である」との標語の下に、このような偏見を打破する運動が展開された。又女性の地位委員会とは別に1975年の国際女性年以降総会によって設置された国際女性調査訓練研修所（INSTRAW）と国連女性開発基金（UNIFEM）、そしてウィーン会議後の1997年に設置されたジェンダー問題担当事務総長特別顧問室（OSAGI）に女性の地位委員会設立時から国連事務局内部に設けられた女性の地位向上部（DAW）が加わり、新たな女性統合機関が2011年からUN Womenとして発足した。

人権委員会や女性の地位委員会と同様に国連内部で歴史ある人権関連の機関としては、1946年の第1回国連総会決議57（I）により設置された国連児童

基金 (UNICEF) があり、子どもの権利の伸長や戦争・災害・貧困・暴力・搾取等からの子どもの救済や支援活動に従事している。ユニセフは連合国救済復興機関 (UNRRA) の任務終了と提言に基づいて設置されたが、第二次世界大戦中から UNRRA と協力して難民救済に当ってきた国際避難民機関 (IRO) の解消と 1951 年の難民条約の成立を視野に、1949 年の国連総会決議 319(IV) によって国連難民高等弁務官 (United Nations High Commissioner for Refugees ; UNHCR) 事務所が設立されて 1951 年から活動を開始した。高等弁務官というポストは、ノルウェーの探検家ナンセン (Nansen) が第一次世界大戦後に独自に開始した難民救済事業に対して、国際連盟が 1921 年にロシア難民に関する高等弁務官に任命した実績に基づく伝統的なものである。UNHCR の活動は条文の起草等難民条約の発効までの経過措置や、条約に基づく締約国による難民の受入れに際して補助的機能を果すと当初捉えられ、その任務も 3 年毎に更新されることになっていた (UNHCR 規程第 13 項)。しかし冷戦期の東側諸国からの亡命者や途上国の政治的・経済的混乱に起因する大量難民の流出等に直面し、更に冷戦終結後の内戦の頻発に伴う国内避難民の保護にも 20 世紀末から着手する等、UNHCR は難民の救援事業を大幅に拡大して活動も恒久化された。UNHCR の設立とほぼ同時に 1949 年に総会決議 320(IV) により設置された国連パレスチナ難民救済事業機関 (UNRWA) は、1948 年の第一次中東戦争以降増加し続けたパレスチナ難民の支援に特化された組織で、半世紀以上にもわたり活動を継続してきたにも関らず UNHCR に比べて知名度が著しく低い。又 1993 年のウィーン世界人権会議の勧告を受けて国連人権高等弁務官事務所 (Office of High Commissioner for Human Rights ; OHCHR) が設置されたが、UNHCR とは異なり事務総長の指揮下で活動を行うことから国連事務局の内部組織とされ、国連人権諸機関の調整や実務サービスを主な任務とするものの、人権侵害国との対話や現地訪問等を行うこともあり、現地事務所を世界各地にいくつか設置する等活動を拡大して、人権分野における国連の効率化と強化を図る組織として注目されている [9]。

2 国際人権規約の成立

1948年の世界人権宣言は国連憲章において普遍的な尊重と遵守を規定された「人権及び基本的自由」の具体的内容を明らかにすることを目指したが、それ自身は加盟国に法的義務を課す条約ではなく、少なくとも採択の時点では法的拘束力に欠ける国連総会決議と認識されていた。設立当初の国連人権委員会に託された任務は国際人権章典の起草であり、委員会の第2会期において章典は宣言・条約・実施措置に分けるとの方針が固まり、まず第一に着手すべきとされたのが世界人権宣言の起草であったが、次に取組まねばならない事業として世界人権宣言の条約化、即ち国際人権規約の起草により任務を達成できるとされた。国際人権規約と同趣旨の包括的な国際人権条約としては、世界人権宣言採択の2年後の1950年に欧州審議会で欧州人権条約が既に成立し、条約が発効した1953年以前から次々に議定書が採択されて補完・充実されてきた。欧州人権条約は司法機関として欧州人権裁判所を擁し（第19条）、1998年の第11議定書の発効により人権侵害を受けた個人や集団・NGOに裁判所への出訴権を認める（第34条）等、現在最も進化した人権保障体制を実現するに至っている。

国連人権委員会は欧州人権条約同様、当初は市民的政治的権利（自由権）を中心に起草作業を進めたが、世界人権宣言は第22条以降で社会権的基本権も規定していた。そこで途上国の意向を反映した1954年の国連総会決議を受けて、経済的社会的文化的権利（社会権）に関する規約案を自由権規約案から独立させ、二つの最終案が国連総会に提出された。更に規約に定められた権利の侵害を受けた被害者個人からの通報を認める実施措置を規定した自由権規約選択議定書が加えられ、1966年の国連総会第21会期において両規約は全会一致で、選択議定書は2カ国の反対と相当数の加盟国（38カ国）の棄権を伴って採択され（2200A(XXI) 附属書）、これにより世界人権宣言と二つの国際人権規約、そして選択議定書から成る国際人権章典が国連設立から20年の歳月を経て漸く完成されたのである。両規約は35カ国の批准又は加入を得て発効するまでに更に 10 年近くを要し、10 カ国の批准又は加入をもって発効する選択議定書の場合も同様であった。現在社会権規約は 164 カ国により締結されているが、アメリカを初めアジア・アフリカの途上国に締約国となっていない国が多く見られる。自由権規約の締約国は社会権規約より多い 168 カ国であるが、中国等のアジア諸国や大洋州の国々は含まれていない。このような締約国数はジュネーブ 4 条約は勿論子どもの権利条約や女性差別撤廃条約等と比べても決して多くはなく、自由権規約選択議定書については現在も 115 カ国によってしか締結されていない。それでも地球規模で適用される唯一の包括的な多数国間人権条約として、又 3 年後の 1969 年に成立した米州人権条約や 1981 年のアフリカ人権（バンジュール）憲章等地域的な包括的人権条約の締結を促した上で、国際人権規約の特別な重要性が否定される根拠はないであろう。

国際人権規約が社会権規約と自由権規約に分けられて、各々独立した条約として国連人権委員会において起草され、個別に批准や加入を認められるようになった背景には、様々な要因を推測することが可能である。例えば冷戦構造の中で資本主義国は自由権が基本であることを、社会主義国は社会権の優先を主張して対立していた国際社会の状況や、自由権規約の内容に相当する欧州人権条約に加えて、欧州審議会では 1961 年に欧州社会憲章が既に成立して 1965 年には効力を発生させていたこと、そして少しでも批准を容易にして普及と早期発効が期待されたこと等が挙げられる。しかし最大の要因は自由権と社会権が歴史的にも性質の上でも異なる点に求められ、それは当然後に検討する実施措置における相違にも反映されている。即ち自由権の保護は国が介入を差控えることにより即時的に実施可能であるのに対して、国家による一定のサービスを提供すべき社会権の実現のためには相当の財源を必要とし、直ちに実行できない制約により漸進的な実施を期待せざるをえないという相違が認められる。従って社会権規約の第 2 条 1 項には締約国の義務として、この規約の各締約国は、立法措置その他のすべての適当な方法によりこの規約において認められる権利の完全な実現を漸進的に達成するため、自国における利用可能な手段を最大限に用いることにより、……行動をとることを約束する。

と規定している。それ故任意の制度であり現在まで利用されることはなかったが、自由権規約第41条の他締約国からの委員会への義務不履行の通報を可能とする規定は、社会権規約には導入されていなかったし、人権侵害の被害者個人からの通報の委員会による検討を可能とする選択議定書も、成立の時点では自由権規約のみを対象としていた。しかも社会権規約は実施措置として締約国に報告の提出義務を課しているものの（第16条）、提出された報告を検討すべき特別の委員会は設置されていなかったが、1978年以来この任務を遂行するために設けられていた作業部会を改称して、経社理が決議1985/17によって社会権規約委員会を設置するに至った。更に人権侵害の被害者個人からの通報を受理して検討する実施措置を可能とする社会権規約選択議定書が、2008年に総会において成立して2013年に効力を発生している。

以上のように現時点で条約の実施措置を見ると、社会権規約は自由権規約の制度に漸く近づきつつあるが、自由権と社会権の関係に関する議論に大きな契機が提供されたのは、1993年のウィーン世界人権会議においてであった。会議では非西欧諸国から人権の多様性を認めさせようとする主張が相次ぎ、最終的に会議で採択されたウィーン宣言第5項は、

国家的及び地域的独自性の意義、並びに多様な歴史的、文化的及び宗教的背景を考慮に入れなければならないが、すべての人権及び基本的自由を助長し保護することは、政治的、経済的及び文化的な体制のいかんを問わず、国家の義務である。

と明記している。又同項前段では「すべての人権は普遍的であり、不可分か

つ相互依存的であって、相互に連関している」として、自由権と社会権の単純な定型化に対して警告を発した。人権及び基本的自由の不可分性と相互依存性については、それ以前の1986年に国連総会が採択した発展の権利宣言（41/128附属書）第6条において、「市民的、政治的、経済的、社会的及び文化的権利の実施、奨励及び保護のために、同等の注意と緊急の考慮が払われるべきである」とされている。確かに社会権規約の規定には締約国は「この権利を保障するため適当な措置」（第6条「労働の権利」）や、「この権利の実現を確保するために適当な措置」（第11条「相当な生活水準についての権利」）を執るとの非自動執行的な文言が見られる反面、第2条2項の差別のない権利行使や第3条の男女同等の権利は保障或いは確保を義務付けられているし、第8条の労働基本権についても権利の確保が定められている。従って普遍的な人権は不可分かつ相互依存的なのであって、国際人権規約が成立した時点においては自由権規約と社会権規約を区分することが適切であったとしても、その相違はかなりの程度相対化されてきて、実施措置についても大きな差異は認められなくなりつつあるのが現状と言える。

国際人権規約の他の一般的多数国間条約とは異なる大きな特徴としては、第一に1948年に国連総会で採択されて憲章を補完する有権的な解釈とも言われる世界人権宣言を基礎に起草され、宣言の条約化として両者の間に密接な関係が認められること、第二に国連が主催する全権代表会議ではなく国連総会において決議の附属書として採択されて成立していること、第三に自由権規約については国際的実施措置として条約義務の履行監視の任に当る委員会が設置され、後にこのような制度が社会権規約にも拡大されたことが挙げられる。最後の実施措置については後に改めて検討するとして、第一と第二の特徴は国連における人権条約の作成上の慣行として、規約の前年に成立した人種差別撤廃条約以後ほぼ一貫して踏襲されてきた。前段階の総会宣言等において定立されるべき国際法規範の一般的方向が表明され、その具体的内容が或程度明確にされた上で条約化に着手される二段階方式は、1948年のジェノサイド条約について既に確認され、後の個別分野の人権条約作成においても継続するばかりでなく、人権以外の宇宙法・海洋法や環境法の領域においても広く採用されている。又宣言と後に成立する条約が密接な関係にあることから、法的拘束力に欠ける国連総会決議の規範性がソフトローとして究明されたり、条約とは独立して慣習法化の可能性が追及される等の理論上の多くの問題を提起する結果を齎している[10]。第二の国連総会における条約の採択については、国際連盟の時代の1920年に常設国際司法裁判所規程を連盟理事会が準備して総会が承認した先例が認められるものの、決して頻繁に利用されてきた手法ではなく、世界人権宣言採択の前日に成立したジェノサイド条約等事例は限られていた。それにも関らず人種差別撤廃条約に続いて国際人権規約が総会で採択されて成立した理由は、二段階方式の前段であった世界人権宣言が総会決議の形式で採択されていたこと、そして内容が憲章規定を補完して具体化する役割を果していたことに求められ、憲章第1条3項に掲げられた国連の目的の達成の重要性を示していると認められる。

3 難民条約と議定書の成立

「20世紀は難民の世紀」と言われるように、19世紀までの政治亡命者とは異なる大量の難民が数多くの事態から発生した。その最初の契機となったのは未曽有の規模で長期の総力戦となった第一次世界大戦であり、大戦中に勃発したロシア革命に伴い大量のロシア難民がヨーロッパを中心に各地に流出した[11]。ロシア難民を救援する目的で国際連盟は条約締結を推進すると共に、1921年にはナンセンのためにロシア難民に関する高等弁務官のポストを用意した。その後もアルメニア難民やユダヤ難民等が継続して大量に発生し、又第二次世界大戦中の戦災難民の保護と救援が急務とされて、1926年・1928年・1933年・1938年等に多くの条約が締結されてきた。難民救援事業に当る国際組織については第三部**1**において既に述べているが、第二次世界大戦中には国際避難民機関（IRO）と連合国救済復興機関（UNRRA）が中心となって活動を展開した。両機関の任務終了と解消に伴って1949年の国連総会決議により設置が決定され、1951年から活動を開始したUNHCRにより作成された草案に基づき、1951年に成立したのが難民の地位に関する条約である。条約は国連主催下の「難民及び無国籍者の地位に関する全権会議」において採択され、6カ国の批准又は加入を得て3年後の1954年に効力を発生して、現在145カ国によって締結されている。

難民条約はそれまでに成立していた難民に関する条約を統合して保護の拡大を図ることを目的にする（前文第3項）と同時に、UNHCRが条約の適用を監督する任務を有していて、締約国との協力の下に執られる措置の効果的な調整を可能とされている（同第6項）。この条約が従来の難民に関する条約と異なる点は、難民の定義に関する第1条A(2)の次の規定にある；この条約の適用上、「難民」とは、

> 1951年1月1日前に生じた事件の結果として、かつ、人種、宗教、国籍若しくは特定の社会的集団の構成員であること又は政治的意見を理由に迫害を受けるおそれがあるという十分に理由のある恐怖を有するために、国籍国の外にいる者であって、その国籍国の保護を受けることができないもの又はそのような恐怖を有するためにその国籍国の保護を受けることを望まないもの

と定義されている。続く同条B(1)はこの中の「1951年1月1日前に生じた事件」として、（a）欧州において生じた事件と（b）欧州又は他の地域において生じた事件のいずれかを、締約国が締結に際して選択する宣言を行うとしていた。難民条約の難民の定義に関する1950年までに生じた事件という時間的制限とB項の地理的制約は、15年後の1966年に国連経社理決議1186(XLI)として採択された難民議定書により、議定書締約国に関しては撤廃された。

以上のように難民の一般的定義は難民条約において初めて明確に規定され、「条約難民」の名の下に上記定義が定着してきたが、それは次の要件を全て充たす者と認められる。まず第一に迫害を受けるおそれがあるという十分に

理由のある恐怖を有していることで、迫害の理由は ①人種 ②宗教 ③国籍 ④特定の社会的集団の構成員であること ⑤政治的意見のいずれかに該当していなければならず、「十分に理由のある恐怖」とは通常人であれば感じるであろう恐怖と解されている[12]。第二にそのような恐怖を有することを理由として、国籍国の外にいる者でなければならない。第三に迫害を受ける恐怖を有すために国籍国の保護を受けることができない者、又は国籍国の保護を受けることを望まない者のいずれかに限られる。条約中に迫害を定義する条文は見られないが、「迫害を受けるおそれがある」との文言に対応して第33条1項が「生命又は自由が脅威にさらされるおそれがある」と規定していることから、一般には通常人が受忍しえない苦痛を齎す攻撃又は圧迫であって、生命の危険や逮捕・拘禁・拷問、身体的・精神的暴力等が迫害に相当するとされる。加えて「十分に理由のある恐怖を有する」とは、迫害を受けるおそれがあるという恐怖を抱いている主観的事情の他、通常人がそのような立場に置かれた場合にも迫害の恐怖を抱くような客観的事情が存在していることが必要であるとされている[13]。又迫害の理由として挙げられる「特定の社会的集団の構成員であること」は、条約起草の最終段階において提出されたスウェーデンの修正案により追加された理由であるが、特定の社会的集団の定義が曖昧な上に他の四つの事由との重複の可能性が高いため、条約の適用に当って様々な疑問が寄せられてきた[14]。現在では条約の適用上新たな迫害形態への対応を可能とする事由としての解釈が定着しつつあり、ジェンダーや性的志向に基づく差別的な迫害、ドメスティック・バイオレンス等の家族内の迫害、階級若しくはカーストに起因する迫害からの保護を可能にすると捉えられている[15]。

難民条約は締約国に逃れてきた全ての者を受入れて保護する義務を課しているのではなく、締約国が各自制定する国内法に従って難民と認定して受入れた者の、受入国における地位について条約に規定される一定の義務を締約国に課している。難民は受入国において国民に準じた権利及び福祉を享受すると共に、行政上のサービスを受けて人種・宗教・出身国による差別なく移動・財産移転の自由等を認められる。又難民が不法に入国したり不法に滞在する者であっても、遅滞なく受入国の当局に出頭して相当の理由を示すことができれば、それを理由に刑罰を科されることはない（第31条1項）。更に国の安全や公の秩序を理由とする場合を除いて難民を追放してはならず（第32条1項）、迫害事由と同じ理由から生命・自由が脅威にさらされるおそれのある国・地域への難民の追放・送還は禁止される（第33条1項）。最後の追放・送還の禁止はノン・ルフールマン原則と言われ、1969年の米州人権条約第22条8項が外国人一般について、1984年の拷問等禁止条約第3条が拷問のおそれがある国への追放等を禁止しているように、難民以外の分野における条約にも類似の規定が認められる。尚第32条2項は特に重大な犯罪について有罪が確定する等、受入国の社会に対して危険な存在となった者や安全にとって危険と判断される理由のある者は、ノン・ルフールマン原則による利益の享受を要求できないとしているが、このような例外が認められるか否かは条約の目的・対象により異なると考えられ、拷問等禁止条約におけるノン・ルフールマン原則は例外を認めない絶対的な禁止と解されている。現在の国際社会の状況下ではテロリストの追放や送還において、ノン・ルフールマン原則の適用が様々な形で影響していくことが予想されよう。

以上のように難民条約は第二次世界大戦の戦後処理、特にユダヤ難民の大量流出への対応や戦災難民の居住国での定着等を主な目的として締結されたと考えられるが、その後も1956年のハンガリー動乱等に起因する東側諸国から西側諸国への難民の流出や、アジア・アフリカの途上国における内戦からの避難民の増加等が著しく、中東におけるパレスチナ難民の存在は別としても、難民の発生を誘発するような事態は跡を絶たなかった。これを受けて国連経社理は1966年に理事会決議という形で難民議定書を成立させ、難民条約の適用における時間的・地理的制約を取除く（議定書第1条2項・3項）と共に、UNHCR又は他の国連機関との協力を強化したが（同第2条）、日本のようにその後条約・議定書に同時加入した国を含めて、殆どの条約締約国が議定書も締結して議定書は採択後1年以内に効力を発生した。又国連総会は翌1967

年に領域内庇護宣言を総会決議2312(XXII)として採択し、世界人権宣言第14条が「すべての者は、迫害からの庇護を他国に求め、かつ、これを他国で享受する権利を有する」と明記していることを再確認すると同時に、庇護を付与する理由があるかどうかは国が評価するとして加盟国の主権を尊重したものの(第1条3項)、ノン・ルフールマン原則に基づき迫害のおそれのある国への追放・送還は禁止されると明言した(第3条1項)。

更に1969年にはアフリカ統一機構(OAU)首脳会議がアフリカ難民条約を採択したが、この条約の適用対象となる難民の定義は難民条約の定義よりも広く、「外部からの侵略、占領、外国の支配、又はその出身国若しくは国籍国の一部若しくは全部における公の秩序を著しく乱す出来事のために、出身国又は国籍国の外の場所に避難所を求めて、その常居所地を去ることを余儀なくされたすべての者」と規定されている(第1条2項)。ただし申請者が難民であるかどうかは庇護を与える締約国が決定するとして(第1条6項)、締約国の主権的判断は本条約においても尊重されている。このように迫害のおそれを要件とする難民条約の定義よりも広範な適用が目指されていて、戦災難民や環境難民等も広くカバーされると考えられる。実際にアフリカでは内戦の影響から大量の避難民が周辺国に流出し、これに基因して周辺国からの政治的・軍事的介入を誘発するという悪循環が現在も続いており、アフリカ連合(AU)の力のみでは解決できない状態となっている。それは同時にアフリカや中東の政治的・社会的不安定要因ともなり、それらの国の開発の進展が阻害される結果として更に多くの難民や避難民が庇護を求めて先進国を目指す結果を齎している。

最後に常居所地を離れているが国籍国内に留まっている国内避難民(Internally Displaced Persons ; IDP)は難民条約・議定書の適用対象ではなく、より広い定義を採用するアフリカ難民条約上も保護を受けることができないが、UNHCRは冷戦終結後の内戦の頻発に対応して1990年代からIDPの保護と救援活動を開始し、1998年には後述のテーマ別手続において事務総長代表に任命されたデン(Deng)が国連人権委員会に「国内避難民に関する指針原則」を提出した。現在UNHCRは条約難民に限定されない広範な避難民を保護の対象として活動しているが、申請者を難民と認定して受入れるのはあくまでも条約締約国であって、援助や協力を提供することはあっても認定や受入れに直接介入することはできない。締約国によって認定されるか否かとは関りなく、UNHCRは保護対象者を「斡旋難民」と呼び、自らの権限内にある全ての者を「マンデート難民」と名付けている。

4　個別分野における人権条約の締結

はじめに

設立間もない国連は第二次世界大戦中のナチスドイツによるユダヤ人に対する大規模な迫害という経験を経て、1946年に第1回総会の決議96(I)により「集団殺害は、国際連合の精神及び目的に反し、かつ文明世界によって罪悪と認められた国際法上の犯罪である」と宣言し、1948年の世界人権宣言採択の前日に総会決議260A(III)としてジェノサイド条約を成立させた。この条約の法的性格並びに締結手続に関しては、後にジェノサイド条約に対する留保事件においてICJが勧告的意見を付与することになるが、事件の詳細については人権条約に対する留保の検討において纏めて説明したい。ここでは総会がまず法的拘束力を有さない宣言を決議として採択し、条約文の起草に数年間を費やした上で総会決議として条約を採択する二段階方式が、ジェノサイド条約以降20世紀を通じて国連における人権条約の締結過程としてパターン化していくことを確認するに止める。ジェノサイド条約第3条において管轄裁判所として行為地国の国内裁判所と並んで規定された国際刑事裁判所は、その後の東西対立の深刻化等の影響から長く設立されることはなかったが、冷戦終結後の民族対立・宗教間抗争等に起因する内戦の頻発から、1993年以降ICTY・ICTRが相次いで設立されてジェノサイド条約が適用される犯罪も数多く審理された。21世紀になると漸く常設的な国際刑事裁判所(ICC)が活動を開始することになるが、国家間紛争を解決するICJにおいても旧ユーゴ紛争当事国間で複数のジェノサイド条約の適用を巡る訴訟が提起されて判決が下されている[16]。

二段階方式と並んで20世紀後半の国連における人権条約締結の特徴として挙げられるのが、憲章第68条の規定を受けて設立された国連人権委員会における総会宣言や条約の起草作業である。この活動は上述のように世界人権宣言・人種差別撤廃条約・国際人権規約の起草として結実したが、同一機関による条約起草への関与は個別分野毎の人権条約に統一性と整合性を与え、全体としての統合を実現しうると言えよう。人権委員会の他には女性の地位委員会が一貫して女性の人権に関する法定立に関与してきたが、この委員会も同様に個別分野の人権を促進する上で高い評価を得ている。国連における人権条約の締結は、1989年に子どもの権利条約と死刑廃止議定書を成立させた時点で一段落したとされていたが、その後も子どもの権利条約や拷問等禁止条約の選択議定書を成立させ、女性差別撤廃条約や社会権規約に同じく選択議定書によって実施措置の充実を実現し、更に2006年には強制失踪条約と国連総会第61会期で障害者の権利条約を成立させた。先に述べたように人権委員会が人権理事会に改組されても、従来と同様の慣行が続いていくのか、21世紀における個別分野の人権条約の今後の動向を見極めていく必要があると思われる。

以上の考察からここでは、国連人権委員会が起草に当った個別分野の人権条約を中心に、分野毎にその成立過程や実体規定について検討したい。

（1）人種差別の禁止と撤廃

人種差別の禁止は国連憲章第1条3項・第13条1項b・第55条cで繰返し言及される四つの差別禁止の最初に掲げられ、第二次世界大戦中のナチスドイツによるユダヤ人迫害や1950年代に国内で確立された南アフリカのアパルトヘイト政策等、国連が撤廃すべき重大な人権侵害の一つとして強く推進された。人種的偏見や差別は歴史上古くから見られ、19世紀まで行われていた奴隷取引や過酷な植民地支配等を誘発すると共に、少数民族の扱いを巡って国家間紛争の引金となることも稀ではなかった。そのために第一次世界大戦後を中心に少数民族を保護する個別条約が締結されるようになり、国際連盟において人種差別に関わる事項が議題とされることもあった[17]。しかし連盟国間の紛争を解決する手続に関して規定する第15条では、「紛争カ国際法上専ラ該当事国ノ管轄ニ属スル事項ニツキ生シタルモノナルコトヲ主張シ、連盟理事会ガコレヲ是認シタルトキハ、……解決ニ関シ何等ノ勧告ヲモナササルモノトス」と規定されていた。従って第三部 **1** で述べたように、不干渉原則により国内の人種問題や人種政策は主権国家の国内管轄事項とされ、他国はもとより国際連盟・ILO 等の政府間国際機構や赤十字国際委員会に代表される NGO による介入も、20 世紀前半においては困難とされていた。

国連の時代に入っても、1952 年から南アフリカのアパルトヘイトを議題として取上げた総会が差別的な制度や政策の廃止を迫ったのに対して、南アフリカは憲章第 2 条 7 項の国内管轄事項であると主張して 1955 年以降は討議をボイコットしてきた。これに対して国連はアパルトヘイト政策が「国際関心事項」であるとして 1962 年には総会決議 1761(XVII) を採択し、南アフリカとの国交断絶と監視のための特別委員会の設置を勧告した。更に安保理も 1963 年以降武器禁輸勧告を含めた南アフリカに対する経済制裁措置を執り、1965 年以降はアパルトヘイト政策を「人道に対する罪」と認めると共に、国際の平和と安全に対する脅威を構成するとの決議が総会で採択された。その後総会は 1973 年に決議 3068(XXVIII) の附属書としてアパルトヘイト条約を、1985 年には決議 40/64 G 附属書としてスポーツ反アパルトヘイト条約を成立させ、安保理も 1977 年から 94 年まで 17 年間にわたり憲章第 7 章に基づく南アフリカに対する経済的強制措置を継続した結果、1993 年の新憲法制定により漸く南アフリカのアパルトヘイト政策は終結した。

国連において南アフリカのアパルトヘイト政策に対する非難が高まり始めた頃、ヨーロッパでは 1959 年から 60 年かけてネオ・ナチズム等の人種優越主義や人種差別を唱導する言動が横行したため、国連総会第 18 会期は 1963 年に人種差別撤廃宣言を決議 1904(XVIII) として採択し、あらゆる形態及び表現による人種差別を全世界から速やかに撤廃し、並びに人間の尊厳に対する理解及び尊重を確保する必要性を確認した。これに先立って ILO では 1958 年に雇用・職業差別禁止条約が、1960 年には国連教育科学文化機関 (ユネスコ) で教育差別禁止条約が成立していたが、上記総会宣言を契機として包括的な人種差別に関する条約の起草が人権委員会により着手され、1964 年にアメリカでの公民権法の成立や 1965 年にイギリスで人種関係法が制定されたことを受けて、1965 年の国連総会第 20 会期が決議 2106(XX) 附属書として人種差別撤廃条約を採択した。当時人権委員会は翌 66 年に採択される国際人権規約の起草に従事していたが、その経緯と比較して人種差別撤廃条約の締結は非常に短期間に実現したと言えよう。条約は 27 カ国の批准又は加入を得て 1969 年初頭には効力を発生し、現在 178 カ国によって締結されている。

条約は第 1 条 1 項で人種差別を次のように定義している；

> 人種、皮膚の色、世系 (descent) 又は民族的若しくは種族的出身 (national or ethnic origin) に基づくあらゆる区別、排除、制限又は優先であって、政治的、経済的、社会的、文化的その他のあらゆる公的生活の分野における平等の立場での人権及び基本的自由を認識し、享有し又は行使することを妨げ又は害する目的又は効果を有するもの。

続く第 1 条 2 項は「締約国が市民と市民でない者との間に設ける区別、排除、制限又は優先について」条約は適用されないとして、国籍による区別や出入国管理における取扱いの相違は是認されるが、法の前の平等や一定の市民的権利・経済的社会的文化的権利は全ての者に対して保障されなければならないと第 5 条が規定している。ただし第 1 条 5 項では「特定の人種若しくは種族の集団又は個人の適切な進歩を確保することのみを目的として、必要に応じてとられる特別措置」、即ちアファーマティブ・アクションは人種差別とは見做されない。そして第 3 条のアパルトヘイトの禁止に加えて、第 4 条では人種的優越主義に基づく差別と扇動の禁止が規定され、根絶を目的とする迅速かつ積極的な措置を執ることが、暴力行為やその扇動・宣伝活動を処罰すべき犯罪とする立法義務として締約国に課されている[18]。又締約国の差別撤廃義務としては、国又は地方の公の当局・機関による条約義務に従った行動の確保ばかりでなく、いかなる個人・団体・集団による人種差別も禁止・終了させるため、立法を含む全ての適当な方法をとることが規定された。

この他に条約第6条は管轄下にある全ての者に対して、条約に反する人種差別行為からの効果的な保護と救済を裁判等によって確保し、差別の結果被った損害について公正かつ適正な賠償を請求する権利を認めるよう、締約国に求めている。最後に第7条は人種差別に対する戦いにおける教育の重要性に言及しているが、未来に向けて人種差別の完全な撤廃を実現するためには将来の世代にわたる教育が必要との認識から、1978年にはユネスコ総会第20会期が「人種及び人種的偏見に関する宣言」を採択した。

人種差別撤廃条約が成立した後にも国連は1973年から82年までを「人種主義・人種差別と闘う十年」に指定し、これは第三次までの30年間にわたり続いたが、21世紀に入ると「反人種主義・人種差別撤廃世界会議」が南アフリカのダーバンで2001年に開催された。会議では「ダーバン宣言及び行動計画」が採択され、奴隷・植民地主義等が人道に対する罪であるとの認識や、人種主義・人種差別・外国人排斥の撲滅を中心に移民・先住民・宗教・貧困・人身取引等幅広い分野に言及している。この成果文書の履行・進捗状況の検討を目的とする第2回会議が2009年に開催されたが、米・イスラエルを初め多くの先進国が会議への不参加を決定し、会議の席上でもイスラエルを人種差別主義政府と名指しする非難演説が行われる等の混乱も見られたが、最終的にはダーバン・フォローアップ・メカニズムを継続して強化する文書をコンセンサスで採択した[19]。

人種差別撤廃条約は国際人権規約に先行して成立したものであるが、実施措置や留保条項についても他の人権条約とは異なる特異な点が認められる。留保の詳細については第三部**6**で詳しく触れるとして、実施措置に関する第三部の規定には締約国の報告義務と人種差別撤廃委員会（CERD）による検討（第9条）に加えて、締約国の条約義務の不履行について他締約国が委員会の注意を喚起することができる国家通報制度が義務的とされていて、通報を審議するための特別調停委員会の設置等詳細な手続が規定されている（第11条から第13条）。しかし後に見るように国家通報に関する規定が利用されたことはなく、個人又は集団からの通報については、受理・検討する委員会の権限を認める宣言を行った締約国に対してのみ可能とされる任意的な制度に止まっている（第14条）。

（2）女性差別の禁止と撤廃

1946年に人権委員会とほぼ同時に設置された女性の地位委員会は女性の人権に関する法定立に精力的に従事し、1952年に総会決議640(VII)の附属書として成立した婦人参政権条約、1957年には総会決議1040(XI)附属書として採択された既婚婦人の国籍条約、そして1962年総会決議1763(XVII)附属書の婚姻の同意・最低年齢・登録条約等を起草してきた。人種差別と同様に国連憲章で禁止される性差別の包括的撤廃を目指し、委員会は女性差別撤廃宣言を1967年に国連総会に提出し、宣言は総会決議2263(XXII)として採択された。その後委員会において宣言の条約化が着手され、1975年の国際女性年に始まる「国連女性の十年」の中間に当る1979年に、決議34/180附属書として総会第34会期が採択したのが女性差別撤廃条約である。条約は30カ国の批准又は加入を得て2年足らずの間に効力を発生し、現在189カ国によって締結されている。

条約は第1条において女性差別を次のように定義している；

> 性に基づく区別、排除又は制限であって、政治的、経済的、社会的、文化的その他のいかなる分野においても、女子（婚姻をしているかいないかを問わない。）が男女の平等を基礎として人権及び基本的自由を認識し、享有し又は行使することを害し又は無効にする目的又は効果を有するもの。

この定義は人種差別の定義との類似性を示しており、第4条1項にアファーマティブ・アクションが差別とならない特別措置として規定されている点も同じであるが、同条2項は母性保護のための特別措置を差別と解されないとしている。締約国の差別撤廃義務としては、男女平等原則が法令化されていない場合は立法その他の手段によりこれを確保し、女性差別を禁止する立法その他の措置を適当な場合には制裁を含めて執ること、男女平等の権利を確立して裁判等を通じて差別行為からの女性の効果的な保護を確保すること、公の当局等が条約義務に従って行動することを確保するのみならず、個人・団体・企業による女性差別を撤廃するための、そして女性に対する差別となる法律・規則・慣習・慣行を修正・廃止するための全ての適当な措置を執り、女性に対する差別となる刑罰規定の廃止を第2条が規定している。ここで注目されるのは差別的な法制度のみでなく、慣習や慣行の修正・廃止を締約国に求めている点で（第2条f）、女性差別がいかに社会に根深く浸透しているかを示すと共に、場合によっては家庭のような私的領域にまで踏込んでいる他に類を見ない特異な条約と考えられる。このような認識は第5条の性別役割に基づく偏見等の撤廃義務へと発展し、「両性いずれかの劣等性若しくは優越性の観念又は男女の定型化された役割に基づく偏見及び慣習その他あらゆる慣行の撤廃を実現するため、男女の社会的及び文化的な行動様式を修正する」ため、締約国は全ての適当な措置を執らなければならないと規定される。

「女性に対するあらゆる形態の差別の撤廃に関する条約」との名の通り条約内容は多岐にわたり、売買・売春からの搾取の禁止（第6条）や政治的・公的活動における差別の撤廃として選挙権・被選挙権（第7条）・国籍に関する権利の平等（第9条）、経済的・社会的活動における差別の撤廃として教育（第10条）・雇用（第11条）・保健（第12条）・信用やレクリエーション（第13条）における差別の撤廃、そして開発における差別の撤廃（第14条）のために全ての適当な措置を執ることを締約国に義務付けている。更に締約国は法の前の平等を保障し（第15条）、婚姻及び家族関係における広範な事項について女性に対する差別を撤廃するための全ての適当な措置を執ることを確保しなければならない（第16条）。中でも第10条cの「男女の役割についての定型化された概念の撤廃」や第11条1項bの「雇用に関する同一の選考基準の適用を含む同一の雇用機会」、同項dの「同一価値の労働についての同一報酬及び同一待遇」、第16条1項aの「婚姻をする同一の権利」や同項gの「姓及び職業を選択する権利を含む夫及び妻の同一の個人的権利」については、日本においても女性に対する差別的な法や慣行が裁判等で争われている。

1981年の条約発効以後条約第17条により設置された女性差別撤廃委員会（CEDAW）は締約国政府からの報告を検討すると同時に（第18条）、第21条に従って多くの一般的な性格を有する勧告を行ってきた。そして1990年代には旧ユーゴ紛争やルワンダ紛争において民族対立から大規模で組織的なレイプ犯罪が横行したことから、1992年の一般的勧告（general recommendation）19はジェンダーに基づく暴力は女性差別の一形態であり、条約違反に該当するとの見解を示した。この問題は1993年のウィーン世界人権会議や人権委員会においても取上げられ、同年末には国連総会が女性に対する暴力撤廃宣言を決議48/104として採択した。宣言は女性に対する暴力の規模を三つに分け、公権力による国家規模と企業におけるセクシャル・ハラスメントのような社会的規模、そしてドメスティック・バイオレンスやダウリー殺人のような家庭内の規模のいずれにおいても、撤廃に関する国連加盟国の責任を明確に示している（第2条・第4条）。しかしその後も内戦や武力紛争における女性に対する暴力は一向になくならず、総会が2000年女性会議を開催した年には国連安保理が「女性と平和・安全保障」と呼ばれる決議1325を採択した。同決議は女性に対する暴力を戦闘の手段とすることを強く非難し、停戦や戦後の平和構築における女性の役割を強調すると共に、加盟各国に対して決議を実現するための国内行動計画を策定するよう求めている。2010年には決議採択10周年を記念したハイレベル討論会が安保理において開催されたが、女性に対する暴力撤廃が加盟国内で一向に進展せず、特に武力紛争時の大規模なレイプ犯罪やボコ・ハラム等一部のテロ集団による暴力的な女性の権利侵害が現在も横行している状態である。

最後に女性差別撤廃条約の実施措置は、締約国の報告義務と委員会における検討のみであったが、1999年に国連総会が委員会による個人通報の受理・検討と調査を可能とする選択議定書を決議54/4附属書として採択した。議定書は翌2000年には10カ国の批准又は加入を得て効力を発生し、現在106カ国が締約国となっている。

（3）子どもの権利の保護と促進

子どもの保護については女性の場合と同様に、1919年の国際連盟規約第23条（ハ）で「婦人及児童ノ売買」に対する一般的監視の連盟への委託が規定され、同条（イ）は「男女及児童ノタメニ、公平ニシテ人道的ナル労働条件ヲ確保スル」ために国際機関を設立維持することを決定した。この規定に従って設立されたのがILOで、総会は児童労働を規制する条約をいくつか採択してきた。又連盟総会は労働以外の分野に関しても1924年に児童の権利に関するジュネーブ宣言を採択したが、その後は国連によって引継がれて1959年に国連総会により採択された子どもの権利宣言が成立した。以降も条約化の動きは見られなかったところ、20年後の1979年が国際児童年と指定されたのを契機に、ポーランドの主導によりユニセフや専門機関の協力を得て、1989年国連総会において決議50/155附属書として成立したのが子どもの権利条約である。条約は1年を経ずして翌年に効力を発生し、現在人権条約の中では最も多い196カ国により締結されているが、未締結のアメリカでは批准の動きは見られず、一時は批准の意思を表明していたソマリアは締結手続を完了していないし、独立後内戦状態に陥った南スーダンも未締結のままである。

条約第1条は18歳未満の全ての者を条約が適用される児童と定義しているが、国内法によりそれ以前に成年に達した者は除かれる。第1条を含む第一部には実体的権利が規定され、第二部の第43条で政府報告を審査するために設立された子どもの権利委員会（CRC）は、この実体的権利の内容を大きく6種類に分けている。まず一般原則として差別の禁止（第2条）・子どもの最善の利益の考慮（第3条）・意見表明権（第12条）・生命に対する権利（第6条）

が規定されているが、多くの国で参政権を認められていない子どもでも自己に影響を及ぼす全ての事項について自由に意見を表明する権利を確保され、その意見は相応に考慮されねばならない。第二に市民権に関しては表現の自由（第13条）・思想、良心、宗教の自由（第14条）・結社、集会の自由（第15条）等自由権規約とほぼ同じ内容の権利が挙げられ、死刑と終身刑を科されないこと（第36条(a)）が成人の場合とは異なっている。

第三に子どもの養育責任は第一義的には親である父母に課され、その責任を遂行するために締約国は適当な援助を与えなければならず（第18条1・2項）、親による適当な指示・指導を与える責任と権利義務は尊重されて（第5条）親からの分離は原則として禁止されるが（第9条）、家庭環境に留まることが不可能な場合には代替的な看護が確保されなければならない（第20条）。他に家庭環境については、家族の再統合（第10条）・虐待からの保護（第19条）・養子縁組（第21条）・リハビリテーション（第39条）等が規定されている。第四は健康・福祉に関する権利（第23条・第24条・第27条）で、第五は教育・余暇に関する権利（第28条・第29条・第31条）である。最後の第六では特別に必要とされる保護に関して、難民である子ども（第22条）や少年司法（第40条）、経済的搾取（第32条）・麻薬（第33条）・性的搾取（第34条）・武力紛争（第38条）からの保護が規定される。最後の武力紛争からの保護については、15歳未満の者を敵対行為に直接参加させたり、軍隊に採用することが禁じられているが、ここでは第1条の児童の定義との間に齟齬が認められる。従って当初から18歳への年齢の引上げが課題とされていたが、条約の改正ではなく「武力紛争における子どもの関与に関する選択議定書」が2000年に国連総会で決議54/263の附属書Ⅰとして採択された。又同附属書Ⅱは「子どもの売買、児童買春及び児童ポルノに関する選択議定書」で、第34条の性的搾取についての規定を強化すると同時に、インターネット等の技術の普及により容易になった児童ポルノの規制に対処する内容である。両議定書共2年を待たずして2002年に10カ国の批准・加入を得て効力を発生し、前者は152カ国、後者は166カ国によって締結されている。

子どもの権利条約の実施措置は女性差別撤廃条約と同様、締約国の報告義務（第44条）と子どもの権利委員会による進捗状況の審査（第43条）のみであり、審査後に委員会は総括所見（concluding observations）を公表している。更に女性差別撤廃条約の先例に従って、委員会による個人通報の受理・検討と調査手続を可能とする選択議定書が2011年の国連総会で決議66/138附属書として採択され、3年後の2014年に効力を発生した。又ILOでは1919年以来の工業・農業等各分野別の就業が認められる最低年齢条約を統合して、「就業が認められるための最低年齢に関する条約」（第138号条約）を1973年に総会が採択したが、2加盟国の批准を得て効力が発生したのは3年後の1976年であった。加えて1999年には「最悪の形態の児童労働禁止条約」（第182号条約）が成立し、第3条は児童売買・児童取引や債務奴隷・農奴、子ども兵士等武力紛争における使用を含む強制労働や買春・ポルノ製造・不正薬物の生産や取引のための使用、その他子どもの健康・安全・道徳を害するおそれのある業務を最悪の形態の児童労働としている。そして同条約第1条・第2条は18歳未満の全ての者の就業禁止や撤廃を確保するための即時かつ効果的な措置を締約国に義務付け、条約は翌2000年に発効した。最後に国際刑事裁判所を設立する1998年のローマ規程は、第8条2項(e)(vii)で15歳未満の児童を軍隊等に編入したり、敵対行為への参加のために使用することは戦争犯罪であると規定しており、2012年に同裁判所における初の判決として14年の禁固刑を言渡されたコンゴ民主共和国の民兵組織元指導者ルバンガ（Lubanga）被告は同条違反で有罪を認定された。

（4）拷問等の禁止と廃絶

1975年に国連総会は世界人権宣言第5条と自由権規約第7条に規定される拷問の禁止を徹底するため、「拷問及び他の残虐な、非人道的な又は品位を傷つける取扱い又は刑罰を受けることからのすべての人の保護に関する宣言」を採択した。その背景には1998年にイギリスでピノチェト（Pinochet）元チリ大統領が逮捕された事件に見られたように、1970年代には中南米等の軍事政権下で拷問が頻繁に行われ、国際社会による組織的対応が求められる事態が生じていた。その後アムネスティ・インターナショナル等のNGOの協力を得て国連人権委員会が条約起草に取組み、1984年に総会決議39/46附属書として拷問等禁止条約が採択され、20カ国の批准・加入を得て2年半後の1987年に効力を発生し、158カ国が締約国となっている。更に1992年の国連総会が決議47/111により、締約国会議・拷問禁止委員会や委員に関わる経費についての規定(第17条7項・第18条5項)の改正を採択したが、第29条に従って締約国の3分の2の受諾を得られずに未だ効力を発生していない。

条約第1条1項は、条約の適用上拷問を次のように定義している；

> 身体的なものであるか精神的なものであるかを問わず人に重い苦痛を故意に与える行為であって、本人若しくは第三者から情報若しくは自白を得ること、本人若しくは第三者が行ったか若しくはその疑いがある行為について本人を罰すること、本人若しくは第三者を脅迫し若しくは強要することその他これらに類することを目的として又は何らかの差別に基づく理由によって、かつ、公務員その他の公的資格で行動する者により又はその扇動により若しくはその同意若しくは黙認の下に行われるもの。

ここでは①身体的・精神的苦痛を故意に与える行為であり、②情報・自白・懲罰・脅迫・差別等の目的を有し、③公務員等の扇動・同意・黙認を伴うという三つの要件が拷問を構成するとされている。拷問には至らない「他の残虐な、非人道的な又は品位を傷つける取扱い又は刑罰」については特に定義は見られないが、③の公務員の関与を伴う行為に対しては、職員の教育・尋問規則の検討・調査等拷問に適用される条約規定の一部が準用され、防止の義務が締約国に課されている(第16条)。

拷問の禁止は世界人権宣言第5条や自由権規約第7条に規定されるに止まらず、1980年には米連邦控訴裁判所がフィラルティガ事件で慣習国際法と認定する判決を下し、ICJも2012年に訴追又は引渡し事件で対世的義務であるとして同様に慣習法の認定を行っている[20]。従って拷問等禁止条約は戦争や緊急事態、上官命令等も拷問を正当化する根拠として援用できないと明記して禁止を徹底すると同時に（第2条）、「拷問を無くすための世界各地における努力を一層効果的」（前文）にするため、拷問の防止に向けての国際協力を推進している。条約はまず「拷問が行われるおそれがあると信ずるに足りる実質的な根拠がある他の国」への追放・送還・引渡しを禁止してノン・ルフールマン原則を採用し（第3条）、次に拷問やその未遂・共謀・加担の厳重処罰を可能とする国内刑法の制定（第4条）や容疑者の訴追（第7条）の義務、更に普遍的裁判管轄権の設定（第5条）や犯罪人引渡条約の対象とする（第8条）義務を締約国に課している。これらの条約上の締約国の義務については、上記のICJ判決がセネガルによる義務違反を認定するに際して、容疑者を請求国ベルギーに引渡さない限りセネガルの訴追義務は解除されないとして、非常に厳格な解釈を行う姿勢を明らかにしている[21]。

拷問等禁止条約の実施措置としては、第17条により設置された拷問禁止委員会（CAT）が4年毎に締約国から提出された報告を検討する制度（第19条）に加えて、拷問の制度的な実行に関する信頼すべき情報を受けた場合には、関係締約国の協力の下に調査を行うことができる手続が規定されているが（第20条）、調査制度に関しては次の**5**（5）において詳述したい。更に委員会の権限を認める宣言を行った締約国については、他締約国からの義務不履行の通報又は被害者等からの個人通報を受理し、検討する権限が拷問禁止委員会に認められている（第21条・第22条）。又条約の目的達成と拷問等からの保護を一層強化するために、2002年には選択議定書が総会決議57/199の附属書として採択された。議定書は拷問防止小委員会を設置して（第2条）自由を奪われている拘禁場所への定期的な訪問の制度の確立を目的にする（第1条）と同時に、締約国に独立の国内防止機関を設置することを義務付けている（第17条）。議定書は20カ国の批准・加入を得て4年後の2006年に効力を発生し、70カ国が締約国となっている。

（5）死刑の廃止

死刑とは犯罪等の理由に基づき生命に対する権利を国家により奪われることを意味するが、犯罪に対してどのような刑罰を科すかは各国の社会的・文化的背景の下に国家の主権的権能に属する事項とされてきた。生命に対する権利を規定する世界人権宣言第3条に死刑に関する明文の記述は認められないが、第二次世界大戦後に高まった国際的な死刑の規制への動向を受けて、自由権規約第6条が死刑は「法律により、最も重大な犯罪についてのみ科すことができ」、「裁判所が言い渡した確定判決によってのみ執行」できるとし（第2項）、「18歳未満の者が行った犯罪について科してはならず、また、妊娠中の女子に対して執行してはならない。」（第5項）と規定して、死刑そのものを禁止するには至っていないものの死刑廃止の方向に大きく踏出したと言えよう。その後1983年には戦時等を除き死刑を廃止する欧州人権条約第6議定書が成立して1985年に発効し、米州においても死刑廃止のための米州人権条約追加議定書が1990年に成立して翌1991年には効力を発生した。このような中で1989年に国連総会は自由権規約第二選択議定書「死刑の廃止をめざす、市民的及び政治的権利に関する国際規約の第二選択議定書」（死刑廃止議定書）を決議44/128附属書として採択し、議定書は1991年に効力を発生して78カ国を締約国としている。

議定書第1条は直ちに死刑を禁止しているのではなく、締約国の管轄内にある者に対して死刑が執行されないとしており（第1項）、同時に死刑を廃止するための全ての必要な措置を執ることを締約国に義務付けている（第2項）。ただし第2条は戦時における死刑の適用を予め留保することを締約国に認めており、この点は欧州・米州の死刑廃止議定書と同様である。又実施措置については自由権規約上の手続に合併され、議定書締約国は規約第40条の報告に議定書実施のために執った措置に関する情報を含め（第3条）、第41条に基づき宣言を行った締約国や第一選択議定書締約国に関しては、別段の声明が行われない限り死刑廃止議定書に関する通報を受理して検討する自由権規約委員会の権限が及ぶとされている（第4条・第5条）。しかし議定書が他の規約や議定書に比べて十分普及していない現状に鑑みて、国連総会は2007年の第62会期以降ほぼ1年おきに死刑モラトリアム決議を採択してきた[22]。議定書の締約国でない以上死刑を執行しない法的義務を国連加盟国に課すことはできないが、日本を初め多くのアジア諸国が反対票を投じてきたにも関らず、徐々に賛成国が増加している状況である[23]。

（6）移住労働者と家族の権利保護

第二次世界大戦後国境を越える人の移動は一段と増大しているが、就労を目的として外国に居住している人々は移住労働者（migrant workers）又は外国人労働者と言われる。20世紀後半には途上国の開発の遅れに伴う雇用不足と先進国における労働力不足から、経済格差の拡大を背景に多くの移住労働者が途上国から先進国へと送出される現象が顕著となった。そして受入国における外国人労働者への差別や偏見、不当な労働条件の押付け、仲介者による搾取の実態等が明らかにされるに従い、移住労働者と家族の保護が人権の観点から必要とされるに至った。移住労働者の権利保護は第二次世界大戦前からILOによって取組まれ、1935年には「移住者の年金に対する権利に関する条約」（48号条約）や1939年の「雇用を目的とする移住に関する条約」（66号条約）が締結された。第二次世界大戦後も66号条約を改正した同名の97号条約が1949年に成立して、全ての労働条件に関して国民と同等の処遇と本国への送金を保障し、1975年の「不正な条件による移住労働者の機会と処遇の平等促進に関する条約」（143号条約）は正規の在留資格を持たない者の不法な雇用の抑止を締約国に求め、合法・不法を問わず全ての移住労働者の人権の尊重を義務付けている。

国連では経社理が1970年代前半から移住労働者の人権を議題として取上げ、仲介による搾取の取締りや移住労働者の状態の改善に関する決議を採択してきたが、1975年に総会が「全ての移住労働者の人権と尊厳を確保する措置」と題する決議3349を採択した後、1979年に決議34/172で条約作成のための作業部会を設置した。他方移住労働者に限定されない外国人住民の権利保護一般についても、1973 年以降経社理・人権委員会の下で調査と研究が重ねられ、1985 年には総会が外国人の権利宣言を総会決議 40/144 として採択し、自由権と一定の社会権の承認や恣意的追放の禁止等を加盟国に求めた。しかし宣言は外国人の違法な入国及び滞在を正当化するとは解されず、外国人の入国や在留条件に関する法令を定めたり国民との間に区別を設ける国の権利を制限するものではないと明記している (第 3 条)。又社会権が認められるのは「合法的にいずれかの国の領域内に居住する外国人」に限られ (第 8 条)、総会決議 3349 が目的とした非正規労働者も含む「すべての移住労働者」の権利の伸長に資するものではなかった。条約起草のための作業部会は 1980 年から活動を開始したが、移住労働者を送出す途上国と受入れる先進国間の対立から交渉は難航し、10 年の年月を費やした後 1990 年に移住労働者権利条約が決議 45/158 附属書として国連総会で採択された。更に 20 カ国の批准・加入を得て条約が発効するまでには 13 年を要し、2003 年に効力を発生した後も締約国数は 50 カ国に充たない状態で、そのほとんどが送出し国である現状においては、受入れ国における移住労働者と家族の十分な保護を期待することはできないと言えよう。

移住労働者権利条約は正式名の「すべての移住労働者及びその家族構成員の権利の保護に関する国際条約」との名称通り、非正規労働者が相対的に不利な条件で雇用されている現状から更に深刻な困難に直面していることを認識し (前文)、正規労働者に限らず「国籍国以外の国において報酬を受ける活動に従事」する全ての者に適用される (第 2 条 1 項)。しかし正規労働者と非正規労働者は条約第 5 条において区別され、第三部第 8 条から第 35 条までは両者に適用され、第四部第 36 条から第 56 条までの規定は正規労働者のみに適用される。非正規労働者に適用される第三部の規定の多くは自由権規約や子どもの権利条約、ILO 条約等により認められる権利の一部の保障であり、正規労働者のみに適用される第四部に規定される一時出国の権利 (第 38 条)・移動の自由 (第 39 条)・家族の統合 (第 44 条) 等の権利は含まれていない。又国境労働者や季節労働者等の特定のカテゴリーの移住労働者に適用される第五部に続き、第六部には非正規労働者の移動や取引を防止・撤廃し（第68条）、正規化する措置を講じる（第69条）等人道的かつ合法的な条件の促進が規定されている。最後の第七部では移住労働者委員会（CMW）が設置され（第72条）、締約国に提出義務が課される報告を検討して審査するが（第73条・第74条）、国家通報や個人通報を受理できるのは通報を受理・検討する委員会の権限を認める宣言を行った締約国に対するものに限られる（第76条・第77条）。

（7）障がい者の権利の保障

国連総会は1971年の知的障害者の権利に関する宣言と1975年の障がい者の権利宣言の採択に続き、1981年を国際障がい者年と定めて、その後の1983年から1992年までの10年間を「障がい者に関する世界行動計画」に指定した。その中間年に当る1987年に開催された専門家会議において、障がいに基づく差別を撤廃して障がい者の人権を保障するための条約の締結が提案された。しかし国連総会における条約化の提案は多数の賛成を得られず、20世紀中の成果は1993年の「障がい者の機会均等化に関する基準規則」（決議）の総会による採択に止まっていた。21世紀に入ると2001年の条約化提案を受けて起草特別委員会の設置が決定され、多数の障がい者を含む作業部会による2004年の草案を経て、2006年に総会決議61/106附属書として障がい者権利条約が成立した。条約は20カ国の批准・加入を得て2008年に効力を発生し、138カ国が締約国となっているが、日本は関連国内法の制定や改正等の法整備を経た2014年に同条約を批准した。

条約は障がいに基づく差別を定義して禁止する（第5条）に止まらず、障がい者による人権及び基本的自由の完全かつ平等な享有を促進・保護・確保することと、固有の尊厳の尊重の促進を目的とする（第1条）。又「障害者には、長期的な身体的、精神的、知的又は感覚的な機能障害であって、様々な障壁との相互作用により他の者との平等を基礎として社会に完全かつ効果的に参加することを妨げ得るものを有する者を含む」とし、「障害に基づく差別」を合理的配慮（reasonable accommodation）の否定を含むあらゆる形態の区別・排除・

制限と定義している（第2条）。第3条は一般原則として無差別・機会均等・男女平等の他、固有の尊厳や個人の自律・自立の尊重、社会への完全かつ効果的な参加・包容（inclusion）、差異の尊重・人間の多様性の一部及び人類の一員としての障がい者の受入れ等を掲げる。全50カ条から成る条約規定には、生命に対する権利（第10条）・身体の自由及び安全（第14条）・プライバシーの尊重（第22条）等、自由権規約に規定される権利を保障する条項も含まれるが、例えば移動の自由（第18条）に加えて障がい者の自立した移動を容易にすることを確保するための効果的な措置を締約国に義務付けたり（第20条）、表現・意見の自由について権利を行使するために情報の利用の機会を障がい者に対して確保する全ての適当な措置を執るとしている（第21条）。これらの規定は第17条の個人をそのままの状態で保護し（protecting the integrity of the person）、そのままの状態で尊重される権利を保障するための合理的配慮に相当するものと考えられよう。

社会権に関しては更に詳細な規定が設けられており、公共サービスの利用（第9条）や地域社会への包容（第19条）、文化的な生活・レクリエーション・余暇・スポーツへの参加（第30条）や健康（第25条）・リハビリテーション（第26条）等の権利が挙げられるが、中でも重要なのは教育と労働に関する規定である。第20条は教育の権利を「差別なしに、かつ、機会の均等を基礎として実現するため、障害者を包容するあらゆる段階の教育制度及び生涯学習を確保」することを締約国に義務付け（第1項）、障がい者が障がいに基づいて一般的な教育制度から排除されず、個人に必要とされる合理的配慮が提供されて「完全な受容という目標に合致する効果的で個別化された支援措置」が執られなければならないとしている（第2項）。労働・雇用に関する第27条は「障害者が他の者との平等を基礎として労働についての権利を有すること」を認め、「あらゆる形態の雇用に係る全ての事項に関し、障害に基づく差別が禁止」され、職場において合理的配慮が提供されると共に、公的部門において障がい者を雇用すると同時に民間部門における障がい者の雇用を促進することを明記する。加えて条約第8条において「障害者に関する社会全体（各家庭を含む。）の意識を向上させ」、「障害者に関する定型化された観念、偏見及び有害な慣行（性及び年齢に基づくものを含む。）と戦う」ために、締約国は「即時の、効果的なかつ適当な措置をとることを約束」すると規定されている。

障がい者権利条約の実施措置は、締約国の報告義務（第35条）と障がい者権利委員会（CRPD）における報告の検討（第36条）のみ規定されるが、条約とは独立して委員会が通報を受理して必要な場合には調査を行うことを可能とする選択議定書が同時に成立した。1980年代から国際社会において必要性が強く認識されていたにも関らず、障害者権利条約の成立までに長い年月を要したのは、障がい者の権利がグローバルな人権課題として捉えられていなかったためであったと推測されるが、スウェーデンやメキシコ等の粘り強い推進努力やNGOの支援を得て、21世紀に入って漸く条約化が実現した。条約の起草過程には国際的な障がい者団体の連合体である国際障がいコーカス（NGO）が参加し、起草特別委員会の作業部会のメンバーとして当事者である団体から数多くの代表者が送出された[24]。対人地雷全面禁止条約やクラスター爆弾禁止条約のような非人道的な兵器の規制や、環境分野における条約締結にNGOが深く関与する傾向が近年顕著であるが、起草過程に政府代表以外のNGO等が中心的に関わる先例は決して多くはないところ、「当事者である障がい者を抜きに障害者権利条約の内容を決めるべきではない」（Nothing about us without us）との当事者の主張が理解され、国連総会において21世紀初の普遍的人権条約が成立したのである[25]。しかもこの実績は国際法規範の定立に止まることはなく、その後国連の総会や委員会等の多くの議場において、視覚障がい者や車椅子を利用する人が数多く活動するようになり、ごく自然に周囲に受入れられている様子が見られるのは、障がい者権利条約締結の経験に負うところが大きいと考えられる。

（8）強制失踪からの保護

拷問等の禁止と廃絶において取上げたように、1970年代以降中南米の軍事政権下では拷問と同様に数多くの反政府活動家等の不可解な失踪が相次ぎ、行方不明者の一部については死後に大量の遺体が海洋に投棄されたとの情報も寄せられた。更に日本人の被害が懸案とされている北朝鮮による拉致事件の発覚等、国の関与の下に本人の意思に反した失踪が跡を絶たない状況が続いてきた。そのような中で国連は 1992 年に強制失踪からの全ての者の保護に関する宣言を決議 47/133 として採択して、世界人権宣言第 3 条が「すべての者は生命、自由及び身体の安全についての権利を有する」とし、自由権規約第 6 条が生命に対する固有の権利を明記していることを確認した。その後 2006 年にニューヨークで開催された外交会議において採択されたのが、強制失踪条約である。条約は 20 番目となった日本の批准によって要件を充たして 2010 年に効力を発生し、現在 41 カ国が締約国となっている。

条約第 2 条は条約の適用上、強制失踪を次のように定義している；

> 国の機関又は国の許可、支援若しくは黙認を得て行動する個人若しくは集団が、逮捕、拘禁、拉致その他のあらゆる形態の自由のはく奪を行う行為であって、その自由のはく奪を認めず、又はそれによる失踪者の消息若しくは所在を隠蔽することを伴い、かつ当該失踪者を法律の保護の外に置くもの。

従って強制失踪に関しては拷問の場合と同様に、実行者は誰であっても公務員等国家機関の許可・支援・黙認を得て、本人の意に反して自由を剥奪することが要件とされ、失踪者の消息や所在を隠蔽して法律の保護を及ぼさないようにすることを伴わなければならない。加えて国の許可・支援・黙認を得ることなくこのような行為が行われた場合、締約国は調査して責任を有する者を訴追する義務を課されている（第 3 条）。「いずれの者も強制失踪の対象とされない」（第 1 条 1 項）として絶対的な禁止が規定されると共に、戦争や緊急事態等いかなる例外的な事情も、強制失踪を正当化する根拠として援用することはできないと明記され（第 1 条 2 項）、強制失踪の広範又は組織的な実行は人道に対する犯罪を構成すると条約は規定する（第 5 条）。

強制失踪条約は拷問等禁止条約と共通する条項を多く含み、普遍的裁判管轄権の設定（第9条）やノン・ルフールマン原則の採用（第16条）、法執行職員の訓練（第23条）等を締約国に義務付けているが、引渡し又は訴追の義務（第11条）に関しては強制失踪犯罪を政治犯罪と見做してはならず、犯罪人引渡しの請求を拒否することはできないとしている（第13条）。更に実効的救済の確保（第12条）や失踪者の捜索（第15条）、秘密拘禁の禁止（第17条）や情報へのアクセス（第18条）等が保障され、被害者の権利の回復が図られている（第24条）。又実施措置としては強制失踪委員会（CED）が設置されて（第26条）政府報告を検討して意見・見解・勧告を提示できるが（第27条）、更に失踪者の親族等から緊急に処理を要する事項として要請があった場合に情報を収集したり（第30条）、職権調査（第33条）や広範又は組織的な強制失踪の実行について国連総会の注意を喚起することができる（第34条）等、多様な活動を可能とされている。その他個人通報（第31条）や国家通報（第32条）についての規定では、通報を受理して検討する委員会の権限を認める宣言を行った締約国に関してのみ権限を行使できる。

5　人権条約の履行と実施措置

はじめに

第三部において考察の対象とされる人権条約の目的は、全ての社会生活における個人の人権と基本的自由の保護に向けられ、各分野毎に異なる様々な権利の尊重と保障を確立することである。国内における条約の執行は締約国によって行われるのを原則とするため、締約国の国内法令や行政機関による措置、裁判判決に従った救済等を通じて条約が履行されていくことになる。即ち国際法が通常国家間の権利義務関係を規律し、国家の相互的な法的関係を適正に秩序立てる機能を果しているのに対して、人権条約が保護と保障のために規定するのは個人の権利であり、国家と個人の間の権利義務関係に条約が適用される必要があると考えられよう。このような性格を有す人権条約の締結を憲章に掲げられた目的に従って国連が推進し、個人に対する人権の保護と保障を締約国にそれらの条約を通じて相互に誓約させた結果、多数の人権に関する普遍的多数国間条約が成立して国際社会に普及しているものの、条約規定の不遵守が生じても直ちに他の締約国の権利の侵害を発生させないことが多いため、従来の国際法の伝統的なメカニズムを適用して責任の追及や救済を期待することは非常に困難と言える。加えて第一部で検討したように個人は国際法上の請求権を有しないので、条約不履行の結果として被害を受けた個人が救済を請求できるのは国内裁判等を通じた国内的救済に止まることになる。そこで人権条約が適切に履行されているかを監視するためのモニタリングが必要とされ、国際的実施措置として殆どの人権条約において採用・整備されている。

人権条約の実施措置として採用されている代表的な手続は、国家報告制度・国家通報制度・個人通報制度であり、近年はこれに加えて調査制度や防止制度等新たな手続が導入され始めている[26]。伝統的な三つの手続は全てILO条約の遵守のための制度に原型が見出され、多くの人権条約や選択議定書において採用されてきた。その特徴は中立で客観的な第三者機関（ILOの場合は理事会）が条約により設置され、一般に人権条約機関と呼ばれる各委員会が条約の履行状況を監視する任務・権限を付与されることにある。ここではまずILOの履行監視制度を概観し、そこから発展した三つの制度の詳細と実効性について検討した後、新たに採用されつつある手続を含めて人権条約の実施措置の効果を検証していきたい。

（1）ILO条約の履行監視制度

ILOは第一次世界大戦後の1919年に国際連盟と共に設立され、第二次世界大戦中も1944年にフィラデルフィア宣言を採択して活動を継続し、1946年に国連初の専門機関となって現在も活発な活動を展開している。その目的は全ての人間に対して「自由及び尊厳並びに経済的保障及び機会均等の条件において、物質的福祉及び精神的発展を追及する権利」を保障し（フィラデルフィア宣言)、人道的な労働条件を推進するための国際協力を達成することにある。具体的には第一部**2**で述べたように、三者構成の国際労働総会において成立した条約と勧告による国際労働基準の設定が中心的活動であり、総会の3分の2の賛成を得て採択された条約を加盟国は原則として1年以内に議会等国内の権限のある機関に提出しなければならず、当該機関の同意を得た場合は条約の正式の批准を通知する義務が憲章によって課されている(第19条5項)。権限のある機関が同意しない場合は批准の義務は生じないが、加盟国には条約が扱う事項に関する法や慣行の現況を報告する義務が憲章に規定され、条約の批准を妨げたり遅延させる障害もそこに含まれる(同項(e))。このようにILO条約については通常の条約とは異なり、自由意思による同意の原則(条約法条約前文)に対する若干の制約が認められ、ユネスコとWHOの総会で採択される条約についても同様の制約が課されている。

以上の手続を経て締結された条約の履行監視のため、ILO条約の締約国は条約規定を実施するために執った措置について年次報告を提出しなければならず、報告書は理事会が要請する様式・細目を充たすものでなければならない(第22条)。これは殆どの人権条約が採用している国家報告制度の原型となっている。次に締約国が条約の実効的な遵守を確保していない場合、国内の使用者又は労働者の産業上の団体が条約不遵守をILO事務局に申立てることが可能とされ、理事会からの弁明の勧誘に応じなかったり内容が満足と認められなかった締約国については、その弁明を公表する権利が理事会に認められる(第24条)。この手続は人権侵害を受けた個人による通報とは異なるが、総会・理事会の三者構成を反映して国内の団体に申立ての権利を認めた点は、20世紀前半の時点においては画期的なことであり、20世紀後半における個人通報制度の発展の萌芽であったと言えよう。又1995年に成立した欧州社会憲章追加議定書で導入された集団申立制度は、個別事件ではなく条約規定と法・慣行の不一致を申立てる権利を国際・国内NGOに認めるものであり、ILOの手続に近いと考えられる。最後に同様に締約国が条約の遵守を確保していないと認めた場合、他の締約国はILO事務局に苦情を申立てる権利を有し、理事会は審査委員会を設置して苦情の審議を付託すると共に、苦情に応じるために当該国が執るべき措置と期限についての勧告を含む報告書を作成させ、当該国が勧告を受諾しない場合には苦情をICJに付託する意図があるかを確認する（第26条・第28条・第29条)。この苦情申立手続は人権条約における国家通報制度を体現しており、既に数十件の苦情がILOに寄せられてしかるべき手続が執られている。更に条約不遵守の他の締約国からの苦情は国家間紛争に移行する可能性を内包しており、国家間紛争に転化する場合は最終的にICJへの付託を視野に入れた精緻な手続が完備されていると認められよう。

以上見たように憲章規定が締約国に義務付けるILO条約の履行監視のための手続は、人権条約の実施措置の嚆矢と認められ、ILOが採択した約200の条約の遵守の確保に貢献してきた。それを推進した要因は、採択されたILO条約の議会提出が憲章により加盟国に義務付けられているという特別な事情に加えて、総会と同じ三者構成の理事会の中立性・公正性にも求められよう。ILOの活動が人道的な国際労働基準の設定を通じた労働条件の改善である以上、労働者である個人の権利を確保していることからILO条約を人権条約の一部と位置付けることに問題はない。従って締約国が国内において労働者の権利を保護する措置を執ることがILO条約の基本であるとしても、「いずれかの国が人道的な労働条件を採用しないことは、自国における労働条件の改善を希望する他の国の障害となる」とILO憲章前文に明記されるように、自国で生産された製品に関する国際的な競争原理の下で、国々の利益や権利義務が直接に対立する事態も想定される。そのために条約の履行監視制度の中では、国家通報制度に相当する苦情申立手続が充実していると考えられるが、この伝統を引継いだ後の人権条約の国際的実施措置においては、人種差別撤廃条約のように例外的に全ての締約国に対して平等に適用される義務的な制度として導入されることはむしろ稀で、結果として必ずしも履行監視の中心的な位置を占めなかったのである。

（2）国家報告制度

人権条約を締結した締約国がその国への条約の効力発生から一定期間内（多くの場合は1年から2年以内）に、条約の履行のために執った措置や齎された進歩等について報告を提出して、条約によって設置された各委員会等中立の人権条約機関において検討・審査される国家報告制度は、ILO条約以来の伝統に基づく最も基本的な実施措置であり、全ての人権条約で採用されている。又次に検討する国家通報制度や個人通報制度の場合とは異なり、全ての締約国に平等に適用される義務的な手続として、締約国による報告の提出義務が条約に規定される。初回の報告後も2年から5年毎に新たに執られた措置や齎された進歩に関する定期報告を提出したり、委員会の要請があった場合の追加情報を提供する義務が締約国に課されることもある。条約中の報告提出義務の規定に先立って、報告を検討・審査する委員会の設立に関する規定が置かれているのが一般的である。そこでまず、このような人権条約機関の組織についての検討から始めたい。

人権条約機関は「人種差別の撤廃に関する委員会」や「障害者の権利に関する委員会」等、条約の名称やその一部から命名されるが、初出を除いて以降の条約規定では単に「委員会」と記されている。そこで区別を明確にするために条約名に応じて、人種差別撤廃委員会や強制失踪委員会のように表記されることが多いものの、自由権規約第28条で設立される委員会は人権委員会（Human Rights Committee）と命名されていたため、国連人権委員会（Human Rights Commission）と区別できるように日本では規約人権委員会或いは自由権規約委員会と一般に称される。又社会権規約第16条は提出期限を明記しないものの、自由権規約と同様に報告提出義務を規定しているが、その審議に当るのは経社理とされていた。その後1978年に報告の審議に当って理事会を援助する目的の下に、「経済的、社会的及び文化的権利に関する国際規約の実施に関する会期内作業部会」を設置することが、経社理において決定された。更に数回にわたり修正を受けた作業部会は1985年に「経済的、社会的及び文化的権利に関する委員会」と改称され、委員の選出方法等を規定した社会権規約委員会設置決議が経社理で決議 1985/17 として採択された。最後に強制失踪条約同様国連総会で成立した人権条約ではない難民条約・議定書には、第六章の実施規定として国連との協力に関する第 35 条が置かれている。そこでは UNHCR に条約の適用を監督する責務があるとされ、その遂行に際して締約国は協力を約束すると同時に便宜を与えなければならず (第 1 項)、更に要請に応じて条約の実施状況や難民の状態・関連法令に関して UNHCR に報告しなければならない (第 2 項)。しかし UNHCR や他の国連機関による報告の検討や審議については規定されておらず、人権条約の中では唯一国家報告制度を導入していないとも考えられるが [27]、その理由は 1950 年代初めという難民条約の成立時期に求められよう。

人権条約機関である各委員会は締約国民の中から選出され、個人の資格で任務を遂行する 10 人から 23 人の委員によって構成されるが、委員には徳望が高く条約の対象分野において十分な能力を有する専門家や、高潔な人格と共に人権の分野で能力を認められた専門家との要件が課される。加えて衡平な地理的配分や異なる文明形態・主要な法体系の考慮が求められ、拷問禁止委員会のように法律関係の経験を有する者の参加が有益とされることもある [28]。委員の選挙は通常ニューヨークの国連本部に招集された締約国会議において行われ、締約国によって指名された候補者の中から過半数以上の票を得た最多数の者から 4 年任期の委員に選出される。委員会は年に数回 2 週間から 3 週間にわたりジュネーブ又はニューヨークで開催され、定足数や会議の手続規則の採択等の詳細が条約中に規定される。又委員の中から多くの場合は 2 年任期の役員が互選によって選出され、各委員会の議長により構成される人権条約機関議長会議が相互の連携を強化するために設けられている [29]。

次に締約国が提出すべき報告の内容であるが、条文毎に条約の実施状況を記載することが求められ、同時に人口構成・宗教分布・民族構成・政治経済状況・司法制度・人権条約の締結状況等に関する情報も更新されなければならない。加えて自由権規約第 40 条 2 項に規定されるように、「規約の実施に影響を及ぼす要因及び障害が存在する場合」はこれについて記載され、子どもの権利条約第44条2項の「委員会が当該国における条約の実施について包括的に理解するために十分な情報を含める」ことも必要とされる。又報告を締約国政府による一方的な主張に終始させないために、当該国の国内NGOや国際NGOがカウンターレポートを作成し、報告の審査や検討に必要な情報を事前に提供する目的で、予め委員に送付する慣行が近年先進国では一般的になりつつある。勿論政府以外から齎される情報を取上げるかは委員の個別の判断に委ねられるが、報告の審査・検討における争点を明確にする上で有益と認められると共に、レポートの作成や公表が国内・国際世論を喚起して条約の内容を広く周知させる効果も期待されている。

政府報告書の作成に当って、日本の場合は外務省が関連分野の省庁の意見を取纏めて必要事項を記載する方式を採っているが、完成させるまでに多大な時間を要するために提出期限に遅れる傾向が顕著である。これは日本に限られた現象ではなく、20世紀末時点で期限内に提出されずに滞留していた報告は各人権条約で其々100以上に上り、多い条約では200から400に達する勢いであったと指摘されている[30]。特に専門の人員や予算が限られている途上国は報告の作成能力に欠ける状態にあるため、国際的な支援を受けなければ報告の提出が困難な場合が多い。このような国に対しては国連人権高等弁務官事務所やUN Women、ユニセフ等の国連機関が技術援助を提供することもあり、数年間の遅れを経て漸く報告を提出できた例もあった[31]。しかも締結している複数の人権条約に関する政府報告を数年毎に作成しなければならないので、毎年のように或いは年間を通じて複数の報告書を用意するのは締約国にとっては相当な負担になると推測される。そこで国連の人権条約については「政府報告のための統合ガイドライン」が準備され、これに沿って報告書を纏めることで負担の軽減が図られている。更に国連で採択された各人権条約に関する政府報告を一本化するような統合報告書の可能性も模索されているものの、対象とする分野が異なる上に定期報告の場合等条約の改正も必要とされるため、実現は容易でないと言えよう[32]。

委員会における審査・検討は提出された報告に関して、委員が政府以外から齎された情報も利用して政府代表に質問し、これに対して政府代表が回答する方式で進められる。委員会において各締約国の政府報告の審査・検討に費やされる時間は非常に限られているため、委員には予め提出された報告書を精査して関連する情報を収集しておく準備が必要とされる。又政府代表に対しても事前に委員会が作成した質問票が伝えられて、審査の際に遅滞なく回答できるような便宜が図られることが一般的である[33]。審査・検討においては相当厳しい質問が提起されることもあるが、締約国による人権条約の不遵守を非難したり責任を追及する機会とは捉えられず、条約の適用に際しての問題点を明らかにして締約国に改善を促すための「建設的な対話」の場と位置付けられている。その過程では締約国の国内事情や個別の人権状況に加えて、当然人権条約規定の解釈や次に検討する留保の撤回等が取上げられ、各締約国における条約の適切な履行のための具体的な措置が明らかになることが期待されている。

委員会は政府報告の審査・検討の結果を纏めて「適当と認める一般的な性格を有する意見」(自由権規約第40条4項)を締約国に送付しなければならず、又「提案及び一般的な性格を有する勧告」(女性差別撤廃条約第21条)を行うことができる。各委員会の初期の実行においてこれらの一般的意見(general comments)や一般的勧告(general recommendations)は、報告を提出した個別締約国に言及することなく、政府報告の審査・検討を通じて得られた一般的傾向や問題点の指摘に止まっていた[34]。それでも各条文の意味内容や範囲について委員会の立場を表明し、締約国が報告書を作成する上で参考を提供する等の有効な機能を果してきたと認められる。特に1990年代以降は新たに浮上した人権侵害に対処したり、各条約に付された留保の適否や条文解釈に踏込んだ内容も多くなり、その数も委員会毎に数十の積重ねを数えるに至っているため、条約解釈の補足手段として頻繁に利用されている。そして次に取上げる人権条約に対する留保の許容性や、慣習国際人権法の形成の検討においても重要な指針を提供することになる。

一般的意見・勧告は委員会による個別締約国の報告への評価を避けるための、謂わば妥協の結果として実行されてきたが、その活動が活発になるのと時期を同じくして、国家報告制度に新たな展開が齎されることとなった。自由権規約委員会は政府報告の検討後、1992年から「総括所見」(concluding observations) と名付けられる文書を作成し始め、各締約国における積極的側面が評価された上で主要な懸念事項が記載され、勧告と共に次回の報告の提出期限が定められるようになった。更に2001年以降は総括所見の懸念と勧告の中で特に緊急を要する事項について、締約国は1年以内に回答しなければならない総括所見フォローアップ制度が採用されている。このフォローアップの手続に関しては特別報告者が任命され、その報告に基づき必要とされる場合には次の報告のための日程が定められて、再度追加的な回答が求められることもある。フォローアップ手続が適用されて1年以内の回答を求められた締約国は途上国ばかりではなく、当初の実行の中にはオランダやスウェーデン等の先進国も含まれていた[35]。フォローアップ手続は建設的な対話を継続していくことで、より実効的な機能を国家報告制度に付与していると認められ、人種差別撤廃委員会や拷問禁止委員会でも採用されている。

以上のように人権条約に限らず他分野の多数国間条約にも見られる伝統的な国家報告制度は、人権条約の実施措置の中では最も基本的な機能を果すとの観点から、難民条約を除いて全ての人権条約で義務的な制度として採用されている。締約国は定期的に報告を審査・検討されることはあっても、その結果は法的拘束力に欠ける意見・提案や勧告を受けるに止まるため、締約国にとっては受入れ易い制度と認められよう。確かに極端な人権侵害が疑われる国でも、自由権規約の2002年のフォローアップ回答で委員会の所見にことごとく反論した北朝鮮のように、対決の姿勢を貫通することも可能であろうし、委員会における報告の審議・検討が十分な成果を挙げられないことも予測できる。しかし20世紀末に至っての総括所見の導入により、人権条約の遵守における懸念事項を明確にして締約国に対して個別に勧告を発することを可能とされ、締約国との間で建設的対話を継続させていくことで、委員会は従来十分実効的な機能を果してきたと言える。しかも今世紀に入って自由権規約に導入された総括所見フォローアップ制度は、建設的対話の継続を更に精緻化・強化する変革として、他の人権条約にも普及しつつある。従って人権条約の実施措置において最も基本的かつ一般的な国家報告制度は、条約の履行確保のための監視機能の充実を目的に進化を続けていると認められる。

（3）国家通報制度

国家通報制度はILO条約の遵守のための苦情申立手続を継承するもので、ILO憲章は機構における苦情の取扱いに関する詳細な規定を設けている。そこでは国家間の紛争に転化されて最終的にはICJにおける国際裁判も視野に入れられているが、苦情を申立てる国は通常の国家間紛争の場合とは異なり、条約の不遵守により自国や自国民が被害を受けたり権利を侵害される状況にあることを必要とはされない。即ち純粋に客観的或いは公益保護の観点から他国の不遵守を審査に付託するのであり、その根拠は国際競争において他国の条約違反が条約を適正に履行している加盟国に対して不利益を齎す可能性があるというメカニズムに基づいていると考えられる。人権条約の場合にはILOのような競争原理が機能する余地は見出されないものの、国際人権基準を設定して適正な遵守を確保していく上で、国家通報制度は有効な実施措置として多くの人権条約で採用された。

国家通報制度を全ての締約国に平等に適用される義務的な実施措置として採用しているのは、普遍的人権条約では人種差別撤廃条約のみで、地域的条約として欧州人権条約とアフリカ人権憲章が挙げられる。人種差別撤廃条約第11条によると「他の締約国がこの条約の諸規定を実現していないと認める場合」、その事案につき人種差別撤廃委員会の注意を喚起して当事国間で調整が図られる。それでも両当事国が満足しない場合には、同委員会が「利用し得るすべての国内的な救済措置がとられかつ尽くされたことを確認」した後、特別調停委員会が設置されて友好的解決を目指して関係国に対して斡旋を行い、「紛争の友好的な解決のために適当と認める勧告」を付した報告を人種差別撤廃委員会に提出する（第12条・第13条）。この他に自由権規約第41条では通報を受諾・検討する自由権規約委員会の権限を認める宣言をした締約国間でのみ、同委員会に対する条約不履行の通報の権利が認められており、人種差別撤廃条約の場合と同様に特別調停委員会の設置により友好的解決が図られ、解決に到達しない場合には「友好的解決の可能性に関する意見」が報告に記載される（第42条）。同じく義務的ではない任意的制度として友好的解決のための同様の手続を規定している拷問等禁止条約（第21条）と移住労働者権利条約（第76条）には特別調停委員会についての記載はなく、強制失踪条約（第32条）はごく簡潔な規定を置くのみで具体的な手続には触れていない。又社会権規約の2008年の選択議定書が自由権規約と同じ国家通報手続を導入し（第10条）、子どもの権利条約の2011年の選択議定書も国家通報を可能としているが（第12条）、どちらの選択議定書も次に検討する個人通報に関する詳細な規定を設けているのに対して、国家通報制度には相当の関心を払っていないように見られる。尚女性差別撤廃条約にも1999年に追加された選択議定書の実施措置にも、国家通報制度は導入されていない。

以上のように1960年代に成立した人権条約には、特別調停委員会の設置等国家通報制度が詳細に規定されていたにも関らず、近年ではその簡素化の傾向が顕著に認められる。その理由は最も詳細な規定を有する人種差別撤廃条約と自由権規約について、条約発効後の40年以上の間に国家通報手続の利用が全くなく、他の条約についても同じ状況であることに求められよう。即ちこの制度が比較的頻繁に利用されているILOの場合とは異なり、特に国家間の競争原理も作用しない人権分野において締約国が他国の条約不遵守を通報するのは、第一部**5**で取上げた対世的義務の遵守の確保と同じ趣旨と考えられ、純粋に公益保護の目的に基づくものである。しかも通報は相手国との外交関係を悪化させる可能性が高く、国連人権理事会や総会第三委員会等で人権侵害に関する加盟国間の非難の応酬はあっても、現実的な政治判断から敢えて通報には至らないケースが多いと考えられる。しかし地域レベルの人権条約では、人種差別撤廃条約と同様に義務的な制度として国家通報制度を採用する欧州人権条約のように、締約国から相当数の通報が寄せられてギリシャやトルコの民主化を促進する等、先例の積重ねが進みつつある実態も指摘できる。又国家通報制度とは異なるが拷問等禁止条約の義務違反を巡って、ベルギーがセネガルを相手どってICJに訴訟を提起した訴追又は引渡し事件のような最近の事例も挙げられる。従って締約国による政治的判断の優先が通報を躊躇させるのみならず、そもそも国家通報を受理・検討する委員会の管轄権が多くの条約において十分普及していない現実があると言えよう[36]。国家通報制度は人権条約の実施措置の中では、伝統的な国家間紛争の解決手続に最も近いと言えるが、条約中に詳細な手続が定められているにも関らず、実際には条約の遵守を確保する上で必ずしも有効な機能を果していないと結論できる。

（4）**個人通報制度**

個人通報制度とは、条約の不遵守により被害を受けた個人・集団等が直接条約機関に人権侵害を申立てて被害の救済を求める手続であり、実施措置の中では最も効果的な履行監視手続であると言われている。しかしこの手続を締約国に平等に適用される義務的制度として採用しているのは欧州・米州人権条約等地域レベルの条約に限られ、普遍的人権条約には全て任意的制度として導入された。国家通報制度と同様に個人通報を受理・検討する委員会の権限を認める宣言を行った締約国に関してのみ、通報することが可能であると条約が直接規定しているのは、人種差別撤廃条約（第14条）・拷問等禁止条約（第22条）・移住労働者権利条約（第77条）・強制失踪条約（第31条）で、自由権規約等その他の条約では独立した選択議定書を締結する方式が採られた。この二つの方式の併存は謂わば形式的な相違と考えられるが、社会権規約や女性差別撤廃条約・子どもの権利条約のように条約成立後の近年になって個人通報制度が導入される場合には、通常条約改正ではなく選択議定書方式が採用されている。

個人通報には国家通報制度とは異なり、ICJの義務的裁判管轄権の受諾宣言のような相互主義の適用はないが、対象となる国即ち選択議定書の締約国又は委員会の権限を認める宣言を行った国は決して多くはない。条約の普及率が高い自由権規約や女性差別撤廃条約の場合でも選択議定書の締約国は 100 カ国を僅かに超える程度で、2008 年に採択された社会権規約選択議定書は 5 年後の 2013 年まで効力発生に必要な 10 カ国の批准・加入を得られず、現在も社会権規約締約国の 1 割以下の国によってしか締結されていない。宣言方式においても同様で、発効後 40 年以上経過した人種差別撤廃条約と発効後 30 年近い拷問等禁止条約では、約 50 カ国の締約国しか宣言を行っていない。地域的人権条約により個人通報手続が浸透してきた欧州・米州の国々が議定書締約国や宣言国に多く見られ、地域的人権条約に欠けるアジア諸国は少ない状態が続いている。

次に通報を提出できるのは締約国の管轄下にある人権侵害の被害者個人又は集団であって、一定の条件の下に代理人に認められることもあるが、匿名であってはならず通報権の濫用に相当するものは認められない。又委員会の管轄権が生じる前の事案であったり、効果的で利用しうる全ての国内的救済を尽していない場合や、他の国際的調査又は解決手続の下で検討されている場合、明白に根拠が不十分である通報等は受理されない。更に人種差別撤廃条約第 14 条 2 項は第 1 項の宣言を行う締約国が、他の利用しうる国内的な救済を尽した権利侵害者からの請願を受理・検討する国内機関を設置できるとしており、委員会への通報はこの国内機関の結論が出されてから 6 カ月以内に提出されなければならないと規定する（第 5 項）。ただし国内機関を設置・指定している締約国は非常に少なく、その場合は国内的救済完了後 6 カ月以内に通報が提出されることが必要とされる。同様に国内的救済完了後一定期間内に提出された通報しか受理できないとする規定は、社会権規約や子どもの権利条約等最近成立した選択議定書でも採用されており、共に 1 年以内を通報の提出期限としている（第 3 条 2 項(a)・第 7 条 1 項(h)）。

提出された通報は以上の要件に基づいて委員会又は通報作業部会等において受理許容性を判断され、受理可能と決定された通報は本案審査へと進むことになるが、それに先立って国家通報手続のように当事者間の友好的解決を図るため、委員会による斡旋についての規定も見られるようになった(社会権規約選択議定書第7条・子どもの権利条約選択議定書第9条)。委員会の支援の下で友好的解決の合意が達成された場合には、通報の検討は終了して結論としての委員会の見解は採択されない。更に死刑の執行等被害者に回復不能な損害が生じるのを避けるために、委員会は本案決定に至るまでの間いつでも暫定措置を要請できる(女性差別撤廃条約選択議定書第5条・社会権規約選択議定書第5条等)。又不受理と決定された通報であっても、その後国内的救済を完了して要件を充たした等の理由に基づく請求があれば、委員会は再度の審査を可能とされると規定することが多く、反対に受理可能の判断も締約国からの説明に基づき再審査される可能性がある。本案審査は違反が疑われる条文毎に通報者と締約国から提出された全ての情報に照らして、非公開の会合において通報を書面審査して検討することが原則であるが、必要と判断された場合には関係者の委員会への出席の要請が可能とされる。本案の審査・検討が完了すると、委員会における検討結果は多くの場合「見解」(views) (人種差別撤廃条約では「意見」(opinion)、障がい者権利条約選択議定書では「提案と勧告」(suggestions and recommendations)) と題する文書として採択され、勧告又は提案がある場合は共に関係者に対して送付される。

委員会が採択して表明する見解等は、違反を認定して被害者への救済措置を締約国に対して求めたり、場合によっては再発防止のための措置を講じるよう提案することがあっても、人権裁判所の判決のような法的拘束力を有さない勧告に止まる。ただし自由権規約委員会は「規約において認められる権利又は自由を侵害された者」が、「効果的な救済措置を受けることを確保すること」を締約国が約束し(規約第2条3項)、かつ第一選択議定書締約国は上記侵害についての通報を検討する委員会の権限を認めているとして、締約国には見解で示された勧告を遵守しなければならないと求めている[37]。更に1990年には勧告遵守のためのフォローアップ手続が導入され、規約違反を認定された締約国は見解に基づいて執られた措置の一定期間内(多くの場合半年以内）の報告を要請され、同様の措置はその後も定期的な国家報告に加えられなければならず、フォローアップのために任命された特別報告者が通報者及び締約国と連絡を取って、必要と認められる場合は追加的な措置を委員会に対して勧告できる。同様のフォローアップ手続は人種差別撤廃委員会・女性差別撤廃委員会・拷問禁止委員会でも導入され、21世紀に成立した社会権規約選択議定書や子どもの権利条約選択議定書では其々第9条・第11条として条文化されている。このような実行を通じて積重ねられた見解における条文解釈は一貫した先例としての価値を認められ、ギニア人ディアロ（Diallo）の追放を巡ってICJが自由権規約第13条の外国人の追放に関する規定と第9条の逮捕・抑留の要件に関して、コンゴ民主共和国による違反を認定した2010年のディアロ事件判決において、自由権規約委員会と人と人民の権利に関するアフリカ委員会による解釈が援用されている[38]。

以上のように個人通報制度は具体的な人権侵害の個別事案を条約実施機関が審査・検討することで、人権条約の履行を確保する上で有効な機能を果すのみならず、人権規範の進化や情勢に合わせた条文の発展的かつ権威ある解釈を可能とされ、被害者の救済を実現して再発を防止する実効的な手段として利用されてきた。被害者からの通報を審査・検討した結論としての見解等は法的拘束力を欠く勧告に止まるが、国家報告制度と同様にフォローアップ手続の採用により実効性を一段と高め、実際の被害者救済が実現された先例は更に通報手続の頻繁な利用を齎すという相乗効果も期待されよう。しかし人権条約の中では通報手続の利用頻度が最も高い自由権規約でも、第一選択議定書発効以来の総通報件数は数千件に止まっている状態で、その約3分の1が不受理とされて同じく約3分の1で見解が出された結果多くの違反が認定され、残りは撤回されたり未決のまま残されている[39]。他の人権条約の場合は更に利用頻度が低いと推測され、このような利用状況の実態は国内的救済を尽す等通報受理の要件が厳しいことに加えて、人権条約が締約国内で十分に周知されていなかったり、技術的な援助を行える専門家が少ないという事情に起因すると考えられる。前述のように国家報告制度における政府報告の作成にさえ国際機関の支援を必要とする途上国において、人権侵害の被害を受けた一般国民が条約実施機関に個人通報を提出するには、豊富な経験と十分な知識を備えた弁護士やNGOの助力が不可欠なことは当然と言える。締約国には人権条約を適切に遵守して人権侵害の個人通報を提出されないように努めることは勿論、自国が締結した条約の内容を国民に広く周知して国際人権基準に対する理解の普及が必要とされよう。

（5）調査制度と防止制度

人権条約の実施措置としてはILO条約の履行監視手続の伝統を踏まえて、上記の三つの制度が中心に位置付けられて、条約規定或いは選択議定書として導入されてきた。その中国家通報制度には友好的解決を実現するための詳細な手続規定が設けられていたにも関らず、実際に国家間で利用されることは殆どなかった。そのために一方では全ての締約国の義務として多くの人権条約が採用している国家報告制度を充実させる努力が、フォローアップ手続の導入により実効性を高めるという形で結実しているが、他方では報告制度以外の実施措置を備えていない人権条約の選択議定書を採択して、通報制度特に個人通報を可能とするように改善する一般的傾向が見られる。こうして世紀転換期に新たに成立した通報制度に関する選択議定書には、国家間通報も一応形式的に規定されているものの（社会権規約選択議定書第10条・子どもの権利条約選択議定書第5条）、主眼はフォローアップ手続を完備した個人通報の導入にあると言えよう。加えて重大かつ組織的な人権侵害の事態に対処するための調査制度や、恒常的・制度的な人権侵害の発生を事前に予防するための防止制度等が採用されつつあるが、これらの新たな制度は軍縮条約の履行監視のための現地査察制度に近いと考えられる。

調査制度は1984年の拷問等禁止条約で初めて採用され、拷問禁止委員会が拷問の制度的な実行の存在を示す信頼すべき情報を受けた場合、秘密調査のための委員を指名して関係締約国の協力の下に事実確認を含む調査を行わせ、当該締約国の同意があればその領域を訪問させることも可能である。調査の結果は委員会において検討され、適当と認められる意見又は提案を付して関係締約国に送付されると共に、当該締約国との協議の上で秘密調査手続の概要を年次報告で公表することを決定できる（第20条）。加えて2003年にはフォローアップ手続が導入されて、委員会の事実確認や調査・勧告機能が更に強化されている。ただし締約国は批准・加入の際に留保という形で、委員会の調査に関する権限を認めない旨を宣言することができるため（第28条）、報告制度とは異なり全ての締約国が調査制度の対象となってはいない。

1999年の女性差別撤廃条約選択議定書もほぼ同様の手続を規定しているが（第8条）、女性差別撤廃委員会が送付した調査結果や意見及び勧告の受領後半年以内に関係締約国は見解を提出し（同条4項）、その後も執られた措置を定期的な政府報告に含めると同時に追加的な報告の要請にも応じなければならず（第9条）、拷問禁止委員会が採用したのと同じフォローアップ手続が規定される。同様に社会権規約選択議定書と2011年の子どもの権利条約選択議定書もフォローアップ手続を備えた調査制度を規定しているが、社会権規約選択議定書が委員会の調査手続に関する権限を宣言できると規定しているのに対して（第11条1項）、女性差別撤廃条約と子どもの権利条約の選択議定書では拷問等禁止条約の場合と同じく、委員会の調査権限を認めない宣言をできることになっている点に相違がある。

この他に2006年の障がい者権利条約選択議定書にも調査手続が導入されているが、同年に国連外で成立した強制失踪条約の調査制度が特に重要と思われる。「被害者が強制失踪の状況及び失踪者の消息についての真実を知る権利を有すること並びにこのために情報を求め、受け、及び伝える自由についての権利」（前文）を確保するため、裁判を通じて責任者を処罰することと並んで条約が目的としているのは、失踪者の捜索や所在確認を含む調査であると言えよう。条約は実施措置として通報制度とは別に、親族等から提出された失踪者の捜索の要請に対して緊急の措置を執ることができ、要請には国内的救済を尽すことは必要とされないものの個人通報と同様の受理のための要件が課されている（第30条）。緊急措置の内容としては捜索の対象となる者の状況に関する情報の期限内の提供が関係締約国に対して要請され、強制失踪委員会は失踪者の発見・保護のために執られた措置の一定期間内の報告要請を含む勧告を締約国に送付し、失踪者の消息が判明するまでこのような努力が継続されるため、調査制度の結果の履行とほぼ同じ手続に付されることになる。更に緊急措置とは別に他の条約における調査制度と同様に、条約規定の著しい違反を示す信頼しうる情報を受領した場合、強制失踪委員会は当該締約国との協議を通じて委員の現地訪問の同意を得る努力を継続し、同意の下に実現した現地訪問後に見解及び勧告を締約国に送付することができる（第33条）。しかも強制失踪条約の調査制度と緊急措置が特異な点は任意に受諾したり逸脱することは可能とされず、全ての締約国に対して平等に適用される義務的制度となっていることである。ただし条約の締約国は現在も11カ国に止まり、急速な普及を期待できない状況にあると言えよう。

今一つの防止制度は1987年に成立した欧州拷問禁止条約で採用された手続を、2002年の拷問等禁止条約選択議定書に導入したもので、拘禁場所への「独立の国際的及び国内団体による定期的な訪問の制度」の設立を目的としている（議定書第1条）。締約国は国内防止機関を設置・指定・保持する義務を課されると共に（同第3条）、議定書の実施機関である拷問防止小委員会を自国領域に受入れて拘禁場所へのアクセスを認め、小委員会の勧告を検討して執りうる措置について対話を継続することを義務付けられる（同第12条）。小委員会は自ら策定した定期訪問計画に従って2名以上の委員を締約国の拘禁場所に派遣し（同第13条）、提供された情報や被拘禁者との非公開の面会等を通して得られた結論を「勧告及び所見」に纏めて締約国に通知する。それに先立って小委員会は定期訪問後の短期のフォローアップ訪問を提案することが可能とされ、又締約国が小委員会の勧告に従って改善のための措置を執ることを拒否する場合、小委員会は拷問禁止委員会に対して報告の公表を要請できる（同第16条）。大規模な人権侵害について事後に寄せられた情報に基づき事実確認をする調査制度とは異なり、拷問が発生する可能性のある国内の拘禁場所での定期的な訪問調査を通じて、事前に拷問の発生を予防する機能を果しているところに防止制度の特徴が認められる。これは議定書締約国の義務的な制度とされているが、締約国は批准時の宣言によって最大3年間義務の実施を延期することが可能で、更に防止小委員会との協議の上2年間の延長が認められることもある（同第24条）。選択議定書は20カ国の批准・加入を得て4年後の2006年に効力を発生したが、拷問等禁止条約の締約国の半数にも届かない70カ国しか議定書を締結していない現状である。

6　人権条約に対する留保

はじめに

第三部**4**で述べたように実施措置を定める選択議定書等は別として、人権諸条約は人道法条約と同様に多くの締約国を得て、広く国際社会に普及している状況にあると認められよう。その要因は人権と基本的自由が国際的に守られるべき重要な価値を体現するとの認識に基づき、国連が国際人権基準の設定に積極的に取組んできた成果としての法定立であったことや、人権条約の締結によって国際社会における人権擁護国としての名声を高め、個別事案で多少の非難を受けることはあっても少なくとも人権侵害国のレッテルを張られないで済むための方策等、様々な動機や思惑に求めることができる。人権条約が広く国際社会に受入れられているのを歓迎する意見が大多数であるのに対して、これを皮相的な現象として批判的に捉える見方も一部で表明されている。その代表的な見解は非常に現実主義的な視点に立って、理性的選択理論（rational choice theory）を国際条約の締結に適用するゴールドスミス（Goldsmith）とポズナー（Posner）の著作で展開された[40]。

彼等の見解によると国家は本質的に自らの利益追求を最優先課題として国際関係を処理するのであり、先進国・途上国共に率先して人権条約を締結するのは其々の利益に資する方策と捉えられると分析されている。先進国の場合国内法に基づく人権保障が既に充実しているため、人権条約を締結しても新たに引受けるべき条約義務は決して多くなく、条約規定の履行のために執らなければならない新しい措置の実施に国内法上困難が予想される条文には、予め留保を付して法的拘束から免れる方途を講じることが可能である[41]。従って人権条約の締結により先進国における人権状況が格段に改善される顕著な兆候は認められず、自国の方針や計画に沿って人権規範を充実していける自由を保持することになる。他方途上国は十分な人権と基本的自由が保障されていない状態にあるものの、人権条約を締結して状況の改善に積極的な姿勢を国際社会や先進国に示すことで、国際機関や先進国からの開発援助や技術支援を引出すことが可能になる[42]。そのような理由から人権条約を締結した途上国には条約に違反して人権侵害を放置する傾向が見られ、国家報告手続で厳しく追及されたり、場合によっては被害者個人からの通報を提出されることは想像に難くない。このように非常に現実的な観点から、ゴールドスミスとポズナーは人権条約の締結や普及を冷徹に評価している。

以上の分析が人権条約の現実の状況を全て正しく把握しているとは考えられないが、人権条約の締結と普及過程において見過ごされている一側面を顕在化させていることは確かで、特に先進国の条約締結に際して頻繁に利用されている留保の果す役割に関する正確かつ包括的な理解は不可欠と考えられよう。ここでは多数国間条約への留保について条約法条約で採用された一般規則と人権条約の留保条項、国際法委員会が採択した留保に関する実行ガイドラインにおける人権条約実施機関による留保の許容性の判断に関する検討、そして人権条約に対する留保の実態と特徴についての一般的評価の順で考察を加えていきたい。

（1）留保の一般規則と人権条約の留保条項

条約は国家間で文書により締結された「国際法によって規律される国際的な合意」（条約法条約第2条1項）であるため、全ての締約国の同意に基づき条約内容の一体性を保持するのを原則とする。しかし多数国間条約の場合締約国が自国の特異な事情から、特定の条約規定の適用を排除して条約義務を免れることが認められるようになり、19世紀末から20世紀にかけて留保の慣行として定着してきた。尚どのような留保が許容され又は禁止されるかについては、条約中に留保条項が設けられて予め許容性や禁止が明記されたり、条文化はされないまでも条約の起草過程において留保に関する了解が実現されることもあり、その場合留保条項や了解に従うことになる。このようにして留保を付された多数国間条約は条約の一体性・不可分性 (integrity) を必ずしも保てないことになるが、初期の実行では留保は条約内容を確定する署名時に表明され、その後に最終的な同意を表明する批准によって他国による留保の受諾は確保され、全ての締約国の全員一致の同意によって留保は有効になると考えられていた。しかし20世紀に入ると条約交渉国の増加や交渉に参加しなかった国の後からの加入、更に多数国間条約の採択への多数決原則の導入等の新たな動向から、留保に対する要請が高まると同時に留保の表明も批准・加入時に行われるのが一般的となった。しかし留保による条約規定の法的効果の変更はあくまでも例外的であり、表明された留保への反対も殆ど見られなかったため、20世紀前半の国際連盟の時代には留保に関する全員一致の同意原則が連盟内の慣行として維持されていた。

20世紀半ばの国連の時代になると留保の受諾に関する原則が大きく揺らぐことになるが、その契機となったのが国連総会によって1948年に採択されたジェノサイド条約であった。同条約は条約の解釈・適用・履行に関する締約国間の紛争に、ICJの義務的管轄権を認める紛争解決条項 (第9条) を備えていたが、社会主義国8カ国が条約の批准に当ってこの条項に対する留保を表明し、これに対する若干の国からの反対も寄せられたために同条約の寄託の任にあった国連事務総長は困難に直面し、1950年に国連総会はICJに留保の有効性に関する基準についての勧告的意見を要請した (留保事件)。1951年のICJの意見はジェノサイド条約は留保条項を含まないものの、起草過程では留保が予想されていたことを示す事実も認められ、留保は容認されると判断した[43]。次に留保の許容性に関する連盟以来の全員一致の同意原則は行政的慣行としての性格が強く、異なる実行も存在することから留保への反対があるだけで不許容とはされないと指摘した[44]。そして条約の締結における契約概念に基づく条約の一体性・不可分性の維持は重要ではあるが絶対的な要請でなく、特にジェノサイド条約は条約上の義務がなくても国を拘束するような原則に基づく純粋に文明的かつ人道的な目的の下に採択され、そこでは締約国の個別の利益ではなく全体の共通利益が追及されているため、権利義務の間の正確な契約的均衡 (équilibre contractuel) よりもむしろ柔軟性への要請が優先して、多くの国の参加により条約の普遍性を高めることに意義が見出されると続けられた[45]。その結果留保の許容性を決定する規範としてICJが採用したのは、条約の趣旨及び目的と両立する留保のみが有効とされるという両立性 (compatibility) の基準であった。即ち条約目的との両立性が留保の表明に際しても異議を唱える場合にも依拠すべき行為規範とされ、反対を受けた留保であっても条約目的と両立していれば許容されて留保国は締約国と見做されるが、両立しない留保であれば締約国とは見做されないとの結論が導かれた[46]。ここで注意しなければならないのは条約目的と留保の両立性を判断する主体は誰なのかで、条約の趣旨及び目的が何かを明らかにするのは条約の解釈の中心的課題であり、最終的には個別の締約国の判断に委ねられることになる。従って或締約国は両立すると判断して留保を受諾しても、別の締約国は両立しないとして留保に異議を唱えた場合、前者にとって留保国は締約国であっても後者にとっては締約国ではないのであり、条約の一体性が保たれないばかりか条約関係は更に細分化 (fragment) されて複雑化する実態が十分予測されよう[47]。

ICJの勧告的意見は裁判判決とは異なり法的拘束力を有すものでないが、要請した国連機関は概ね裁判所の意見に従っており、総会もジェノサイド条約への留保の許容性の判断基準として両立性の原則を適用すると決定した。これは当時条約法の法典化に着手し始めていた国連国際法委員会の起草作業にも大きく影響し、当初両立性の基準に反対を表明していた委員会もその後方針を変えて、1969年に成立した条約法条約では多数国間条約への留保を規制する一般規則として両立性の原則が採用された。条約法条約は第二部第二節に留保に関する5カ条を置き、まず初めの第19条は留保の許容性に関しては留保条項が適用されるが、留保条項も了解もない場合には条約の趣旨及び目的と両立する留保のみ表明できるとしている。留保条項で明示的に認められている留保は他締約国の受諾を必要としないが、両立性の基準が適用されるその他の場合には他締約国の受諾は1年以内に異議を申立てなければ黙示の同意という形で推定され、留保の通告後1年以内に異議を申立てた国であっても留保国との間で条約の効力発生を妨げられることはない（第20条）。上記の異議の効果についてはICJの勧告的意見とは異なるルールが規定されたが、異議申立国が別段の意図を明確に表明する場合は、留保国との間で条約の効力発生を阻止できるとの但書が挿入されているものの（第20条4項(b)）、より柔軟化された規定内容に変貌を遂げたと認められよう[48]。このようにして留保国と受諾国との間では条約内容が変更され、異議を申立てたが効力発生に反対しない国との間では留保された規定の適用がなくなるが、留保の目的の殆どが特定規定の適用排除であるため、両者は同じになることが多いと言える[49]。即ち締約国の留保を表明する権利と留保に異議を申立てる反対権を比べると、留保表明権に遥かに重きが置かれていて両者がバランスを保った状態にあるとは到底考えられないのである。

以上が多数国間条約に対する留保に適用される一般規則であるが、これら留保に関する規則は当然に多数国間条約としての人権条約にも適用される。その中条約法条約に先立って1965年に成立した人種差別撤廃条約は留保条項（第20条）を置いて、「この条約の趣旨及び目的と両立しない留保は、認められない」としてICJの勧告的意見に呼応して両立性の基準を採用すると同時に、「この条約により設置する機関の活動を抑制するような効果を有する留保は、認められない」と規定するが、これは条約の実施機関である人種差別撤廃委員会の機能を保全するために設けられたと考えられる。更に留保の通告後3カ月以内に「締約国の少なくとも3分の2が異議を申し立てる場合」には、両立しない又は抑制的な留保と見做されるとして、両立性の判断に多数決を導入する特異な規定となっているものの、適用された留保は今のところ見られない。又翌1966年に成立した国際人権規約は社会権規約・自由権規約共留保条項を持たないが、留保の許容性が否定されているのではなく、日本を含む数多くの締約国が留保を表明している。規約成立の時点で条約法条約は未採択・未発効の状態であったが、法典化条約という性質上慣習法の一般規則として両立性の原則が適用されると考えられている。その後の女性差別撤廃条約・子どもの権利条約・移住労働者権利条約・障がい者権利条約は留保条項を置くものの、「この条約の趣旨及び目的と両立しない留保は、認められない」として両立性の基準を規定するのみであるが、これとは別に女性差別撤廃条約と移住労働者権利条約は、ICJ への付託を義務付ける紛争解決条項への留保を明示的に許容している。又これらの条約は条約法条約第22 条に呼応して、留保は受諾国の同意を要することなく「いつでも撤回することができる」と言及している点が注目されよう。更に自由権規約第二選択議定書としての死刑廃止議定書は、戦時における死刑の適用を除く他の一切の留保は許されないと明記しているが（第 2 条）、拷問禁止委員会の調査権限を認めない留保（第 28 条）と紛争解決条項（第 30 条）に対する留保のみを明示的に許容する拷問等禁止条約の場合、実際にはその他の留保も表明されていて両立性の基準により判定されている[50]。これに対して拷問等禁止条約選択議定書や女性差別撤廃条約選択議定書には留保条項が挿入され、いかなる留保も許容されないと明記された。

（2）条約の留保に関する実行ガイドラインの策定

以上のように条約の留保を規制する一般規則は条約法条約により法典化され、人権条約も概ね両立性の原則を採用していると見られるが、その後留保を巡り多くの問題が明らかにされてきた。条約法条約において柔軟化された結果非常に容易に許容されるようになった留保の慣行は、特に人権条約のような規範定立条約の締結において顕著となり、条約目的と到底両立しそうもない留保に対して適切に異議が表明されないまま放置されるケースも増加している[51]。両立性の基準の導入に当ってICJ は、ジェノサイド条約の人道的かつ文明的な目的や共通利益の追求という規範的性格から、契約上の均衡性の概念の柔軟化を導いたのであるが、それにも関らず両立性の基準を適用した結果としての留保や異議の法的効果については、結局相互性 (reciprocity) の原則の適用から一歩も出るものではなかった[52]。しかも人権条約等規範的条約は締約国が相互に権利義務を設定し合うというよりは、全ての国が守るべき共通の基準を一般的に設定することを目的とするのであって、留保の許容性についても何らかの客観的で統一的な判定を要請する主張が展開されてきた。更に人権条約の実施機関が任務を遂行していく上で、留保の許容性や条約目的との両立性についての法的判断が不可欠とされる状況も、欧州人権裁判所において審理されたベリロス事件で現実のものとなった[53]。他方国連海洋法条約に代表される留保を明確に禁止する条約に対して一方的な解釈宣言を付す実行も多く認められるようになり、留保と解釈宣言の法的区分等条約法条約の留保に関する規定が十全であるか検証する必要が指摘されるに至った。そこで 1993 年に国連国際法委員会 (ILC) は、「条約に対する留保についての法と慣行」を議題として取上げることを決定した。

ILC における審議を経て 1997 年に採択された暫定結論では、両立性の原則は留保の許容性を決定する最も重要な基準であり、それを規定する条約法条約の留保制度は人権条約を含む規範的条約にも等しく適用されると再確認され、実施機関の権限については条約が異なる規定を置いていない限り、留保の許容性に関して言及したり勧告を与えるに止まるとされた[54]。即ち許容されない留保を撤回・変更したり締約国となるのを見合せる等の決定を下すのは留保国の責任であり、実施機関等の第三者が介入する余地を認めなかったのであるが、ここで重要なのは留保の表明や異議の申立てといった一連の国々の行動が、最終的な法的関係の確定とは捉えられないでプロセスとして想定されている点である[55]。事実拷問等禁止条約に対してチリが 1988 年に表明した留保は数カ国の異議により撤回されたし、外交官等保護条約に対する 1980 年のブルンディの留保は、4 カ国が異議を申立てて同国との条約関係に入らない意図まで表明したために同様に撤回された実績がある[56]。従って実施機関による留保の許容性に関する言及や勧告も、そのようなプロセスの一環として機能する可能性は期待できるものの、留保制度は規範定立であるのに対して実施機関の機能は組織原理に基づく事項であるため、基本的に異なる事象として混同されるべきではないとの議論がILCでなされた[57]。即ち実施機関は履行監視任務を果すために必要な場合は留保の許容性を評価できるが、その法的効果は条約が実施機関に与えた権限の範囲を超えることはできないことになる。

他方ILCの暫定結論が採択される前の1994年に、自由権規約委員会は留保の地位や効果について判断する自らの権限を認める一般的意見24(52)を採択した[58]。この時点で自由権規約の締約国127カ国の中46カ国が150の留保を表明していたが、留保は規約の効果的な実施を妨げるとして、委員会は政府報告の審査に当って常に留保の撤回を求めてきた[59]。又1988年にはベリロス(Belilos)事件で欧州人権条約に対するスイスの解釈宣言は事実上留保に相当し、留保条項の要件を充たさないために無効であるとの欧州人権裁判所の判決が下され、これを嚆矢として留保の許容性を判断する同裁判所の権限が確立したと見られる[60]。このような状況で自由権規約委員会は当該一般的意見を纏めたのであるが、自由権規約は国家間の相互的義務を規定するのではなく個人に対する権利付与に関するものであるため、国家間の相互性の原則に基づく伝統的な留保規則の適用は不適切であるとされた。特に両立性の原則における留保に対する異議の役割に疑問を投げかけ、自由権規約のような人権条約では締約国は異議の申立てや必要性に何ら法的利益を見出せないことから、条約目的と両立しないために許容され難い留保が放置される傾向が顕著であると指摘された。更に人権条約の特殊な性格から留保と条約目的との両立性は客観的に確定されなければならず、それを行うのは人権条約の各締約国であるよりも、条約機関としての委員会が判定に相応しい立場にあるとの方針を打出した[61]。自由権規約委員会のこの意見には英米仏等から強い反対が寄せられたが、1999年のロウル・ケネディー(Rawle Kennedy)事件においてトリニダード・トバコの第一選択議定書第1条に対する、死刑宣告を受けた受刑者からの通報を受理・検討する委員会の権限を認めないとの留保を同委員会が無効と判断し、死刑囚からの通報を受理したために同国は議定書を廃棄するに至っている[62]。

その後のILCの審議において条約法条約の留保に関する一般規則は、人権条約を含む規範的多数国間条約に対する留保にも適用され、実施機関は自らの機能を遂行するために留保の許容性について論評して勧告する権限を有するが、実施機関が行使しうるコントロールは締約国による伝統的な方式を排除しないことが確認された[63]。即ち実施機関による留保の非許容の判断は直ちに留保の無効や撤回を意味するのではなく、留保国は非許容の認定を尊重して留保の全部又は一部を自ら撤回すべきであるとされ、更に「留保に関する対話」という考えが提示されたが、これは正に留保に関わる実行をプロセスとして捉えるILCの態度を体現していると言えよう。そして特に人権条約に対する留保に関連して2007年に行われた人権条約実施機関との協議を経て、2010年に策定されたガイドラインでは「条約の本来の目的が紛争解決又は履行監視メカニズムの実現にある場合」留保国をそれから排除する効果を有する留保は条約目的と両立しないと明記され（ガイドライン3・1・5・7）、締約国や紛争解決機関と並んで条約監視機関も権限の範囲内で留保の許容性を評価できるとされた（同3・2）。更に条約監視機関が留保は有効でないとの見解を表明したにも関らず、留保国が撤回に応じないまま留保なしには条約に拘束されない意図を有する場合は、1年以内にその意図を表明すべきとして監視機関との協力や「留保に関する対話」を促している。このように定められた100項目を超える「条約の留保に関する実行ガイドライン」は、2011年にILCにおいて採択された。

（3）人権条約に対する留保の実態と特徴

既に述べたように人権条約に対しては多くの締約国から多数の留保が表明されており、条約実施機関は国家報告制度を通じて締約国に対して常に留保の撤回を求めてきているし、ロウル・ケネディー事件のように個人通報手続において留保を無効として通報を受理した事例も見出される。又拷問等禁止条約に対するチリの留保が撤回された過程では他締約国の異議が有効な役割を果したと考えられるし、ILCのガイドラインは任務の範囲内で留保の許容性を評価する実施機関の権限を承認し、非許容との認定を受けた留保国はその結果を尊重して「留保に関する対話」を実施機関との間で継続すべきとしている[64]。しかし実施機関の努力にも関らず留保の撤回が速やかに進む兆候は見られず、留保国との協力や対話の継続も撤回を保証するものではない。更に実施機関が任務を遂行する上で大きな障害となっているのは、「一般的性格の留保」の多用と条約中の核心的義務に対する留保と考えられる。ここでは代表的な留保の実例を取上げて、順次検討していく。

留保は「条約の特定の規定の自国への適用上その法的効果を排除し又は変更することを意図して」、国が条約への同意の表明に際して単独に行う声明であり、用いられる文言及び名称の如何を問わないと条約法条約で定義されている（第2条1項）。しかし実際には留保の対象となる規定が特定されないまま表明される声明も多くあり、一般的性格の留保とは曖昧かつ広い文言で表現されるために、正確な意味や範囲を決定することができないものを言う[65]。その代表的な例としてアメリカが1990年代を中心に複数の人権条約を締結した際に表明した留保が挙げられ、留保（Reservations）・了解（Understandings）・宣言（Declarations）の頭文字から通称RUDsと呼ばれている。その内容は以下の原則から構成される；

①合衆国は憲法と両立しないために実行できない条約義務を引受けない。
②合衆国の国際人権条約への加入は、既存の合衆国の法と慣行を変更する効果又は約束を齎すものでない。
③合衆国は人権条約の解釈・適用に関する紛争を国際司法裁判所の裁判管轄権に付託しない。
④合衆国が加入する各人権条約は、条約の多くの部分を州の履行に委ねるための「連邦条項」を条件とする。
⑤各国際人権条約は「非自動執行的」である[66]。

このようなアメリカの留保に対してヘンキン (Henkin) は、①の違憲条約に関する留保は適切かつ必要であるとしても、②のより高い国際基準の拒絶は18歳以下の未成年者に対する死刑の禁止や非人道的で品位を傷つける取扱いの禁止を念頭に置いており、多くの国から条約の趣旨及び目的と両立しない無効な留保として異議を申立てられたと指摘している[67]。又④の連邦条項は「了解」と称されているが、これは通常条文解釈に用いられる用語であるために法的目的を達成していないし、⑤の非自動執行性の宣言もアメリカにおける人権状況を外部的な客観的判断に委ねる義務を回避して、国際基準ではなく自己判断を優先させているために、結局はアメリカの人権条約への加入を空虚にしていると強く批判した[68]。

一般的性格の留保は欧州人権条約においては許されないと明確に規定され (第57条)、前述のベリロス事件判決でもスイスの解釈宣言は一般的性格の留保に相当するとして無効とされた。しかし普遍的人権条約の留保条項にはこのような禁止は明記されていないし、ILCのガイドラインにおいても特に言及されていないため[69]、他締約国が強い異議を申立てることもなく又撤回にも応じない場合には、アメリカのRUDsのように有効となってしまう可能性が高い。一般的性格の留保が特に多いとされるのが女性差別撤廃条約で、イスラム法の優先という形でパターン化された留保が顕著に認められる。具体的には「条約がイスラム法に抵触する場合、条約を遵守する義務を負わない」(サウジアラビア)「憲法及び国教であるイスラムの信仰・原理に反する条約の諸規定を留保する」(ブルネイ)「イスラム法及び施行されている法律の規定に合致しないものを留保する」(オマーン) 等があり、これに対して多数の西欧・北欧諸国が異議を申立てている[70]。そのため女性差別撤廃委員会は1987年の一般的勧告4で条約目的と両立しないとされる相当数の留保に懸念を表明し、更に1992年の一般的勧告20が留保の再検討を促すと共に、留保に関わる各国内の現状を検討して差別的な国内立法について必要な手続をとるよう締約国に提案した。

一般的性格の留保と並んで女性差別撤廃委員会が条約目的と両立しないため容認されない (impermissible) とするのは、委員会が「条約に基づく締約国の義務の核心」(essence of the obligations of States) と考える締約国の差別撤廃義務を定める第2条に対する留保であり、委員会は2010年に第2条に関する一般的勧告28を採択した。この勧告にはILCのガイドラインの内容が強く影響していると推測され、委員会も第2条に対する留保を直ちに無効としているのではなく、国家報告制度等を通じてILCが提示した「留保に関する対話」を継続させることによって締約国との協力を強化していく姿勢を明らかに示している[71]。今後他の条約実施機関も女性差別撤廃委員会の一般的勧告28の実行に倣い、条約目的と両立しないと考えられる留保を特定して留保国に再検討を促し、ILCのガイドラインに沿った形で留保の撤回に向けて対話を重ねていくことが必要とされよう[72]。

留保が条約関係を複雑にして条約の適切な履行に支障をきたす懸念があるのは人権条約に限ったことではなく、あらゆる国際法の分野における多数国間条約について同様の事態を生じている。しかし人権条約に対する留保が非常に多いという事実だけでなく、そこには条約の基本的性質に関わる特殊な事情が介在していると考えられる。人権条約が国家間相互の権利義務を規定する性格ではなく、他方留保を規律する一般規則が多数国間条約を二国間の相互的な関係に還元するものである以上、留保に対する異議の申立てが適正に提起されないために抑制的効果を期待できないし、留保の許容性を決定する条約目的との両立性の判断主体としての締約国の自覚が曖昧になると考えられる。これらの議論を踏まえた上で策定されたILCのガイドラインは、締約国に加えて条約監視機関にも留保の許容性を評価できる権限を明記した点が特筆されるべきであるが、最終的に留保を維持するかを決定するのが留保国であることに変りはない。従って留保の許容性に関する留保国と監視機関の間に生じた齟齬は、両者の協力と対話を通じて解消していく他はないと思われる。このように人権条約の場合は他の多数国間条約とは異なり、条約実施機関の存在と活動が留保を巡る円滑な条約の履行に効果的な役割を果しうることが確認され、留保を法的関係の確定ではなくプロセスとして捉えることを可能にしている。言葉を換えると人権条約における留保を巡る今後の様々な実行が、留保を規制する一般規則を更に進化・活性化させていくとも考えられるのである。

7　慣習としての国際人権法

はじめに

慣習国際法の成立については第二部 **6**で既に触れているが、国際人権法と国際人道法の形成過程を比較すると、慣習法の機能・役割が大きく異なっている。勢力均衡政策下の 19 世紀を通じて頻繁に繰返されたヨーロッパ諸国間の戦争における実行が、規範意識を伴って諸国の軍規等に採用されて武力紛争時に適用される慣習国際法が成立し、1899 年と 1907 年のハーグ平和会議で法典化されると共に、1864 年の第 1 回赤十字条約の成立以後赤十字国際委員会の活動に支えられて新たな慣習法としての発展が進んだのが国際人道法の分野である。即ち国際人道法は慣習法を基礎として法典化され、更に非人道的兵器の規制や内戦への適用等についての国々の合意が多数の条約を成立させ、国連憲章により武力行使の違法化が実現した現在においても、その基本的性格は変っていないと考えられる。このことは世紀転換期に赤十字国際委員会によって『慣習国際人道法』の研究が着手された実績からも明らかであり、21 世紀にも内戦における反政府武装勢力による実行の評価等新たな課題について慣習法の更なる発展が期待されている。

これに対して人権を巡る諸問題は 20 世紀前半まで国内管轄事項とされていたため、慣習国際法が形成される余地は非常に少なかった。それでも政治的な裁量の影響を多分に受ける人道的干渉の実行例が 19 世紀から見られたし、20 世紀に入って国際機構の設立に伴って、連盟による植民地の委任統治制度と多くの少数者保護条約の成立や ILO における国際労働基準の設定等の実例が挙げられるが、これらの発展は国際機構の目的と組織原理に基づく活動として捉えられて慣習法形成とは直接的な関わりがなく、唯一個別国家の行為の合法性が問われる人道的干渉に関しても、現在では国際機構を通じて集団的行為として違法性の阻却が追及されるのが一般的となった。従って20世紀後半になって俄かに活発化された数多くの人権条約の締結は、原則として人権に関する慣習国際法の法典化でないことは勿論、従来の国家慣行にも基づかない新たな法定立行為と考えられる。唯一の例外とされるのは設立間もない国連総会が1948年に世界人権宣言とほぼ同時に採択したジェノサイド条約で、前文が1946年の総会決議98(I)（ジェノサイド宣言）に言及した上で第1条は集団殺害が「国際法上の犯罪であることを確認」するとしていて、1951年のジェノサイド条約に対する留保事件勧告的意見でもICJはこの条約を条約義務がなくても国を拘束する原則に基づく純粋に文明的かつ人道的な目的の下に採択されたと位置付けた[73]。しかし条約やジェノサイド宣言に先行する国家慣行や国際法上の犯罪との法的確信があったと認めることは困難で、条約は慣習法の法典化というよりはICJ規程第36条1項cの法の一般原則に基づいて締結されたとの見解が支配的である[74]。ここではジェノサイド条約以降人権条約の締結に先立って多くの場合に国連総会宣言が採択され、人権条約成立過程における二段階方式の定着の嚆矢であったことを指摘しておくに止めたい。

このように人権条約には人道法条約とは異なり慣習国際法の法典化の要素は一般に認められないが、国連の活動等を通じて発展した慣習法規則が人権条約に採入れられて反映される実例は見られ、その代表として人民自決権の確立が挙げられる。又条約の成立後そこに含まれるルールの一部が国際慣習となることにより、条約の第三国を拘束する可能性も条約法条約によって認められている（第38条）。従ってまず国連における人民自決権の慣習化過程を分析し、次に人権条約成立後の慣習法形成の実態をICJの判決等を通じて検証した後、人権分野における慣習法認定の特徴や困難を明らかにして慣習国際法理論への影響を検討したい。尚既に指摘したように世界人権宣言については、その多くの部分が憲章の有権的解釈或いは慣習法として法的拘束力を獲得したとされているが、規律範囲が非常に広範で後の個別分野の人権条約の多くによっても援用されているところから、ここで慣習法化のみに着目して取上げるよりも、次の国連の人権委員会や人権理事会を中心とした人権促進・履行監視活動と連動させて考察を加えるのを適当と考える。

(1) **植民地人民の自決権の確立**

国連憲章第1条2項は、

> 人民の同権及び自決の原則の尊重に基礎をおく諸国間の友好関係を発展させること並びに世界平和を強化するために他の適当な措置をとること

を機構の目的に掲げている。これを受けて経済的及び社会的国際協力の内容として、第55条は高い生活水準や完全雇用、経済的・社会的・文化的・教育的国際協力、そして人権及び基本的自由の普遍的な尊重及び遵守を促進しなければならないとしている。ここで諸国間の友好関係の基礎とされる「人民の同権及び自決の原則」は、第一次世界大戦後の領土問題の処理において政治的な指導原則として提唱されたもので、「人権及び基本的自由」と同様に具体的内容が明らかにされないまま自決原則として憲章に規定されたと考えられている。

他方憲章は第12章で国際信託統治制度を設立して連盟の委任統治制度を引継ぎ、「自治又は独立に向かっての住民の漸進的発達を促進する」目的に従って（第76条b）、11地域の植民地に対して信託統治理事会が施政国からの報告の審査や住民からの請願の受理・審査、定期的な現地視察等を行って施政状況を監督することになっていた（第87条）。対象となった地域は1994年までに全て独立を達成し、信託統治理事会の活動は現在休止している。又信託統治地域とならなかった植民地については、憲章第11章が「非自治地域に関する宣言」として住民の福祉を増進することや「自治を発達させ、人民の政治的願望に妥当な考慮を払い、且つ、人民の自由な政治制度の漸進的発達について人民を援助する」義務等を施政国に課している（第73条b）。しかし信託統治地域とは異なり国連の監督任務は明記されず、施政国が統計資料等の情報を事務総長に定期的に送付するに止まっていた（同条e）。設立当初の総会決議66(I)で対象となる非自治地域として申告・列挙されたのは74地域に上ったが、その後多くの地域が独立を達成して残る非自治地域は現在では4分の1以下の十数地域となっている[75]。

このような状況の中で独立を果したアフリカ16カ国が一挙に国連に加盟した1960年末に、総会が採択したのが「植民地諸国、諸人民に対する独立付与に関する宣言」（植民地独立付与宣言、総会決議1514(XV)）であった。宣言第2項は「すべての人民は、自決の権利を有する。この権利に基づき、すべての人民は、その政治的地位を自由に決定し、並びにその経済的、社会的及び文化的発展を自由に追及する。」として、憲章に規定された自決原則を発展させて植民地人民の自決権を明確に承認する方針を表明したと考えられる。即ちそれまで植民地の独立は人権の保障と同様に施政国の国内管轄事項とされていたのが、個人ではなくその集団としての植民地人民を主体として自決の権利を有すると宣言されたのである。続いて総会は決議1654(XVI)によって「植民地独立付与宣言の適用を検討し、その履行の進展と程度について示唆と勧告をする」ために、翌1961年に履行特別委員会を設置した。委員会は事務局を通じて適用地域に関する情報の収集、施政国への質問書の送付や請願の受理と聴取、更に使節団の現地への派遣等の積極的な活動を展開したが、その対象となったのは殆どが非自治地域であったにも関らず、信託統治理事会の任務・活動に相当すると認められる[76]。以上の実績に基づく委員会の勧告に従って総会は履行に関する決議2465(XXIII)・2548(XXIV)・2708(XXV)を重ねて採択すると共に、1966年に成立した国際人権規約は共通第1条として人民の自決の権利を規定し、その第1項は上記の宣言第2項と同文である上に、第3項に「この規約の締約国は、国連憲章の規定に従い、自決の権利が実現されることを促進し及び自決の権利を尊重する」として、自決権の人権としての基本的性格を明確にしている。

更に1970年には「国際連合憲章に従った諸国間の友好関係と協力に関する国際法の諸原則についての宣言」(友好関係原則宣言、総会決議2625(XXV))が採択され、主権平等・武力不行使・国際紛争の平和的解決・不干渉原則等と並んで「人民の同権と自決の原則」が確認された。そこでは植民地独立付与宣言第2項の権利が繰返されると同時に、「主権独立国の確立、独立国との自由な連合若しくは統合、又は人民が自由に決定したその他の政治的地位の獲得は、この人民による自決権の行使の諸形態を構成するものである。」として、自決権の態様が敷衍されている。友好関係原則宣言は国連の設立25周年を記念して総会でコンセンサスにより採択されたが、その末尾に「本宣言に具現された憲章の諸原則は、国際法の基本原則を構成する」と明記され、主権平等や不干渉原則という伝統的な慣習国際法としての一般国際法を宣言すると共に、武力不行使や人民の同権と自決についての文言は憲章規定の発展的解釈と位置付けられ、現在では確立した国際法原則としての地位を獲得したと考えられている。

その後植民地人民の自決権は国際裁判の場においても争点となり、南アフリカを受任国として連盟の委任統治下に置かれたものの国連の信託統治地域に移行しなかったナミビアに関して、1949年の国連総会からの要請の20年後に安保理から勧告的意見を求められたICJは、「非自治地域に関する国際法のその後の発展によって、自決原則は全ての非自治地域に適用されることになった」として、「文明の神聖な信託」という観念が委任統治地域を含む全ての植民地制度の下にある地域に拡張され、「この発展におけるその後の重要な段階は……植民地独立付与宣言であった」と1971年に確認した[77]。又その4年後の西サハラ事件においてもナミビア事件の勧告的意見が引用され、植民地独立付与宣言を国連におけるその後の「非植民地化のプロセスの基礎」と位置付けている[78]。更に友好関係原則宣言の上記引用部分を自決原則の実現過程として援用し、特に「人民が自由に決定した」との部分が強調されていることから、明文化はされていないものの植民地人民の自決権の慣習法としての確立を承認したと考えられる。このことは後に東チモール人民の自決

権と資源主権を巡ってポルトガルがオーストラリアに対して訴訟を提起した1995年の東チモール事件判決において、

> 裁判所の見解では、国連の憲章と慣行から発展した人民の自決権が対世的な性格を有するというポルトガルの主張は非の打ち所のないものである。人民の自決原則は国連憲章によって、そして裁判所の判例において承認されてきて（ナミビア事件・西サハラ事件）、それは現代国際法の欠くべからざる原則の一つである。

として、ICJにより再度確認された[79]。

以上の検討から植民地人民の自決権は憲章第1条2項の自決原則の規定に始り、植民地独立付与宣言と履行監視特別委員会の活動や友好関係原則宣言を経て、国際人権規約が効力を発生した1976年までには慣習国際法規則として確立していたと考えられる。従って人権規約の共通第1条1項は条約規範であると同時に慣習規範でもあり、その発効の時点で既に一般国際法として締約国に限定されない法的拘束力を有していたと見られるが、1960年以降の総会決議の積重ねやICJの二つの勧告的意見の中で、慣習法化の正確な時点は必ずしも明確に特定されてはいない。即ち国連総会宣言に代表される一般的規範決議は慣習法形成に必要とされる「共通の法的確信の形成に寄与しうる」が[80]、決議自身が加盟国の共通の法的確信を表明していると捉えることには強い異論が寄せられている。何故なら総会決議が加盟国に対する法的拘束力に欠ける上に、慣習法の構成要件とされる法的確信はもう一つの要件である慣行を形成する国家実行の動機、即ち当該行為が法に従っているという法意識とされるため、実際の行為を伴わない単なる意見表明や約束だけでは充足されたと見做されないのである。確かに友好関係原則宣言のように既存の慣習法規則を決議が成文化して確認することは可能であるし、例外的な状況で加盟国を法的に拘束するような決議が採択される可能性がないとは言えない。そのような決議を慣習法と呼ぶか否かは用語法の問題であろうが、慣習法であるからには具体的な実行を通じての一定のプロセスを経ることが必要とされ、一般的な国家慣行の統一というプロセスが慣習法の拘束力を担保していると考えられる。従って植民地独立付与宣言は自決権の確立過程で重要な役割を果したとICJによって認められたが、宣言以前に自決権を承認するような国家実行が発展・普及していたとは言えず、むしろ宣言の採択が宣言に従った実行を促進して国家慣行が形成されたと見るべきであろう[81]。そしてこのような過程を通じて国家慣行を短期間に促進・統一していく上で、履行特別委員会の活動が不可欠な役割を果していたと考える[82]。

植民地人民の自決権の慣習国際法としての確立過程では、人権条約の国際的実施措置の場合と同様に継続的な履行監視が制度化されたことが大きく寄与したと見られるが、他の人権分野においても決議が履行監視を導入した例は挙げられる。例えば総会が1965年に採択した「婚姻の同意・婚姻最低年令及び婚姻の登録に関する勧告」(決議2018(XX))は、加盟国は5年毎に女性の地位委員会に報告を提出するとして、人権条約の場合と同様の報告制度を導入していた[83]。このように加盟国に対する法的拘束力に欠けるものであっても、総会により採択された決議は国連の内部法上、下部機関に対しては法的拘束力を有している。そして宣言や決議により国連の内部機関が従わなければならない客観的制度が設定され、そこでの実行から国連の内部的な慣行が発展していくと見られる。慣習国際法の形成において国際機構内の慣行を国家慣行と同一視することはできないが、国連の実体的活動を通じての加盟国に対する働きかけは国家慣行を促進し、統一する上で極めて有効な機能を果している。即ち決議は履行を約束されたものではないとしても、国連の制度・慣行を介して国家慣行を表明された規範に近づけることを可能とされ、決議の履行監視が制度化されてフォローアップが実現している場合には、慣行の統一・促進における役割を飛躍的に増大させると認められよう。

(2) 人権条約規範の慣習化

条約と慣習は其々特別法と一般法として国際法上同等の価値を有し、拘束力の範囲の相違に基づき異なる要件を課されて、独立して発展するのを原則とすると考えられてきたが、実際には多くの場合両者の発展過程は重複していて (overlap)、相互に影響を及ぼし合って法定立を実現していると言える[84]。条約規範と慣習規範の関係を明確化する理論として、条約が慣習法に及ぼす効果を次の三つに分けて考えることが現在一般に受入れられている。まず第一は法典化条約に代表される宣言的効果で、国家慣行と法的確信が確立している既存の慣習規則を確認して宣言することにより、条約規定として成文化する国際法における伝統的な手法である。次に第二の結晶化効果と言われる革新的な影響が認められ、或程度の国家慣行が先行するものの未だ形成途上にある慣習規則に、条約締結行為それ自体が法的確信を付与して慣習法の形成に寄与し、恰も結晶化 (crystalize) されるように慣習規則が生成される現象を指している。このような可能性は 1969 年の北海大陸棚事件において 1958 年の大陸棚条約に規定される等距離原則について ICJ により吟味され、最終的には肯定されなかったものの規範創設条項 (norm-creating provision) であることを条件に承認されていた[85]。しかし現実に結晶化効果を有する条約締結の実在については多くの疑問が提起され、単なる可能性に過ぎないとも考えられる。最後に第三の発生的効果は実際に多くの条約において認められる現象で、条約締結時には締約国間の合意であった規範の履行により慣行が形成され、更に締約国外へも国家慣行と法的確信が普及していくことで慣習の生成が実現される。人権分野に限らず現代では数多くの多数国間条約が締結されていて、慣習国際法の形成も嘗てのように自然発生的に生成されるというよりも、国や国際機構の明確な意図に基づく政策に左右される要素が強く認められる[86]。従って条約の交渉過程も含む一般的多数国間条約の締結過程が、慣習法の形成を促進して条約の普及と相俟って短期間に慣習規則を確立する可能性は非常に高いと言えよう。

第三部で検討した人権条約は既に指摘したように、慣習法に基づく法典化条約ではないために人民自決権のように宣言的効果を有する実例は少なく、結晶化効果を確認することも困難であるので、ここでの検討は発生的効果を中心に進めていきたい。ところで人権条約の多くは150カ国以上の締約国を有し、他の分野の多数国間条約と比べて普及率が高いために、非締約国による条約に反する行為が紛争を引起すケースはそれ程多くないと推測される。従って人権条約が発生的効果を生じて条約規定に相当する慣習規則が生成したか確認する機会は限られていて、1980年代以前の関心は専ら条約内容や規定の起草過程、そして批准・加入を通じた条約の普及と履行監視体制の構築に向けられていた。それが大きく方向を変えてアメリカで盛んに議論されるようになった契機は、1980年に第二巡回連邦控訴裁判所が下したフィラルティガ (Filartiga) 事件の判決に求められる。パラグアイで警察官による拷問で家族を殺害された遺族がニューヨークでこの警察官に対する訴訟を提起し、最終的に拷問禁止が慣習国際法と認められるとして損害賠償を命じる判決が下された。この請求の基礎とされたのは外国人不法行為法 (Alien Tort Claims Act ; ATCA) という合衆国建国直後の1789年に制定された国内法で、「連邦地方裁判所は国際法又は合衆国の締結した条約に違反する不法行為について、外国人から提起された民事訴訟を裁判する第一審管轄権を有する」と規定されていた[87]。本件訴訟当時拷問等禁止条約は成立していなかったが、条文中の「国際法」(law of nations) が慣習国際法と解釈されて拷問行為が慣習法違反と認定されたのである。この判決は人権侵害を巡る外国人からの提訴を認めるリーディング・ケースとなり、フィラルティガ原則と呼ばれるに至った[88]。

その後外国人不法行為法に基づく訴訟が相次いだが、1984年のテル・オーレン (Tel-Oren) 事件では18世紀末の時点で慣習国際人権法の概念は形成されておらず、人権侵害を国際法違反として裁判所の管轄権を承認するには無理があるとの反対意見が寄せられる等、判例は必ずしも一定しているとは言い難い[89]。又慣習としての国際人権法を巡る訴訟でもフィラルティガ事件と同じ1980年に、非正規滞在の外国人児童に無償の初等教育を提供しないのは世界人権宣言や社会権規約等に違反するとしてテキサス州法の有効性が争われた集団訴訟では、別の根拠に基づき無償教育の権利を認めたものの、教育への権利は慣習国際法としての地位を獲得していないと判示されたのに対し、1987 年のフォルティ (Forti) 事件では拷問・恣意的拘禁・即決処刑が慣習国際法上禁止されるとしたが、強制失踪については慣習国際規範としての国際的コンセンサスに欠けると判断された[90]。これらアメリカの判例は慣習国際法の認定に当って、総じて国際人権条約や諸国の国内立法・政策声明等の入手し易い証拠に依拠しており、収集における困難や政治的配慮から国内実行に立入ることを差控えていたと見られる[91]。従って 1987 年アメリカの第 3 リステートメントにおいても人権規範の道徳的価値や高邁な目的に鑑みて、他の国際法分野と比較して広範な証拠を採用する等柔軟なアプローチがとられていて、アメリカ国内ではこれに対する批判も寄せられている[92]。

以上アメリカにおける慣習国際人権法認定に関する判例を概観したが、次に国際裁判における人権に関する慣習国際法の認定として、ICJ の判例を取上げることとする。近年 ICJ では領域紛争や環境保護に関する紛争と並んで、ジェノサイド・人種差別・死刑停止・外国人の追放や拷問禁止等人権を巡る事案が飛躍的に増加傾向にあると見られる。その多くの事例は人権条約の締約国間の紛争という形態をとっているが、審理過程では条約上の規則の慣習法化が吟味されることも多く、そこから慣習法認定の一般的傾向の抽出が可能にされると思われる。

まず死刑停止を巡っては領事関係条約第 36 条 1 項 (b) に規定される領事機関への通報義務、即ち逮捕・拘留された外国人の要請に応じる形で通報する義務又は国籍国の領事援助を求める権利を当該外国人に告知する義務について、アメリカによる条約義務違反を申立てて、パラグアイ・ドイツ・メキシコが 2000 年前後に相次いで ICJ に訴訟を提起した。これらの請求は領事関係条約選択議定書締約国間の義務的管轄権に基礎付けられていたが、同時に当該自国民がアメリカで死刑を執行されるのを阻止するための仮保全措置の要請を伴っていた。初めの 1998 年にパラグアイが付託した領事関係条約事件では、訴訟提起後 1 週間以内に死刑執行停止を求める仮保全措置指示命令が出されたが[93]、命令が守られずに死刑が執行されてしまったため、原告の取下げ要請に従って訴訟は打切られた。次の 1999 年にドイツが提起したラ

グラン (LaGrand) 事件でも職権により口頭弁論を省略して付託の翌日に出された同様の命令は守られず、死刑が執行されたものの原告による取下げ要請はなく、2 年後の 2001 年に本案判決が出されている[94]。最後のメキシコ国民約 50 名の死刑執行に関わる 2003 年のアベナ (Avena) 事件では、1 カ月後に出された仮保全措置命令は守られて死刑執行は延期され、アメリカはほぼ全員の死刑判決の再検討に取掛ると共に選択議定書の廃棄を決定した。その後も審理は続いて 2004 年に本案判決が出された後、2008 年にはメキシコが 2004 年判決の解釈請求を行ったものの、ICJ は解釈の範囲を超える請求であるとして管轄権を認めなかった[95]。

以上のアメリカに対する一連の仮保全措置の指示命令と裁判判決において争点とされたのは死刑の是非ではなく、自国民に対して領事援助を与える原告国の外交保護権の侵害であり、同時に国籍国の領事機関を通じて援助を求める逮捕・拘留された外国人の権利と、そのような権利について遅滞なく告げられる権利の侵害であったと言える。初めの外交保護権については原告国に当然に認められる権利であり、国家間関係を規律する領事関係条約第 36 条 1 項 (b) に規定される義務のアメリカによる違反によって、ラグラン事件・アベナ事件においてその侵害が容易に認定された。しかし逮捕・拘留された外国人が領事援助を求める権利が本条約規定から直ちに導出されるかは、条約目的が個人に権利を付与するものでない以上必ずしも明らかではなく、当該条文規定の解釈が問題とされた[96]。ICJ の判決は領事関係条約は個人の人権を規律する性格でないことを認めながらも、同条約は外国人に対して国籍国の領事援助を求める権利を付与していると承認した[97]。又死刑停止を求める仮保全措置の指示命令が履行されなかったことは個人の生命権の剥奪を齎したため、ICJ の指示命令の法的拘束力に関しても判決の多くの部分が費やされた。従って以上一連の訴訟において争われたのは国家の権利であったにも関らず、訴訟を提起した実際の意図は死刑執行を停止する仮保全措置命令の履行への期待であったとの指摘もあるが[98]、判決が領事関係条約規定から個人の権利を導出しているのは人権の観点からは評価されると言えよう。

次にギニア人ディアロ(Diallo)がコンゴ民主共和国の違法な追放により莫大な資産の喪失を齎されたとして、1998年にギニアが外交保護権を行使してコンゴ民主共和国に対する請求を提起したディアロ事件を取上げる。2007年の先決的抗弁に関する判決では、1970年のバルセロナ・トラクション事件同様ディアロが経営する会社に齎された損害について請求は受理不能と裁定されたが、2010年の本案判決において違法な追放と恣意的な逮捕・拘留があったとして自由権規約第9条・第13条、アフリカ憲章第6条・第12条に加えて領事関係条約第36条の違反が認定された[99]。その後コンゴ民主共和国による人権侵害に対する金銭賠償について当事国間の合意が達成されなかったため、2012年にICJが自ら賠償額を査定して10万米ドル弱の支払をコンゴ民主共和国に命じたが、これは当初ギニアが請求した賠償額の僅か0.01パーセントにも満たない額であった。ここで重要なのは、死刑判決を巡る先の一連の裁判では原告国の外交保護権の侵害が争点とされていたが、訴訟それ自体は外交保護権の行使ではなく領事関係条約選択議定書の義務的管轄権に基づいていたのに対して、ディアロ事件では自国民の人権・財産についての外交的保護として訴訟が提起されたことである[100]。自ら経営する会社の株主としてのディアロの財産権に関する外交保護権の行使が認められなかった点で、本判決はバルセロナ・トラクション事件判決をかなり厳格に踏襲しているが、同判決の有名な傍論において展開された「国際社会全体に対する国家の義務と、外交的保護の分野において他の国家に対する国の義務」との根本的な区別(第一部4参照)、そして前者を対世的義務として具体的には「人間の基本的権利に関する原則や規則から生じる」人権を保護する義務を例示していることからすると、本事件においては外交的保護の枠内で対世的義務である人権尊重義務の違反が争われたと考えられよう。「個人に認められる権利に関するここ数十年の国際法の発展により、当初外国人の取扱いの最低基準の侵害に限定されていた外交的保護の事項的範囲は、国際的に保障される人権をも含むように徐々に拡大されてきた」[101]と判決が述べるように、人権と外交的保護が融合して個人の権利侵害が国籍国を通じて救済される可能性が、人権条約の実施措置とは別に伝統的な外交的保護の分野においても認められるのである[102]。

最後にフィラルティガ事件以降多くの国において慣習国際法として承認されている拷問禁止について、その後の国内・国際判例の動向を検証することは重要であろう。拷問は多くの国で国内法上犯罪とされ、拷問等禁止条約は拷問行為の処罰を締約国に義務付けているが（第4条）、条約第1条の定義にあるように政府の政策として公務員の組織的な関与の可能性が強いため、摘発され難く処罰を免れる事例が多くなっている。特に国家元首等政府高官による拷問の教唆や黙認について、国内裁判による適正な審理・処罰は政権変革等が実現しない限り殆ど期待できず、国際社会の協力の下に不処罰（impunity）の伝統を根絶することが大きな課題とされてきた。そのために条約が規定したのが国際人道法条約に見られた普遍的裁判管轄権の導入で、容疑者が自国領域に所在する締約国は身柄を請求国に引渡さない限り、抑留等の措置を執り訴追のために自国の裁判所に事件を付託する義務を課されている（第4条から第7条）。即ち拷問等を国際犯罪として、ジュネーブ諸条約に規定されたのと同様の引渡し又は訴追の義務が条文化されたのである。その後ピノチェト元チリ大統領がスペインからの引渡し要請に応じて1998年にイギリスで逮捕されたが、容疑が大統領在任中の拷問等であったため外交特権に阻まれて引渡しの是非が問われることとなった。イギリスの最高裁に当る貴族院は免責特権を認めずに逮捕を合法としたが、引渡しの対象とされたのはイギリスが拷問等禁止条約を締結した後の行為に限定されていた[103]。そして本国チリでのピノチェトの訴追・裁判が適当と判断されてスペインへの引渡しは実現せず、健康上の理由から2000年にはチリへの帰国を認められたが、高齢等のために結局チリでの裁判は実現しなかった。

又2009年にはベルギーによって、アブレ（Habré）元チャド大統領が滞在するセネガルが彼を訴追しないのであれば、請求国であるベルギーに身柄を引渡すべきとしてICJに訴訟が提起された（訴追又は引渡し事件）。請求の基礎として拷問等禁止条約の紛争解決条項（第30条）に基づくICJの義務的管轄権が援用されたが、同時にセネガル・ベルギー両国の選択条項受諾宣言に基づき、セネガルによる慣習国際法上の義務違反についてもベルギーは裁定を求めた[104]。判決は慣習法上の義務を巡る両国間の紛争の不存在から拷問等禁止条約についてのみセネガルの違反を認定したが[105]、ベルギーの当事者適格を承認する過程において重要な議論が展開された。ベルギーはアブレの引渡しを要請した「特別の立場」や、他の締約国とは異なる特定の資格が認められる「特別の利益」を主張したが、判決はこの点の吟味を一切行わず、むしろ拷問等禁止条約は対世的義務を締約国一般に課しているとした[106]。即ち全ての締約国は条約目的の達成という共通の法的利益を保護するため、他の締約国による条約違反の終結を求める資格を有すと、バルセロナ・トラクション事件判決や留保事件の勧告的意見を引用して明確に述べている[107]。ここで裁判所が拷問禁止について認めたのは「条約上の対世的義務」(obligation *erga omnes partes*)であり、バルセロナ・トラクション事件判決の傍論で述べられた「全ての国の関心事であり……全ての国がその保護に法的利益を有する」義務とは異なり(第一部3参照)、国家責任条文第48条1項の「国の集団に対して負う義務」(第一部4参照)に相当すると考えられる。先の傍論においても述べられていたように、対世的義務の「保護に対応する権利の一部は既に一般国際法体系に包摂され……その他は普遍的又は準普遍的な性格の国際文書により課されている」(第一部3参照)ため、対世的義務の全てが慣習法上の義務とは認められていない。従って普遍的又は準普遍的な条約が締約国に対世的義務を課すことは可能で、国家責任条文第48条は対世的義務という文言こそ使用していないが、この区別に沿って第1項の規定を分けていると言える。

以上の考察から拷問禁止が対世的義務であると承認されても慣習法化したとは認められないことになるが、他方で判決は拷問の禁止は慣習国際法の一部であり、強行規範となっていると認定した[108]。その根拠として世界人権宣言・ジュネーブ諸条約・自由権規約等が援用され、ほぼ全ての国の国内法に導入されて国内・国際裁判において適正に告発されていることから、広範な国家慣行に基づき国々の法的信念に根差していると述べるだけで、具体的な慣行の検証や国内法・裁判判決の例示がなされてはいない。更にここで判決が慣習法化を認定したのは拷問禁止という行為規範だけで、「拷問行為の実行者を訴追する義務は……条約発効以後に起った事実だけに適用される」[109]としていることから、慣習法とは考えられていないと認められよう。即ち拷問の禁止は慣習法化しているが、拷問の実行者の所在国は引渡し又は訴追の義務を慣習法上課されていないと、裁判所は判断したと見られる。国々は拷問禁止を慣習法上の義務として課されるのに対して、拷問の実行者の引渡し又は訴追の義務は「条約上の対世的義務」であるために、他の条約締約国が条約違反の終結を求める当事者適格を有するのみで、一般国際法として国々に課されていないことになる。又ベルギーはセネガルが訴追しない以上早急なアブレの引渡しを求めて提訴に及んだと考えられるが、本案判決の主文は拷問等禁止条約の義務を繰返しているだけで、何ら紛争の解決に相当しないのではないかとの批判も見られた[110]。しかし本案判決の直後にはアフリカ特別法廷の設立へ向けて協定が締結され、2015年には同法廷でアブレに対する審理が開始されたことから、実際にはICJ判決は拷問に関する不処罰の根絶と法の支配を促進する上で相当の役割を果したと認められよう[111]。他方判決が拷問実行者の引渡し又は訴追の義務を慣習法と認めなかったことを受けて、「引渡すか訴追するか」の義務を法典化の議題として取上げていた国際法委員会は、第66会期に提出した最終報告書をもって審議終了として以後の検討を断念している[112]。

（3）人権分野における慣習法認定の特徴

伝統的な慣習法理論上は人権分野における慣習国際法の形成は容易でないとされてきたが、それは人権規範が国際法の主体でない個人と国家の関係を規律しているため、国家慣行が確認され難いという根拠に基づいている[113]。即ち人権侵害を救済する行政措置や国内裁判判決が多数認められても、国内法に従って執られた措置であったり国内法を適用して下された判決であれば、慣習国際法の形成を直接促進する要素とは見做されない可能性がある。しかも多数国間の人権条約は各分野における国内法の制定を締約国に義務付けている上、条約の普及状況から条約規範が慣習法化しているとしても、非締約国との関係において人権条約規範の義務違反が国際紛争を発生させる事態を想定することは困難と言えよう。従って2012年にICJが判決を下した訴追又は引渡し事件においても、ベルギーが裁定を求めた国際慣習法上の義務違反については裁判所の管轄権が認められず、拷問等禁止条約の義務違反のみが認定された。しかしこの事件やピノチェト事件で見られたように、普遍的裁判管轄権や引渡し又は訴追の義務が条約に規定されている場合、容疑者所在国の国内裁判所には自らの管轄権を確立するために人権規範の国際法上の地位を確認することが求められる。加えて外国人不法行為法という一種の普遍的裁判管轄権を認める国内法を有するアメリカでは、フィラルティガ事件以降国内裁判所が慣習法上の人権義務違反を認定して適用する事例が増加し、アメリカ国内では慣習国際法を巡る大論争が起っているのである。

フィラルティガ事件の概要は上記**7**(2)で既に述べているが、同判決が拷問の禁止を慣習法と認める根拠として挙げたのは、国連憲章・世界人権宣言・米州人権条約と1975年の拷問からの保護に関する国連総会宣言であり[114]、この中アメリカが批准して法的義務を引受けていたのは国連憲章のみで、それも「人権及び基本的自由」の尊重という一般的な規定を置くだけで、拷問の禁止に関する具体的な言及に欠けるものであった。しかも国連憲章の第55条・第56条が自動執行性を有するか否かはアメリカの判例上確定していないので、判決は憲章解釈としての世界人権宣言或いはその慣習法化という一般に受入れられている学説に依拠していたと考えられよう。判決当時拷問等禁止条約は未だ成立しておらず、世界の多くの国で公務員が関わる拷問の実行が頻繁に見られたが、拷問行為を取締る他国の国内法の制定や諸国の慣行について判決は検討を行っていない。そこからフィラルティガ判決が認定した慣習法は伝統的な慣習国際法とは異なり、国家慣行よりも道徳性や志向性(aspiration)に基づく新しい慣習法であり、このような認定方法は現代的或いは柔軟な(liberal)アプローチとして強く批判された[115]。

他方フィラルティガ判決を高く評価する意見も多数認められ、中でもこの判決と同じ年に暫定草案が発表された後1987年に正式に刊行されたアメリカの第3リステートメントは、本判決をもって慣習国際法は連邦法の一部としての法的地位を確定したと結論付けている[116]。アメリカにおける激しい論争では外国人不法行為法に基づく国内裁判所の管轄権の有無という国内法上の問題と、個別案件に適用されるべき慣習国際法の内容と認定方法に関する国際法の問題が複雑に錯綜しているが、ここで取上げるのは後者に限ったものとしたい。しかし裁判所の管轄権が認められた場合には国内裁判所は自ら慣習国際法違反の認定を行わなければならず、その対象も伝統的な海賊・奴隷・ジェノサイドに加えて拷問・恣意的拘禁・即決処刑の禁止へと拡大し、更に思想・信条の自由や妊娠中の女性や子どもに対する死刑の禁止、無償教育を受ける権利や職業選択の自由等にまで及ぶ状態である[117]。しかも本来慣習国際法を基準として国家間紛争を解決すべき国際裁判においても、慣習法の成立が認定されて適用された事例は決して多くはないし、次に見るように認定方法が一貫して確立されているとは考えられていない。

慣習国際法の構成要素を明確にして認定した先例としての引用は、1927年にPCIJが下したロチュス号事件判決に始ると一般に承認されている。本件では公海におけるフランスとトルコの船舶衝突事故について、トルコがフランス船籍船の乗組員を有罪とした刑事裁判権の行使の適法性が争われたが、判決は先例・判決・学説・事実等を詳細に検討した上で、旗国以外の国が刑事裁判権の行使を差控えた事例があっても、慣習国際法として確定するためには「差控えるべきとの義務意識」に動機付けられる必要があり、この点での証拠が十分でなかったために、旗国の排他的管轄権を承認する慣習国際法は存在しないと結論付けた[118]。この判決の主要テーマであった公海での船舶衝突時の刑事裁判権については、その後海運業界からの強い要望もあって旗国又は乗組員の国籍国のみに認められるようになったが（国連海洋法条約第97条）、国家慣行の確立と法的確信の証明という二要素の検討から慣習法認定作業が行われたことに間違いないし、必ずしも一貫していない慣行の実態に直面して行為の動機付けとして法的確信を吟味して慣習法の不存在を認定したことの意義は大きいと考えられる。

次に1969年の北海大陸棚事件では大陸棚条約の締約国ではない西ドイツ(当時)に対して、同条約第6条2項に規定される境界画定のための等距離原則が本件に適用されるかが争われたが、判決は大陸棚の観念自体の慣習法化を認めたものの、等距離原則の慣習法としての拘束力を否定して衡平原則に従って境界画定を行うよう判示した。この事件は条約規定の慣習法としての非締約国への効力を問う性格であったため、大陸棚の境界画定に関する国家間の実際の実行というよりは、大陸棚条約の構成や規定内容そして成立過程における起草者の意図等に関する検討が判決の中心を成していて、「法或いは必要信念」の存在を慣習法の主観的要素として明確に承認していた。法的確信とは実行に際して「法的義務に従っているという意識」であり「一般的承認」であるとして[119]、ロチュス号判決を踏襲して慣行を介してのみ表明されるのを原則とする伝統的立場に立っていたと考えられる。加えて国際関係が緊密化して多数国間条約の締結が増加している現代において、慣習法形成期間が短縮化されうることを明確にし、条約と慣習法の相互作用を詳細に検討している点では高く評価されていると言えよう。

ところが1986年のニカラグア事件におけるICJの慣習国際法の認定については、フィラルティガ判決と同様の理由で評価が分かれている。港湾への機雷敷設や基地への攻撃等アメリカの軍事的・準軍事的活動が武力行使禁止原則等に違反するとして、義務的管轄権受諾宣言に基づきニカラグアが訴訟を提起したが、アメリカの受諾宣言は多数国間条約の下で生じた紛争を除外する留保を伴っていた。従って裁判所は国連憲章の規定を本件に適用できず、「一般・慣習国際法」に基づいてのみ審理を進めることを余儀なくされた。世界の大多数の国が締結している国連憲章規定の慣習化の認定は困難を極め、更に先決的抗弁が認められず裁判所の管轄権が承認された後、アメリカが本案審理段階から裁判所への出廷を拒否したために、それまでに提出された書面等からアメリカの主張を想定して判決を導かざるをえない状況も加わった。判決が認定した慣習国際法規範は武力行使禁止原則を中心に、不干渉原則・自衛権・国際人道法の基本原則等に及んでいたが、その証拠として援用された殆どは法的拘束力に欠ける国連総会決議等であった。まず武力行使禁止が憲章第2条4項の規定以前に既に慣習法であったかについては様々な意見が見られるものの、両紛争当事国は訴訟付託時点での書面において慣習化を共に承認していたし、条約法条約の起草過程でも強行規範となっていることに異議を唱えなかったと認定された[120]。加えて判決が法的確信の証拠として列挙したのは友好関係原則宣言に対する両当事国の態度と、アメリカのモンテビデオ条約の批准やヘルシンキ最終議定書への参加等であるが、「一般・慣習国際法」に対する法的確信の証明が紛争当事国の意向や承認のみで足りるとする根拠は乏しいように思われる。更に国家慣行の検討は殆ど行われておらず、実行が慣習規範に完全に一致していなくても一般的に違反と認識されていれば十分で、違反したとされる実行国が自衛権等の例外の適用を主張して正当化に努める場合には、むしろ慣習規範を確認する証拠となりうるとの見解を認定方法一般について表明していた[121]。この認定に対しては非常に多くの異論が唱えられ、中には判決に代って武力行使の国家慣行を自ら検証した著作さえ刊行されているが[122]、ニカラグア判決にはロチュス号事件で見られたような国家慣行の精緻な検証は認められず、フィラルティガ判決と同様に柔軟アプローチの採用に近いと見られる。不干渉原則についても法的確信の表明として友好関係原則宣言・国内問題不干渉宣言（国連総会決議2131(XX)）・ヘルシンキ最終議定書が挙げられ、国家慣行上も干渉する一般的権利があるとする信念を表明するような実行は見当らないと結論された[123]。最後の国際人道法の基本原則の慣習法化はジュネーブ諸条約が法典化条約である事実から導かれるが、特に非国際的武力紛争にも適用可能な共通第3条の規定に照らしてアメリカの義務違反が認定されたのである[124]。

ICJはこの他に1985年のリビア＝マルタ大陸棚事件・1995年の東チモール事件等で慣習国際法の認定を求められたが、最後に既に詳述した訴追又は引渡し事件判決における拷問禁止の慣習法認定過程を、人権規範の慣習化の認定として再度確認しておきたい。判決は拷問禁止を慣習国際法の一部であり強行規範になっていると認めたが、「広範な国家慣行に基づき、国々の法的確信に根差している」として伝統的な二要素論を踏襲している[125]。しかし国家慣行の検討は「ほぼ全ての国の国内法に導入されている上、拷問行為は国内・国際裁判で適正に告発されている」との記述のみで、拷問禁止を規定することによって法的確信を示すと考えられる「普遍的に適用されている多くの国際文書」として挙げられているのは、世界人権宣言・ジュネーブ諸条約・自由権規約・拷問等からの保護に関する総会宣言であり[126]、殆どフィラルティガ判決に呼応していると言えよう。確かにICJはセネガルの慣習国際法違反に関する管轄権を有さないと判断したため、拷問等禁止条約上の義務違反のみを認定したのであるが、慣習法化を明言する以上フィラルティガ判決を踏襲するだけでなく、更に補強するような論拠が提示されてしかるべきであったと考えられる。

以上人権分野に限らずICJにおける慣習法認定に関する判例の動向を検証してきたが、二要素論の嚆矢とされる先例としてのロチュス号事件では慣習法の存在を追及する真摯な姿勢が判決に集約され、結論が導かれる過程における二要素の役割も鮮明に反映されていた。しかしその後90年近い時を経て現代に近づくに従って二要素の検討は形骸化して、一般的多数国間条約や国連総会宣言の援用に終始しているように思われる。最近では国家慣行の検証は大幅に捨象されて、法的確信を表明する証拠も国家実行とは関わりなく多数国間条約や国連総会決議、更に国際会議等で表明された訴訟当事国の発言にまで求められるようになり、個別事件に関わる微妙な状況の影響があるとは言え、恰も慣習法の存在を前提として裁判判決が理由付けをしていると言えなくもない。確かに北海大陸棚判決が指摘したように慣習国際法の形成は時間的に短縮されているし、国連総会等で表明された意識的・目的志向的な法形成意図が急速に国家慣行を促進しうると同時に、決議の履行監視を担う制度が機構内に整えられる場合には、慣行の統一・確立に格段の効果を発揮すると見られる。その意味で慣習国際法の形成は従来とは異なり総じて動態的な過程を経るような変貌を遂げ、嘗て人類の宇宙活動の開始後間もなく宇宙法原則宣言が即時慣習法であるとの可能性が探られたように、時代のニーズに呼応しうる国際法の法源としての役割を強く期待されてきた。現在その代表的な分野と考えられているのが、核兵器を含む非人道的兵器やテロリズムの規制、伝染病の拡散防止と環境保護、そして普遍的人権条約のダイナミックな展開と適用であろう。多数国間の人権条約の起草・採択が一段落した段階で条約の国際的実施措置も充実しつつあるが、他方で訴追又は引渡し事件のような人権を巡る国家間紛争も増加する傾向にあり、国際裁判に持込まれる例も多く見られる。そのような国際裁判の場での慣習国際法上の人権規範の認定と、従来の理論を踏まえつつ説得力を伴ってそれを導くための方法論の精緻化が現在求められているのである。

伝統理論においては人権分野の慣習法は発展し難いと初めに述べたが、1980 年代以降の国際・国内裁判の状況からは反対に、人権条約規範が容易に慣習規範に移行する可能性が明らかにされた。即ち拷問のように人権規範に違反する侵害の実行が数多く認められても、裁判で適正に告発・処罰されていれば慣行上何ら慣習法化の障害を構成するとは見做されず、拷問の禁止が慣習国際法上の義務との認識が欠けていても、国内法上或いは道徳規範上の義務意識を伴っていれば法的確信という主観的要件は充足されると考えられている。しかも人権規範の中心を占める自由権については国家の介入を許さない禁止規範であるために、明白な人権侵害の実行が認められないか又は有効に取締られている限り、国家慣行も充足されたことになってしまおう。従って人権条約が成立したり国連総会宣言等が個別分野の人権保護を国際人権基準として勧告すれば、手続的な権利義務は別として実体的権利については非常に短期間に慣習国際法として確立する可能性は高いのである。このような考え方は一定の支持を集めており、特に国内人権法の分野においては支配的であると思われる。

逆にその反動とも見られる動きがフィラルティガ判決と第 3 リステートメント以降アメリカで活発に展開され、最終的には国際法の法的拘束力のある法源として慣習国際法を否定する見解さえ表明されるに至った[127]。特に人権分野において慣習法化されたと認められる規範は、柔軟アプローチによってのみ可能とされる実定法上の基礎を欠く「新たな慣習法」であり、慣行という客観的要素が捨象されているために何ら慣習の名に値しないと批判されてきた[128]。更に理性的選択理論に立脚する論者によると、国家は自国の利益に基づいてそれを最優先して判断や行動するのであり、自ら締結した条約義務が課されている場合は別として、成文化されていないために非常に曖昧な慣習法の義務に従うことはなく、偶々自国の利益に合致したり強大国からの強制の結果としてとった行動が相互に均衡した場合にのみ慣習法が形成されると主張される[129]。従ってこのように非常に現実主義的な観点からは、慣習法の規範としての拘束力も動態的な対応力も否定されかねないが、それは慣習国際法に対する批判に限ったことではなく、第三部**6**の冒頭で述べたように条約規範についても或程度当嵌まると考えられ、最終的には国際法の否定或いはツールとしてのみの国際法観に繋がると思われる。

以上理想主義的な人権主義の立場と国際政治上の現実主義の慣習国際法観を対比させてきたが、最後に筆者が属する国際法の観点からの慣習法の形成・認定過程について考察したい。慣習法を構成する二要素論は国際判例上は一応確立していると考えられるが、二要素の中どちらに重点を置くかについては状況により論者により様々な相違が見られる。そして国家慣行が十分充足されている場合には法的確信の要件は緩和され、反対に法的確信が確定的な場合には慣行の要件が厳しくなくなるというように、スライド制 (sliding scale) のような形で均衡を保っているとの分析がなされた[130]。この相対的な考え方からすると従来極端とされていたどちらかの一要素論も包摂可能と考えられるし、最近の法的確信の重視傾向も説明可能なように思われる。ただしより大きな課題は何をもって国家慣行と見做すか、何をもって共通の法的確信が表明されたと認めるかであり、この点では慣習法の形成過程の分析と成立後の認定における検証の場合では、同じ分析概念を使用する根拠は乏しく異なる概念の使用が適切であると考える。

例えば主観的要素としての法的確信は慣習法の認定においては、ロチュス号判決や北海大陸棚判決で示されたように「行為の動機付け」や「一般的承認」と捉えても何ら矛盾を生じないが、形成過程では未だ慣習法は法的拘束力を生じていないので未成熟 (inchoate) な段階にあり、「法に従っている義務意識」とすると錯誤に基づくことになってしまう。これが慣行のみを構成要件とする一要素論の根拠の一つともされるが、法的確信を未成熟な段階にまで拡大するような「必要信念」(*opino necessitatis*) という概念を使用して慣習法形成過程を説明する新たな学説が唱えられ始めた。サールウェイ (Thirlway) は一種の経過的な概念としてこれを用い、バンフーフ (van Hoof) は慣習法の変更過程の説明には従来の法的確信を取除くような必要信念、又は不必要信念の使用が不可欠であるとした[131]。更にデュピュイ (Dupuy) は深海底原則宣言やストックホルム人間環境宣言は法的拘束力に欠けるものであっても、資源の枯渇や環境汚染に対する危機意識から国際的な規制を求める必要信念を表明していると説いた[132]。このような必要信念の表明は具体的な実行を介することを要件とせず、未発効の多数国間条約の成立や国連総会等国際会議の場における決議の採択においても可能とされるが、その段階では法形成は完結していないために未だ「望ましい法」(*lex ferenda*) についての意見に過ぎないと考えられる。そこに一定の規範性を見出して法に準ずるような効果を積極的に承認する考えが、20 世紀末に向けてソフトロー理論として展開されたが、反対に法的拘束力に欠ける決議を繰返し積重ねても法的権利義務が生じることはないとの強い批判も提起された[133]。ソフトローについては「他の国際人権規範」として、国連人権委員会と人権理事会の活動を中心に次に詳しく検討したい。

又国家慣行についても同様に要件の緩和が認められ、具体的な実行を伴わない将来の行為の誓約や国際会議における見解の表明までを慣行と見做すことができるのか、対立する議論が長期間にわたり継続してきた。現在では「言うは易い」(Talk is cheap) としてリスクの少ない発言に具体的行為と同等の慣行としての価値を付与しない傾向が優勢となっているが[134]、国家数が増大している上に宇宙開発等高度な先進技術を必要とする分野においては、具体的な実行に加わる機会のなかった国々の一般的動向の集約には有効との考えもある。更に会議における決議の採択や投票行動を国家慣行と見做しうるかという点でも意見の相違が認められ、特に国連総会の決議が法的確信の証拠として援用されると同時に積重ねられて慣行としての要件も充足するとの説に対しては、決議が法的拘束力に欠けるという前提に加えてダブルカウントすることに強い批判が見られる[135]。従って慣習法形成過程において法的確信の概念を拡大して未成熟な段階の必要信念を決議の中に見出すことは可能であるとしても、必要信念が法的確信に到達して慣習法の結晶化を確認すべき認定過程では、具体的な行為を伴う国家実行の検証が不可欠と考えられる。即ち現実にはいかなる動機から国家が行動するのであれ、一般的な国家慣行に支持されてこそ必要信念が法的確信に移行していくのであり、この過程を経て慣習国際法としての本質が同定されると認められよう。国家数の増大や国際関係の多様化・複雑化により国家慣行の確認は非常に困難な作業を必要とするが、国際人道法の法典化において赤十字国際委員会が実行した長期にわたる国際的な研究が貴重な先例として、今後の慣習国際法認定のモデルを提供することを期待したい。

以上の慣習国際法理論の動向を踏まえつつ人権分野における慣習法の形成と認定について纏めると、まず世界人権宣言以降普遍的人権条約の成立に先立って国連総会は宣言決議を採択する二段階方式を踏襲してきた事実がある。これら宣言決議は国際人権規範に対する必要信念の表明又はその証拠と捉えられるが、続いて国連が着手したのは植民地人民の自決権の場合のような履行監視活動ではなく人権条約の起草作業であり、条約中に詳細な国際的実施措置が規定されると共に広範な批准を伴って普及している状態に至っている。既に指摘したように国連総会が採択した普遍的人権条約は法典化条約とは見做されないが、北海大陸棚事件判決でICJが明らかにしたように条約への同意表明や普及状況は条約規範のその後の慣習化を促進する上での要因となり、条約の効力発生に伴い慣習規範としての実際の機能は相対的に減退するものの、「一般・慣習国際法」体系に包摂されていく現象は継続していると見られる。条約発効後の締約国の実行は条約の履行として評価され、慣習法の構成要素としての法的確信の確立はもはや検証される必要がなくなり、むしろ条約の普及と締結に伴う留保の表明・撤回や実施措置の受入れ状況が慣習化を確認する要因になると考えられる。国家慣行についても同様に数少ない非締約国の行為を詳細に検討する必然性は乏しく、締約国・非締約国の一般的実行から国家慣行を抽出することが求められる。従って必要信念の表明から開始されて国家慣行の促進と統一によって完結すると考えられる慣習法形成過程において、普遍的人権条約の現在の普及状況から人権規範の慣習化は非常に容易に認定されると考えられよう。ただし人権条約の主要テーマである謂わばコアの規範については慣習法の成立を確認できても、実施措置は勿論締約国が引受ける条約義務の全てが慣習法上の国家の義務として確立しているとは認められないと言える。

人権規範の多くの部分は既に国内憲法等に採入れられて国内法上個人に対して保障されているために、道徳的価値に止まらず法規範としての地位を国内社会において確立していると考えられる。これを国際的に保障して国際人権基準として達成する必要信念は国連総会の宣言や決議において明確に表明され、その具体的方法として普遍的人権条約の締結が国連によって推進されてきた。従って差別の撤廃や拷問の禁止という条約のコアとなる規範は条約の普及と共に慣習国際法の地位を獲得しても、何が差別や拷問に相当し、いかなる具体的措置を講じる義務を国に対して課しているのかは、慣習法上は勿論条約上の義務としても必ずしも確定してはいない。そのために条約が実施措置を定めて人権条約機関による履行監視活動が必要とされるのであり、第三部 **5**で述べたように既に顕著な成果を継続してきている。人権条約規定の締約国による義務違反は、条約中の紛争解決条項が適用されて最終的には国際裁判によって認定されることが多くなっているが、裁判では条約機関による条文解釈や適用における先例も十分考慮されている。ディアロ事件本案判決で自由権規約第 13 条の違反の認定に当って、ICJ は自由権規約委員会の先例を引用して、次のように述べた；

> 裁判所は規約の解釈を委員会の解釈に合せなければならない義務はないが、条約の適用を監視する独立機関によって採用された解釈に十分な重きを置くべきと考える[136]。

条約義務の違反とは異なり、人権条約機関が慣習法上の義務違反を認定することは殆どないと言えるが、人権条約に対する留保の許容性を評価する権限が条約機関に認められるのと同じように、条約機関の履行監視活動における条約規定の適用に当って、条約の趣旨及び目的の明確化やそれに伴う解釈は重視されるべきであろう。このような先例が積重なって条約の解釈・適用上の慣行として定着していけば、人権分野における慣習法形成の有力な証拠となりうると考えられる。

履行監視制度の導入と並んで普遍的人権条約規定の慣習法化の要因となりうるのが、条項間の相互関係や構成から推論される規範の性質であると言えよう。北海大陸棚事件判決は等距離原則の慣習化の可能性を検討した際に、留保条項を取上げて同原則を規定する第６条が留保禁止とされていないことを慣習法否定の論拠の一つに挙げた[137]。しかし第三部 **6**で検討した実行ガイドラインでは、「条約規則が慣習国際法規則を反映しているという事実は、それ自体､当該規定に対する留保の表明を妨げるものではない｣としている(ガイドライン3・1・5・3)。何故なら慣習国際法規則の多くは任意規範により構成されていると考えられ、強行規範として「国により構成されている国際社会全体が受け入れ、認め」ていない限り、留保の表明や受諾を含めて国々は合意により逸脱可能だからである(同3・1・5・4参照)。ただしこの場合表明された留保は条約の特定規定の法的効果の排除又は変更を齎すだけであり、慣習法の法的効力が及ぶか否かは一貫した反対国の条件を充たして適用除外を認められるかに係っている。又普遍的人権条約中の殆どの留保条項は両立性の基準を規定するのみで、留保条項よりもむしろ女性差別撤廃委員会が差別撤廃義務を定めた条約第２条に対する留保を容認されないとしたように、法的拘束力に欠けるものであっても委員会の一般的勧告等の検討が、慣習法の認定においても有用性が高いと考えられる。更に慣習法認定の有力な根拠として依拠される可能性があるのは、自由権規約第 4 条の緊急事態においても権利の制限が認められないとする規定で、第 2 項には生命に対する権利・拷問又は残虐な刑の禁止・奴隷制度や取引の禁止・思想、良心及び宗教の自由等が挙げられ、拷問等禁止条約も同趣旨の規定を置いている。これらの義務や権利の尊重は留保の禁止と同様に条約上逸脱不可能と考えられるが、女性差別撤廃委員会が「条約に基づく締約国の義務の核心」としたのと同じく、自由権規約中のコアとなる実体的権利と考えられるので、慣習法化が容易に認定されると見做す意見が表明されている[138]。

以上の検討はフィラルティガ判決や訴追又は引渡し事件の判決が、比較的容易に拷問禁止を慣習法上の義務と認定したのに呼応すると思われる。ただし既に指摘したように慣習法が認定されたのは拷問行為を禁止するという実体的な締約国の義務のみであり、拷問犯罪の容疑者が所在するセネガルによる訴追の義務は同国に対する条約発効以前の行為には適用されないと ICJ は判断した[139]。ICJ は「拷問行為は国内・国際裁判で適正に告発されている」と認定したが[140]、他方でアムネスティ・インターナショナルによると世界の半数以上の国で今も拷問が行われていると報告されているし、イラクのアブグレイブ刑務所での拷問行為のように処罰された例もあるが、それで全てという証拠は示されていない。従って国連の場や国家間で拷問の有無が議論されることも多いが、殆どの場合事実の確認についての対立が争点となっていて、正面から拷問を容認するような見解は皆無と言えよう。又拷問等禁止条約は 150 カ国以上に普及して現地訪問を含む調査制度が実行されているし、同選択議定書は条約締約国の約半数にしか締結されていないが、拷問行為の防止のための有効な措置を実施していると認められる。以上の事実から未だ全くなくなってはいないものの、拷問の禁止を慣習国際法の一部と認定した ICJ の判断は正鵠を得ていたと言える。このように普遍的人権条約規定は条約機関による履行監視活動を通じて慣行の普及と統一を促進し、短期間に慣習法化を実現する可能性を内包しているが、慣習法としての認定が確定しているのは実体規定の中のコアとなる権利義務についてだけであり、訴追又は引渡し事件でベルギーに当事者適格を認めた「条約上の対世的義務」が全ての国に対する「対世的義務」となってこそ、当該条約規範の慣習法化が確認できるのである。

8　他の国際人権規範

はじめに

国連憲章第68条に従って「人権の伸長に関する委員会」として1946年に設立された人権委員会は、1948年に総会で採択された世界人権宣言を皮切りに国際人権章典と個別分野の普遍的人権条約、人権に関する総会宣言や決議を数多く起草して国際人権基準の設定に貢献してきた。その経緯については第三部 **1** で既に概観したが、同様の活動は同じ経社理の機能委員会である女性の地位委員会によっても精力的に行われている。普遍的人権条約の起草に際しては、まず先行する総会宣言を採択してから条約を成立させるという二段階方式が、1948年のジェノサイド条約以降踏襲されてきた。宣言内容は締約国に法的義務を課す条約規定において詳細化・精緻化されると共に、国際的実施措置に関する手続規定を伴って締約国による履行を確実なものとする努力が、条約実施機関の活動を通じて重ねられている。普遍的人権条約の締結は1960年代半ばからの約25年間に最も集中していたと見られるが、その後も子どもの権利条約・女性差別撤廃条約・拷問等禁止条約・社会権規約等で選択議定書が成立して、実体的権利や国際的実施措置を充実させるための活動が続いてきている。

又国連の主催下 (under the auspices) で1968年に世界人権宣言採択20周年を記念する国際人権会議が開催されてテヘラン宣言を採択し、その25年後の1993年には世界人権会議でウィーン宣言及び行動計画が成立した。この他にも1975年の国際女性年に始まる世界女性会議がこれまで4回開催され、

第3回会議のナイロビ将来戦略や第4回会議で北京宣言及び行動計画等が採択され、2001年に開催された反人種主義・差別撤廃世界会議もダーバン宣言及び行動計画を採択している。これらの文書は環境分野における1975年のストックホルム人間環境宣言や1995年の環境と開発に関するリオ宣言等と同じく、条約としての形式や法的拘束力を欠く非法律的国際合意と見做されるが、その後の国際規範の発展や実定化において条約と同様に重要な役割を果してきたと言える。人権や環境分野における非法律的国際合意の増加やサミット宣言のような政治的合意の恒常的表明に伴い、国連総会の決議や宣言を加えて法的拘束力を付与する実定化（条約化又は慣習化）を目前に控えた実質的法源として、法的な拘束には至らないまでも行為規範としての有効性を強調するソフトロー理論、或いはソフトロー現象の究明が20世紀末に向けて盛んに取組まれてきた[141]。しかしソフトローに分類される国際規範には性質の異なる様々な内容が盛込まれ、その後法的拘束力を獲得して実定化していくプロセスも全く異なることから、ソフトローと一括りにして規範性を先取りする一般理論や現象解明の有用性が問われるようになり、現在では分野毎の条約化や慣習化過程の実情に即して、更にその機能や法的拘束力等の規範としての性格を吟味する研究が中心を成している[142]。

以上のようにここでは条約でも慣習国際法でもない国際人権規範について、国連総会宣言・決議を中心にまず基準設定活動を概観する。次に設定された国際人権基準の履行監視が国連人権委員会によって開始され、40年近くにわたって継続された活動の経緯を世界人権宣言の履行に焦点を当て明らかにしたい。そして最後に今世紀に入り人権委員会を継承して新たに設立された人権理事会の発足と、新しく導入された履行監視制度の今後の動向について可能な限りの展望を試みたいと考える。

（1）人権分野の国連総会宣言・決議の概要

国連総会の宣言は「名宛人のない一般的な性格を有すると同時に正式かつ厳粛で、遵守への期待も強いことから慣習法化する可能性が極めて大きい」

と国連法務局は性格付けている[143]。しかし名称や規定形態を除くと宣言を他の決議から区別する明確な基準はなく、法的地位も他の決議と変るところはないが、「この特別の形式は表明された規範の重要性や意義を強調することができ、問題の包括的な処理や国際法の漸進的発達に影響を与えることを目指す原則の設定に適している。」とされる[144]。従って普遍的人権条約の採択に先行して条約の一般的内容を表明する二段階方式の前段として利用されたり、第三部 **7**で検討したように加盟国の法的確信の証拠となる慣習化過程の重要な段階と位置付けられてきた。後に条約化又は慣習国際法と認定された場合は宣言で表明された規範の法源上の地位は確定するが、そこに至るまでは国連内部の下部機関を法的に拘束するに止まり、対加盟国を含む一般的法的拘束力を生じるとは見做されていない。ではこれまでにどのような宣言が総会決議として採択されてきたのか、以下に主なものを概観してみたい。

1980 年までの国連の実行において人権に関する宣言の採択は、後に条約化されたか又は慣習法化について既に考察したものを除くとそれ程多くは見られない。条約化されたものの中には条約採択まで 30 年を要した 1959 年の子どもの権利宣言（総会決議 1386(XIV)）や、ほぼ同じ期間を経て条約が採択された 1975 年の障がい者の権利宣言（同 3448(XXX)）のような例もあるが、他は概ね宣言採択の 10 年程度を経た後に条約が成立している。初期の実行では女性の権利に関する決議が比較的多く、履行監視制度を伴っているとして既に取上げた 1965 年「婚姻の同意・婚姻の最低年齢及び婚姻の登録に関する勧告」（同 2018(XX)）や 1974 年の総会決議 3318(XXIX) の「緊急事態及び武力紛争における女性及び子どもの保護に関する宣言」があり、これは後に 2000 年の子どもの権利条約選択議定書や安保理決議 1325「女性と平和・安全保障」へと発展していくことになる。他に重要な総会宣言としては 1967 年に領域内庇護宣言（2312(XXII)）が採択され、世界人権宣言第 14 条の「迫害からの庇護を他国に求めかつ享受する権利」を再確認して尊重を呼びかけると共に、庇護を求める難民の状況は国際共同体の関心事項であり、国の安全のためにやむをえない理由又は大量流入の場合等住民の保護を優先する特段の理由がない限り、ノン・ルフールマン原則の尊重を規定している。1980 年代に入ると総会における自動的多数を果した途上国の数的優位の下で 1981 年の宗教的不寛容撤廃宣言 (総会決議 36/55) や 1984 年の平和への権利宣言 (同 39/11)、1985 年外国人の権利宣言 (同 40/144)・1986 年発展の権利宣言 (同 41/128) と続いたが、1985 年にミラノで開催された第 7 回国連犯罪防止国際会議で採択された司法部独立原則を同年の総会決議 (40/32・40/146) で承認したり、同会議で勧告された少年司法に関する最低基準を定めた北京原則 (40/33) が 1985 年に総会で採択される等、司法関連の決議の採択も増加した。

冷戦終結後の 1990 年代には総会が採択する人権関連の宣言や原則決議が更に増加するが、1990 年の第 8 回国連犯罪防止会議で採択された検察官・弁護士の役割に関する基本原則や指針が同年の総会決議によって承認され (45/166)、同年の総会では少年非行防止のリヤド・ガイドライン (45/112) や少年保護規則 (45/113)、被拘禁者処遇基本原則 (45/111) 等が成立した。続いて 1991 年には高齢者国連原則 (46/91) が、1992 年にはマイノリティの権利宣言 (47/135) と被拘禁者の保護原則 (47/133) が採択され、1993 年には女性に対する暴力撤廃宣言 (48/104) と国内人権機関に関するパリ原則 (48/134) 等が引続き成立した。次は世界人権宣言採択 50 周年に当る 1998 年には、人権委員会により 15 年近い年月をかけて起草された人権擁護者権利宣言 (53/144) が総会で成立し、次に検討するテーマ別手続として事務総長特別代表が任命されて履行監視のための制度が実施されることになった他、前年にユネスコ総会で採択されたヒトゲノムと人権に関する世界宣言が総会によっても承認された (53/152)。更に 21 世紀に入ると 2000 年国連ミレニアム宣言 (55/2) や 2001 年の HIV/ エイズに関する公約宣言 (56/212)、2007 年の国連先住民族の権利宣言 (61/295) と多様化していくことになる。

（2）国際人権基準の履行監視制度

国連憲章に規定される人権と基本的自由の尊重を目的に設立された国連

には、世界の人権状況を監視するために通報や苦情を受付ける機能を果すことが設立当初から期待されていた。これに対して1946年に設置されて間もない国連人権委員会は「人権に関する申立てを扱う権限はない」と第1会期報告において言明し、以後20年間は国際人権章典の起草を中心とする国際人権基準の設定活動に専念してきた。1966年に国際人権規約が成立して当初の目的が達成されると、1967年から本格的に履行監視活動を開始することになるが、その直接の契機となったのは第三部**4**で取上げた南アフリカのアパルトヘイト政策への15年にわたる国連の対応が十分な成果を挙げられなかったことであり、又1964年にアメリカで公民権法が成立する等安保理常任理事国内における人権を巡る緊張が緩和された一般情勢も影響したと考えられる。人権委員会が「人種差別及び隔離政策並びにアパルトヘイト政策を含む人権及び基本的自由の侵害」についての議題を毎年審議すると決定したことを受けて、経社理決議1235(XLII)は南アフリカのアパルトヘイトのような人権及び基本的自由の重大な侵害に関する情報や人種差別に関する情報を検討することを委員会に認め、一貫した形態の人権侵害や人種差別を示す事態を研究して勧告と共に理事会に報告する権限を委員会に対して承認した。

このようにして開始された人権委員会の監視活動は経社理決議の番号から1235手続と呼ばれ、個別人権条約の締約国に限らず全ての国連加盟国を対象にして、重大な人権侵害について公開の場における審議が実行に移された。又経社理は1959年の決議728(XXLIII)において委員会が人権に関する苦情について行動をとる権限を有しないと確認していたが、同時に事務総長に対して寄せられた人権に関する通報を非公開の一覧表に作成して委員会に提示するよう要請していた[145]。そして1970年には経社理決議1503(XLIII)が採択され、委員会の下部機関である個人資格の専門家により構成される人権小委員会の中に作業部会を設けて、「重大かつ信頼できる程度に立証された人権及び基本的自由の侵害の一貫した形態を示すと思われる全ての通報」を、これに対する政府回答を含めて審議する権限を付与した[146]。作業部会における多数決を経て付託された上記に該当する特定の事態を人権委員会は非公開の会合において審議し、決議 1235(XLII) に従う公開審議に移行するか又は関係国の同意の下に特別委員会を設置して非公開の調査に当らせるかを決定する。この「人権及び基本的自由の侵害に関する通報を取扱う」手続は 1235 手続と同様に 1503 手続と呼ばれ、毎年数千から数万通の通報が寄せられてきたが、国内的救済原則や条約等他の手続の対象となる事項ではないとの要件が課されるため、公開の審議に移されることは余りなかった。他方公開審議を前提とする 1235 手続では議題として取上げられること自体が国の不名誉に繋がる上に、委員会への協力を惜しめば非難勧告を受けて人権侵害国としてのレッテルを張られる恐れがあることから、監視活動が齎す一定の効果への期待も可能とされ、南アフリカを初めギリシャやチリ等に対して積極的に活用されるようになった。その反面議題の選定や手続の実施には恣意性や政治的考慮が介入するとの批判もあり、やがて政治的対立へと発展するのを危惧する声もあがっていた。

そのような中で 1980 年になると 1235 手続の中で対象国を特定しないテーマ別手続が強制失踪を皮切りに開始され、重大かつ継続的な人権侵害の中でも特に深刻なテーマを取上げて、独立の専門家を作業部会委員や特別報告者等に任命して関係する数十カ国を対象に調査・情報収集を行わせ、人権委員会に執るべき措置を報告させるようになった。1980 年代にはこの他即決処刑・拷問・宗教的不寛容の撤廃・自決権を妨害する傭兵使用の四つのテーマが取上げられたが、1990 年代に入ると四倍にまでテーマが増加して現在も 20 から 30 前後のテーマが継続的に研究されている。テーマ別手続は対象国を限定しないために委員会においても比較的受入れられやすいが、これとは別に従来の 1235 手続である国別手続も継続されており、両者を合わせて特別手続 (special procedures) と呼ばれている。国別手続についても 1980 年代にはグアテマラ・アフガニスタン・イランが新たに対象とされただけであったが、1990 年代にはイラク・ミャンマー・旧ユーゴ・ソマリア・ルワンダ等対象国の増加が著しかった。

1235 手続と 1503 手続における履行監視に当って参照されるべき基準となる代表的な規範が世界人権宣言であり、テーマ別手続の恣意的拘禁のように宣言の条項が特定される場合もあれば、国別手続において「国連憲章の解釈として」或いは「慣習法として」との言及が加えられて世界人権宣言が特定されることもある[147]。他にも国別手続では国際人権規約等対象国が締結している人権条約、テーマ別手続では関連する普遍的人権条約や起草中の条約草案、更に宗教的不寛容の撤廃や発展の権利では植民地独立付与宣言の履行監視の場合と同様に宣言を基準として、それらの文書の履行監視が任務とされてきた。即ちここでは人権条約の実施措置とは異なり、対象国が法的義務を課されているか否かとは関わりなく国際人権基準に従って人権侵害の有無が判断され、必要な措置が勧告されることになる。そして基準となる総会宣言は勿論、人権委員会や経社理の勧告・決議は加盟国に対する法的拘束力を欠くものの、監視手続が制度化されて実行に移されると加盟国にとってもはや無視することが困難となるであろう。南アフリカがアパルトヘイト政策の廃止に着手し始めたのは 1990 年代に入ってからであったから、1235 手続が開始されて 20 年以上の歳月が費やされたことになるが、即効性は期待できないとしても国連による粘り強いプロセスとしての監視活動が続けられてきたからこその成果であり、法的拘束力を伴わない国際人権基準に特異な履行監視の特徴の一つに数えることができる。

（3）国連人権理事会の制度構築と履行監視活動

1945 年の設立から半世紀以上にわたる活動を経て 21 世紀を迎えた国連は、安保理改革を初めとする大幅な制度改革の必要に迫られていたが、人権分野において実現した新たな制度が人権理事会の創設であった。これまで見たように、設立以後国連は憲章第 1 条 3 項に掲げられた目的の達成に向けて目覚ましい実績を挙げてきたが、その中心となったのは憲章第 68 条に規定される人権委員会であり、経社理の下部に設置された機能委員会として女性の地位委員会等と共に多くの人権条約や規範文書の起草に従事し、同時に 1235

手続・1503手続を通じて国際人権基準の履行監視作業に当ってきた。しかしこれらの履行監視手続の実行は裁判のように法的拘束力を伴うものではないため、公開審査や非難勧告によって国際世論を喚起し、侵害国自らが必要な措置を講じて人権侵害を終結するのを促す息の長いプロセスを前提とする。そのような過程には恣意性や政治的考慮が介入する余地も認められ、特に先進国と途上国との間の対立が先鋭化して人権委員会の政治性が批判の的となっていた。そこで人権委員会を改組して、人権理事会として新たに発足させる構想が模索されたのである[148]。

国連創設60周年に当る2005年に開催された国連改革総会では、人権委員会を廃止して人権理事会を総会の下に設置することが決定されたが、新たな制度構築や具体的手順については後の審議に委ねられることになった。第三部**1**で述べたように国連内部には難民高等弁務官事務所(UNHCR)や人権高等弁務官事務所(OHCHR)、ユニセフ等人権関連機関が数多く設置されて活動を拡大してきたが、その中心にあった人権委員会の廃止はこれまでに見られなかった大きな改革であり、アメリカを初めとする反対の声も強かった。又総会によって補助機関として設立されることになった人権理事会は他の憲章上の三理事会とは異なり、安保理常任理事国の批准を必要とする憲章改正手続を経ないまま、憲章規定に欠ける内部機関との位置付けとなった。そして翌2006年3月に総会は人権理事会設置決議(60/251)を圧倒的多数で採択し、人権委員会よりも若干少ない47カ国の理事国を2007年5月に選出して、特別手続を初めとする委員会への全ての付託事項を引継いで再検討・改善していくことを決定した(第6項)。その任務の中には「各国家の人権義務及び約束の履行の普遍的定期審査」も含まれていて、それは「双方向性のある対話に基づく協力的メカニズム」でなければならないと強調されている(第5項(e))。こうして日本を含む47カ国の理事国が選出され、2007年6月には最初の会合が開かれる運びとなった。

又2007年には人権理事会第5会期において人権理事会制度構築決議が採択され、普遍的定期審査(UPR)の仕組や特別手続・不服申立手続の概要が明らかにされ、併せて下部機関としての諮問委員会の設置が決定された。UPRは「対象の普遍性及び全ての国家の平等な取扱い」の確保を原則とする加盟国主導下の「政府間プロセス」であり、客観的で透明・非選択的・建設的・非敵対的でかつ政治化されていない方法で進められる行動を目的とすると規定された（第3項）。審査の基準は国連憲章・世界人権宣言、各加盟国が締結している人権条約と自発的な誓約や約束とされており、加えて適用可能な国際人道法も考慮に入れられる（第2項）。審査の周期は4年で理事国は任期中に3時間の審査を受け、全加盟国を対象とする審査の順序は普遍性と平等の取扱いの原則を反映させなければならない（第6項・第8項・第14項）。審査に当って対象国は国内の利害関係者との協議を通じて準備した20頁を超えない書面を提出し、これに人権高等弁務官事務所によって準備された10頁を超えない情報の要約や他の信頼できる追加的情報も考慮される（第15項）[149]。審査は異なる地域グループから抽選で選出された3名の報告者グループ（トロイカ）による対象国との間の双方向対話方式で行われ（第18項）、その議事要約や結論及び勧告等を含む報告書として最終成果文書が理事会の全体会合において採択される（第25項・第26項）。成果文書は対象国の客観的で透明性のある評価や同意に基づく勧告と自発的約束や誓約を含むことができ（第27項）、次回以降の審査において前回の成果文書の実施に焦点を合せてフォローアップが継続されるとして（第34項・第35項）、UPRを双方向的な対話と協力の仕組と明確に位置付けている。

特別手続については概ね人権委員会当時から実行されている制度が継承されたが、テーマ別手続の権限保持者（mandate holder）の任期は3年・国別手続の担当者の任期は1年として共に6年間を超えないと規定され（第45項・第60項）、付託された権限であるマンデートの見直しや合理化・改善を通じての効率化が図られている。又26名の個人資格の委員から構成される下部委員会であった人権小委員会は、18名に減員されて名称も人権理事会諮問委員会と改められ（第65項）、その機能も研究及び調査に基づく助言に焦点を絞られて範囲もテーマ別の問題に限られ（第75項・第76項）、決議や決定を採択する権限を有さないとされた（第77項）。ただし1503手続を継承する不服申立手続において通報を審査する通報作業部会には、諮問委員会から5名の部会員が任命されて可能な限りコンセンサスに基づき、不可能な場合には単純多数決によって作業が行われる（第90項・第91項）。通報の受理基準としては従来からの国内的救済手段が尽されていることや他の手続と重複しないことに加えて、政治的動機を伴わず侮辱的言葉を使わずに侵害についての事実が叙述されていて、被害者又はNGOを含む信頼できる知見を有すと主張する人々から提出されることを必要とする（第87項）。通報作業部会長は事務局と共に明白に根拠が不十分であったり匿名の通報を排除する第一次選別を行い、排除されなかった通報は関係国に通知されてそれに関する見解が提出されることになる（第94項）。その後作業部会が「人権及び基本的自由の重大かつ信頼できる程度に立証された侵害の一貫したパターンを示す」かを評価して受理可能性を判断し、事案を却下するか又は関係国に情報を求めて継続審議とするか、或いは不服申立手続のもう一つの作業部会である事態作業部会に提出するかのいずれかに決定される（第95項）。

事態作業部会は五つの地域グループから1名ずつの理事国の代表が1年任期で任命されて構成するが、部会員は理事国の代表であっても通報作業部会と同様に個人の資格で任務を遂行しなければならない（第96項・第97項）。事態作業部会は通報作業部会の情報と勧告に基づいて決議案又は決定案を提示する報告書を作成し、とるべき行動について理事会に対して勧告を行うが、通報作業部会と同じく事案を却下するか又は関係国に情報を求めての継続審議とする決定もできる（第98項）。事態作業部会の決定には正当な根拠が必要とされ、事態の審査の終了に当っても終了の理由又は勧告された行動が示されなければならず、終了決定はコンセンサス又は単純多数決で採択される（第99項）。不服申立手続は関係国の協力を高め、かつ被害者救済を志向するために非公開で行われ（第86項・第100項）、事態作業部会の報告書の理事会における審査も非公開が原則であるが、関係国の協力が明白に欠如していると同作業部会が判断する場合には、理事会での事態の公開審議を求める勧告をすることができ、理事会はこれを優先的に審議しなければならない（第104項）。更に不服申立手続は被害者救済のために時宜を逸せず効率的に進められなければならず、関係国への通知から理事会における審議までは原則として2年を超えないものとされ（第105項）、特定の事態に関してとられるべき行動は(a)審議又は行動が正当とされないために審議を終了する(b)審査を継続して関係国に更に情報を求める(c)事態の監視のために専門家を任命して審査を継続する(d)公開審議への移行のため非公開の不服申立手続審議を終了する、のいずれかであると明記された（第109項）。

以上のような人権理事会の制度は開始されてからまだ10年間程しか経ておらず、理事会は設立の5年後に作業及び機能を再検討して総会に報告することになっていたが（設置決議第16項）、筆者が知る限りでは5年間に理事会の活動に大きな障害が生じたとの指摘はなく、理事会が設置されているジュネーブの欧州本部と総会が開催されるニューヨークの国連本部との連携をいかに緊密化・強化していくかという課題が話合われていた程度であった。人権委員会において40年間にわたって実行されてきた国際人権基準の履行監視活動は、人権理事会の設置により大きな変革を遂げつつあり、新たに構築された制度に対して客観的で正確な評価を下すには時期尚早と言えよう。UPRは確かに普遍的で平等な仕組を実現したと見られるが、4年に1回全ての加盟国が受ける審査が3時間というのはいかにも少ないと思われるし、日本のような国に対しても2008年と2012年に実施された1回目と2回目の審査で各加盟国から数十に及ぶ勧告が出されたことから、人権侵害が多発している国が対象となる場合には十分な審査を実施する時間は到底確保できないと考えられる。従って今後の実行において前回審査のフォローアップも含めてUPRを単なるルーティン作業に終らせず、特別手続の特に国別手続にいかに反映させて連結していくかが重要な鍵になると予測できよう。

特別手続に関しては従来明確な基礎文書を欠いたまま様々な形態の慣行が実行に移されてきたのが、制度構築決議において整理された形で詳細に明文化された意義は大きいと言えるし、今後のマンデートの見直しや合理化・改善も強く期待できよう。最後に人権委員会の時代に十分な成果を挙げられなかった 1503 手続を発展させた不服申立手続は、きめ細かな手続規定を設けて内容も整備された上、特別手続を国別とテーマ別に分けたように通報と事態の両作業部会を設置して、専門的な受理可能性の審査と政治的な事態収拾機能を峻別している点は評価されるが、非公開原則に些かの変更も加えられていないために詳しい実態は明らかにされておらず、被害者救済における不服申立手続の実効性についての正確な判断は依然として困難なままである。ここで取上げた人権理事会による国際人権基準の履行監視が普遍的人権条約の実施措置と相互に補完し合いながら、21 世紀における人権の主流化を推進していくことが現在期待されている。

注

1　日本国憲法は第 29 条 2 項で「財産権の内容は、公共の福祉に適合するやうに、法律でこれを定める」とし、第 3 項で「私有財産は、正当な補償の下に、これを公共のために用いることができる」と規定している。

2　対外主権の代表的な権能と考えられる条約締結権限はかつては国家元首のみに認められるのが一般的であったが、国内の民主化に伴い立法機関の関与を批准等の段階での承認として要件とする国が多くなっている。これは基本的に国内法上の制度に基づくが、中にはスイスのように条約締結権限を立法機関に帰属させる国もあり、アメリカが上院の承認の下に大統領が締結権限を行使することは広く知られている。

3　*I.C.J. Reports*, 1986, pp.106-110, paras.202-209.

4　1944 年 ILO 第 26 回総会で採択されたフィラデルフィア宣言で明確に示されている。

5　この流れは 1815 年のウィーン会議で採択された「奴隷取引廃止に関する宣言」に始るとされているが、宣言は奴隷制度自体を禁止するものではなく、当時のイギリスの利益がそこに大きく影響していたとの指摘もある。Tomuschat., *op.cit.*, p.14.

6　*Ibid.*, pp.22-23.

7　条約の国内での自動執行的な適用可能性については、岩沢雄司『条約の国内適用可能性—いわゆる“self-executing”な条約に関する一考察』有斐閣、1985 年、参照。

8　1948 年の国連第 3 回総会における採択では反対票はなく、ソ連・ベラルーシ・ウクライナ・ポーランド・チェコスロバキア・ユーゴスラビアの社会主義諸国と、サウジアラビアと南アフリカの 8 カ国が棄権した。

9　Tomuschat., *op.cit.*, p.153.

10　篠原　梓「慣習国際法の形成における国連総会決議の意義」『国際法外交雑誌』第 88 巻第 1 号 (1989 年)、70-73 頁。

11　ハサウェイ・J・C、平野裕二・鈴木雅子(訳)『難民の地位に関する法』現代人文社、2008 年、14 頁。

12　同書、82-83 頁。

13　同書、83-99 頁参照。

14　同書、185-191 頁。

15　同書、191-198 頁。

16　1993 年にボスニア・ヘルツェゴビナがユーゴスラビアに対して提起した訴訟と、1999 年にクロアチアが同じくユーゴスラビアに対して提起した訴訟があるが、ユーゴスラビアは 2003 年にセルビア・モンテネグロへと国名を変更し、更に 2006 年にモンテネグロが独立したために、最終的にはセルビアに対する訴訟となった。

17　大沼保昭『人権、国家、文明—普遍主義的人権観から文際的人権観へ—』筑摩書房、1998 年、91 頁。

18　日本は 1995 年の人種差別撤廃条約への加入に際して、「第 4 条 (a) 及び (b) の適用に当たり、……日本国憲法の下における集会、結社及び表現の自由その他の権利の保障と抵触しない限度において、これらの規定に基づく義務を履行する。」との留保を表明した。同趣旨の留保はアメリカ等も行っているが、このために 2016 年に成立したヘイトスピーチ法も明確な禁止規定や罰則を伴わないものとなった。

19　朝日新聞、2009 年 4 月 21 日、朝刊。

20　*I.C.J. Reports*, 2012, pp.448-450,457, paras.65-70,99.

21　*Ibid.*, pp.455-456, paras.92-95.

22　2007 年の国連総会決議 62/149・2008 年決議 63/168・2010 年決議 65/206・2012 年決議 67/176・2014 年決議 69/186。

23　2007 年には賛成 104、反対 54、棄権 29 であったのが、2008 年は同順で 106 対 46 (34)、2010 年 109 対 41 (35)、2012 年 111 対 41 (34)、2014 年 117 対 37 (34) と変遷してきた。

24　芹田健太郎・薬師寺公夫・坂元茂樹『ブリッジブック国際人権法』信山社、2008 年、102 頁。

25　同書、同頁。

26　調査制度は 1984 年の拷問等禁止条約に始り、1999 年の女性差別撤廃条約選択議定書と 2006 年の障がい者権利条約選択議定書・強制失踪条約、2011 年の子どもの権利条約個人通報手続選択議定書により採用され、防止制度は 2002 年の拷問等禁止条約選択議定書で導入されている。後述 (5) 参照。

27　Tomuschat., *op.cit.*, pp.168-169.

28　拷問等禁止条約第 17 条 1 項参照。

29　芹田・薬師寺・坂元、前掲書、142 頁。

30　同書、150-151 頁。

31　同書、150 頁。

32　Tomuschat., *op.cit.*, pp.83-84.

33　芹田・薬師寺・坂元、前掲書、139 頁。

34　Tomuschat., *op.cit.*, pp.180, 189-191.

35　芹田・薬師寺・坂元、前掲書、144-145 頁。

36　日本は司法権独立の観点から個人・国家通報手続に否定的な立場を堅持しているが、例外は 1984 年の拷問等禁止条約と 2006 年の強制失踪条約で、1999 年の前者の加入時に第 21 条に従って、又 2009 年の批准の際に後者の第 32 条に規定される国家通報を受理・検討する委員会の権限を承認する宣言をしている。

37　坂元茂樹「条約実施機関の解釈権能―自由権規約第 2 条 1 項の解釈をめぐって」坂元茂樹 (編)『国際立法の最前線』藤田久一先生古稀記念、有信堂高文社、2009 年、189-191 頁。

38　*I.C.J. Reports,* 2010, p.663-664, paras.66-67.

39　芹田・薬師寺・坂元、前掲書、165 頁。

40　Goldsmith, J.L. & Posner, E.J., *The Limits of International Law*, Oxford, 2005, pp.7-8. 両著者は慣習法形成についてもこの理論を適用しているので、次に詳述する。Goldsmith, J.L. & Posner, E.J., "Understanding the Resemblance between Modern and Traditional Customary Law," *V.J.I.L.*, Vol.40 (2000), pp.654-666.

41 Goldsmith & Posner, *op.cit.* (2005), pp.111-112.

42 *Ibid.*, p.110.

43 *I.C.J. Reports,* 1951, pp.21-23.

44 *Ibid.,* pp. 25-26.

45 *Ibid.*, pp. 23-24.

46 *Ibid.*, pp. 29-30.

47 Clark, B., "The Vienna Convention Reservations Regime and the Convention on Discrimination against Women," *A.J.I.L.*, Vol. 85 (1991), pp.297-298.

48 Aust, A., *Modern Treaty Law and Practice,* Cambridge, 2000, pp.114-115 ; 篠原　梓「国際法定立における国家の同意の役割」『国際関係紀要』(亜細亜大学) 第 13 巻第 2 号 (2004 年)、15-17 頁。

49 Aust, *op.cit.*, pp.307-308.

50 Lijnzaad, L., *Reservations to UN-Human Rights Treaties : Ratify and Ruin?* Nijhoff, 1995, p.374.

51 *Ibid.*, p.100.

52 *Ibid.*, pp.69-70.

53 *Ibid.*, pp.118-123.

54 坂元茂樹「『条約の留保』に関するガイドラインについての一考察―人権条約の実施機関の実行をめぐって」、村瀬信也・鶴岡公二 (編)『変革期の国際法委員会』信山社、2011 年、361-363 頁。

55 Lijinzaad, *op.cit.*, p.402.

56 Aust, *op.cit.*, pp.110-111.

57 坂元、前掲論文 (2011)、359-363 頁。

58 同論文、356-359 頁。

59 同論文、355-356 頁。

60 同論文、355 頁。

61 同論文、356-357 頁。

62 同論文、357 頁。

63 同論文、362 頁。

64 同論文、364-365, 372, 374 頁。

65 一般的留保 (general reservation) の定義は確定していないが、対象とする条項を特定しないで多数国間条約に付された留保と解されている。Lijinzaad, *op.cit.*, pp.363-364 ; 坂元、前掲論文 (2011)、353 頁参照。

66 Henkin, L., "U.S. Ratification of Human Rights Conventions : The Ghost of Senator Bricker," *A.J.I.L.*, Vol.89 (1995), p.341.

67 *Ibid.*, pp.342-344.

68 *Ibid.*, pp.345-348.

69 ガイドライン 4･1 ; 坂元、前掲論文 (2011)、371 頁。

70 Clark, *op.cit.*, pp.310-317 ; 坂元、前掲論文 (2011)、370 頁。

71 同論文、371-372 頁。

72 Clark, *op.cit.*, p.320.

73 *I.C.J. Reports,* 1951, p.23.

74 Meron, *op.cit.*, p.88

75 前掲『国際関係法辞典』、734 頁。

76 *United Nations Action in the Field of Human Rights,* ST/HR/2/Rev.1(1980), p.25.

77 *I.C.J. Reports,* 1971, p.31, para. 52.

78 *I.C.J. Reports,* 1975, pp.31-33, paras.54-59.

79 *I.C.J. Reports,* 1995, p.102, para.29.

80 Skubiszewski, K., "The Elaboration of General Multilateral Conventions and of Non-contractual Instruments Having a Normative Function or Objective," *A.I.D.I.,* Vol.62-II(1986), p.264.

81 篠原、前掲論文 (1989 年)、83-84 頁。

82 同論文、78-79 頁。

83 久保田　洋『実践国際人権法』三省堂、1986 年、55-57 頁。

84 *Higgins, R., Problems and Process : International Law and How We Use it,* Oxford, 1994, pp.28-32.

85 *I.C.J. Reports,* 1969, pp.41-43, paras.70-74.

86 篠原、前掲論文 (1989 年)、81-82 頁。

87 Meron, *op.cit.*, p.122. 尚詳しくは Burley, A-M, "The Alien Tort Statute and the Judiciary Act of 1789 : A Badge of Honor," *A.J.I.L.* Vol.83 (1989), pp.461-493. を参照。

88 Chibundu, M.O., "Making Customary International Law Through Municipal Adjudication : A Structural Inquiry," *V.J.I.L.,* Vol.39 (1999), pp.1080-1092.

89 Meron, *op.cit.*, pp.127-128. テル・オーレン事件における Bork 判事の反対意見については、"Agora : Tel-Oren," *A.J.I.L.* Vol.79 (1985), pp.92-113. 参照。

90 Meron, *op.cit.*, pp.129-130.

91 *Ibid.*, p.132.

92 *Ibid.*, pp.130-132 ; Chibundu, *op.cit.*, pp.1145-1149.

93 *I.C.J. Reports,* 1998, p.251, para.18.

94 本案審理では国家間の領事関係を規律する領事関係条約に規定される義務が、人権条約のように個人に対して領事援助を求める権利を付与する性格を有するのかが、大きな争点とされた。*I.C.J. Reports,* 2001, p.494-495, paras.79-80. 参照。

95 *I.C.J. Reports,* 2009, p.38, paras.45-46.

96 アメリカは領事関係条約第 36 条 2 項で言及される権利は国家の権利のみで、個人の権利には適用されないと主張したが、判決は第 1 項が国家の権利に加えて個人の権利をも創設している以上、第 2 項は個人にも適用されるとしてこれを否定した。*I.C.J. Reports,* 2001, p.497, para.89.

97 *Ibid.*, p.494, para.78.

98 小田滋「国際司法裁判所判事三期二七年の任期を終えて」『国際法外交雑誌』第 104 巻 2 号 (2005 年)、7-8 頁。

99 *I.C.J. Reports,* 2010, p.691, para.160.

100 篠原、前掲論文 (2012 年)、85-86 頁。

101 *I.C.J. Reports,* 2007, p.598, para.39.

102 篠原、前掲論文 (2012 年)、95 頁。

103 Chibundu, *op.cit.*, p.1145.

104 *I.C.J. Reports*, 2009, p.141, para.8.

105 *I.C.J. Reports,* 2012, p.445, para.55.

106 *Ibid.*, pp.448-450, paras.65-70.

107 *Ibid.*, p.449, para.68.

108 *Ibid.*, p.457, para.99.

109 *Ibid.*, p.457, para.100.

110 Separate Opinion of Judge Skotnikov, *I.C.J. Reports,* 2012, p.482, para.8 ; Dissenting Opinion of Judge Xue, *Ibid.*, p.583, para.48.

111 Geslin, A. & Le Floch, G., "Chronique de jurisprudence de la Cour international de justice (2011-2012)" *Jounal de Droit International,* Tom.140 (2013), p.1362 ; Mendes, E.P., *Global Governance, Human Rights and International Law : Combating the Tragic Flaw,* Routledge, 2014, p.69.

112 国際法委員会研究会「国連国際法委員会第 66 会期の審議概要」『国際法外交雑誌』第 113 巻第 4 号 (2015 年)、157-158 頁。

113 Thirlway, *op.cit.*, pp.176-178.

114 Goldsmith & Posner, *op.cit.* (2000), pp.667-668.

115 *Ibid.*, pp.666-668 ; Kelly, J.K., "The Twilight of Customary International Law," *V.J.I.L.*, Vol.40 (2000), p.517.

116 Bradley, C.A. & Goldsmith, J.L., "Customary International Law as Federal Common Law : A Critique of th Modern Position," *H.L.R.*, Vol.110 (1997), pp.831-835.

117 *Ibid.,* p.841.

118 *P.C.I.J. Series* A, No.10, p.28.

119 *I.C.J. Reports,* 1969, pp.43-45, paras.74-78.

120 *I.C.J. Reports,* 1986, pp.98-101, paras.187-190.

121 *Ibid.,* p.98, paras.186.

122 Weisburd, A.M., *Use of Force : The Practice of States since World War II*, Penn State U.P., 1997. 参照。

123 *I.C.J. Reports,* 1986, pp.106-110, paras.202-209.

124 *Ibid.*, pp.113-115, paras.218-220.

125 *I.C.J. Reports,* 2012, p.457, para.99.

126 *Ibid.*

127 Kelly, *op.cit.*, pp.535-543.

128 *Ibid.*,pp.484-498 ; Goldsmith & Posner, *op.cit.*(2000), pp.666-672.

129 Goldsmith & Posner, *op.cit.*(2005), pp.23-43.

130 Kirgis, F.L., "Custum on a Sliding Scale," *A.J.I.L.*, Vol.81(1987),pp.149-151.

131 Thirlway, H.W.A., *International Cutomary Law and Codification*, Sijthoff, 1972, pp.55-56 ; van Hoof, G.J.H., *Rethinking the Sources of International Law*, Kluwer, 1983, pp.187-191.

132 Dupuy, R-J., "Coutume sage et coutume sauvage," *Mélange offerts à Charles Rousseau, La communaute international*, 1974, p.86.

133　Kelly, *op.cit.,* pp.486-491.

134　Byers, M., *Custom, Power and the Power of Rules*, Cambridge, 1999, pp.40-41 ; Mendelson, *op.cit.,* pp.372-373.

135　*Ibid.*, p.220.

136　*I.C.J. Reports*, 2010, p.663, para.66.

137　*I.C.J. Reports*, 1969, pp.38-41, paras.63-68.

138　Meron, *op.cit.,* pp.215-222.

139　*I.C.J. Reports,* 2012, p.457, para.100.

140　*Ibid.*, p.457, para.99.

141　20 世紀末のソフトローの動向に関しては、村瀬信也「現代国際法における法源論の動揺―国際立法論の前提的考察として―」『立教法学』第 25 号 (1985 年)；位田隆一「『ソフトロー』とは何か」『法学論叢』(京大) 第 117 巻第 6 号 (1985 年) 参照。

142　代表的な最近の研究書としては、小寺　彰・道垣内正人 (編)『国際社会とソフトロー』有斐閣、2008 年。

143　国連法務局の 1962 年のメモランダム。Skubiszewski, *op.cit.*, pp.60-61.

144　萬国国際法学会第 13 委員会の暫定結論 12。*Ibid.,* p.262.

145　Tomuschat., *op.cit.*, pp.138-139.

146　*Ibid.*, p.139.

147　「慣習法としての世界人権宣言」を判断基準として明記するのは、イラクに対する国別手続を授権する人権委員会決議 1991/77 で、「国連憲章の解釈として」とするのはミャンマーに対する同決議 1992/58 であった。

148　1994 年の大洋州パラオの独立と国連への加盟に伴い、同年末以降現在に至るまで活動停止状態にある信託統治理事会 (安保理常任理事国のみで構成) を人権理事会に改組する構想が、世紀転換期に精力的に議論されたものの、憲章改正手続の困難に対する懸念から結局見送られて、経社理によって機能委員会として設置された人権委員会を継承する機関として、総会の補助機関との位置付けで人権理事会が誕生した。

149　Tomuschat., *op.cit.*, pp.143-144.

結　語

国際人権法と国際人道法は共に個人の権利と財産の保護を目的に発展してきた国際法の領域であり、両者の近接性・相互浸透性は明らかであるものの、国連憲章の規定や機構の内部機関の権限配分において必ずしも明確に区分されてはいないし、裁判等に際しても排他的な適用を導く性格の法的分類とは認められていない[1]。しかし17世紀以来の戦時国際法と平時国際法という二元的規律の伝統の中で、国際人道法は19世紀中頃から戦時法の一分野として、赤十字国際委員会を中心に法と実行の蓄積を重ねてきたのに対して、国際人権法は20世紀の国際機構の設立の後、特に国連の活動に支えられて20世紀後半に顕著な進展を見せた代表的な平時国際法の分野である。従って人権法と人道法は目的を深く共有しながらも、出自や発展時期・推進母体等に関して相当な隔たりを示していて、それは単にこれまでの歴史的経緯の相違に止まらず、国際規範としての現時点における法的状況に大きな影響を及ぼしていることが、本書における考察から確認された。

まず第一に20世紀後半に国際法の理論上の注目を集めた条約と慣習法の相互作用に関して、国際人道法と国際人権法は対照的とも言える特徴を示していると認められよう。無差別戦争観の下に頻繁に繰返された19世紀中の国家間の戦争を通じて、戦時における国々の行為を規律すべき慣習規範が形成され、それらの規範は世紀転換期に成立したハーグ諸条約や赤十字条約として法典化されて、更に1949年のジュネーブ4条約として集大成された上で、1977年の追加議定書の締結により補完と現代化が図られてきた。この過程は正に多数国間条約による慣習規範の法典化であり、条約の締結は総じて慣習法を宣言する効果を及ぼすと性格付けられよう。これに対して国際人権法の場合は、人権に関する規律が伝統的に国内管轄権内の事項とされていたために、ILOによる国際労働基準の設定や国際連盟の委任統治制度等の実行は認められたものの、慣習規範が生成する余地は殆ど見出せなかった。従って国連の設立以降精力的に取組まれた人権諸条約の締結は、国際人道法の場合のように基礎となる慣習規範に基づくものではなく、国連総会宣言を先行させる二段階方式を踏襲したとは言え、新たな国際法規範の定立と性格付けられる。即ち1948年の世界人権宣言や植民地人民の自決権のような例外を認めることはできても、ここで確認される慣習法への影響は後の国家慣行を促進・統一する発生的効果を志向するものであったと措定される。

以上の人道法と人権法の慣習国際法との関係における比較は、国際法の定立の側面に焦点を当ているが、人権法の場合は勿論人道法に関しても慣習法過程が完結しているのでは決してない。このことはその後21世紀に入って赤十字国際委員会が『慣習国際人道法』を刊行した事実からも容易に推測できるが、非国際的武力紛争に関する第二追加議定書の締約国が限定されている上、締約国だけに限っても適用される実体規定が非常に少ないことから、国際的武力紛争とは区別される内戦に適用可能な慣習規範の進展が現在特に重要な課題とされている。そもそも国家間の武力紛争における国家慣行の同定や確認は、戦闘行為の主体が紛争当事国の国家機関である正規軍に限られることを原則としたため、さほど大きな困難を伴わなかったと考えられてきたし、軍規や軍への指令等から慣行を抽出したり法的確信を推定することが可能とされ、入手可能な客観的資料が豊富な状態と言える。ところが内戦においては国家機関である正規軍と反政府武装勢力の間で戦闘が展開されることが殆どで、シリア内戦に見られるように勢力分布が流動的で、場合によってはイスラム国のようなテロ集団の戦闘への参加も珍しくない。そこでは国家機関とは区別される戦闘主体の実行をいかに評価して、必ずしも平等ではない主体の間における慣習規範の生成を確認していくのか、確定的な方向が示されてはいないのである。従って今後非国際的武力紛争が増加・長期化してますます複雑化していくと予測される中で、慣習過程を通じての内戦に適用可能な国際人道法規の確定が不可欠と考えられる。

次に第二の人権法と人道法の対照的な特徴として、条約規範における国家の義務の履行形態を挙げることができる。条約と慣習国際法から成る国際法規範が直接に権利義務を付与するのは、一次的法主体としての国家であるのを原則としている点で、人権法も人道法も同様で基本的に相違はないと見られる。しかし義務違反が生じた場合の対応については、国際社会のほぼ全ての国が締結しているジュネーブ4条約が共通条項を設けて、条約に対する重大な違反行為を行った者又は命じた者を国内法に従って処罰し、更に裁判管轄権の普遍化を図って引渡し又は訴追の義務を締約国に課しているのに対し、多くの人権条約は差別の解消等の条約目的を達成するために必要なあらゆる措置を執ることを締約国に義務付けるのみで、そこに国内法の制定特に処罰を可能とする立法も含まれると解されている。即ち国際的武力紛争を前提とした場合、ジュネーブ諸条約上の義務違反は正規の軍構成員による国家に帰属する行為と見做され、条約違反や他国の法益侵害等の国際責任を問われるのみならず、違反行為を防止して条約の実施を確保しなければならないため、処罰を徹底して違反行為を厳しく規制することが求められる。これに対して人権条約上の締約国の義務には裁量の余地が大幅に残されていて、其々の国内状況や人権の進展段階に合わせて国内法を整備して条約目的を達成していく上での選択の自由が容認されている。人権条約が国内裁判等で自動執行性を認められて直接適用を可能とされるか否かは、各国の憲法制度における国際法の位置付けや国内機関による条約解釈に依存すると考えられるが、多くの国では人権条約の規定は非自動執行的で国内立法等の追加的な措置を経て初めて執行可能と考えられている。人権条約における締約国の義務のこのような性格は、条約が扱う事項が伝統的に国内管轄権の範囲内にあったことと無関係ではなく、各国の裁量と独自性を承認されて国際法が干渉すべきではないとされていた歴史と深く関わっていると見られる。

以上第二の特徴に関しては条約規範についてのみ比較したが、慣習規範に関しては更に大きな隔たりが確認できると言えよう。第三部 **7**で分析したように人権条約規範の慣習化は比較的容易に認定される傾向にあるが、現在までに裁判等で認定されている慣習人権規範は差別の撤廃や拷問の禁止等、人権条約中のコアとなる中核的な規範に限定されていて、その履行確保を実現するための立法措置や処罰義務等は、条約締約国のみに課される条約規範であって未だ慣習化したとは考えられていない。これに対して慣習規範を基礎として法典化された人道法条約の場合は、ほぼ普遍的に普及したジュネーブ4条約は勿論追加議定書に関しても、かなりの程度慣習化が進展しつつあることが赤十字国際委員会の『慣習国際人道法』の内容から窺える。そして20世紀末に至って漸く実現した国際人道法違反を裁く国際刑事裁判において、条約規範のみならず慣習規範を適用して処罰を科す判決が下されている。ジュネーブ諸条約・追加議定書の規定における人道法違反の処罰義務は条約締約国のみに課されているが、武力紛争の継続中或いは終結後の国内司法制度の混乱状態の中で、人道法違反の行為に従事した者や命じた者が遅滞なく訴追されて適切に処罰される保証は乏しく、特に非国際的武力紛争の場合は実効的支配を確立した後の新政権は内部に違反者を抱えていることが多く、訴追・処罰に消極的な姿勢に終始して不処罰が放置される結果を齎してしまうことは、内戦後のカンボジア等の経験を通じて明らかにされてきた。従って人道法違反の個人を処罰すべき管轄権を有する国が訴追の意思又は能力に欠ける場合に限り、補完性の原則に従って国際刑事裁判所が国際社会全体の関心事である最も重大な犯罪を裁くことができるのである。即ちここでは国際的・非国際的武力紛争における人道的観点からの秩序維持のため、本来国が行使すべき刑事裁判管轄権を代替して、国際裁判所が重大な違反行為に携わった者の刑事責任を直接に追及することにより、条約・慣習法の区別なく国際人道法の履行を促進していると見られる。国際社会における国際刑事裁判所のこのような機能は、平等な国家間の相互的な権利義務関係の規律を原則とする国際法の伝統とは異なり、国の刑事裁判管轄権を補完・代行するという意味で公法としての側面が強調される結果を齎している。言葉を換えると国際刑事裁判で責任を追及されるのは違反行為を犯した個人であって、本来訴追・処罰を義務付けられている筈の国家ではないことに注目する必要があると認められよう。

国際人道法規範の実施・履行が通常は国によって行われ、場合によっては国際刑事裁判所が国内の司法機能を補完して訴追・処罰を実現する構図が明確なのに対して、国際人権法規範の国による義務の履行の促進形態、即ち国際的実施措置或いは履行監視機能は非常に多様な形で遂行されている。まず国連により作成された普遍的人権条約の殆どは実施措置に関する規定を備え、委員会等の人権条約機関を設置して履行監視の任務を担わせている。実施措置の中で一般的に採用されている国家報告制度は、締約国政府による一方的な報告に終らせることなく、フォローアップ手続の実行上或いは制度的な充実により、近年履行監視の実効性を高めつつあると評価されている。ILO 条約の場合とは異なり締約国間の国家通報制度は殆ど利用されていないのに対して、個人通報制度の選択議定書による新たな導入が近年の普遍的人権条約において顕著となっている。しかし新しい調査制度や防止制度も含めても人権条約機関による審査・検討を経た結論は勧告に止まり、法的拘束力のある判決や決定を下す権限は、地域的な人権保障制度においてしか認められていない。又人権条約機関の任務についても締約国との双方向の「対話と協力」が強調されていて、条約の不遵守を非難したり責任を追及することを目的に任務を遂行するとは捉えられていない。従って条約義務の達成のために必要なあらゆる措置を実行していく上での、締約国の主体的な判断や国内事情が尊重されていると同時に、その結果は一定の国際基準に達していることが求められ、多様な観点からの提言や勧告が寄せられてフォローアップに対応していかなければならないのである。

今世紀に入り新たに設立された人権理事会で導入された UPR も同様に法的拘束力に欠ける制度であるが、国連憲章と各加盟国が締結する人権条約に加えて世界人権宣言が審査基準とされていることから、普遍的人権条約のコア部分と並んで同宣言の慣習法化の可能性を高める要因と考えられる。以上の人権規範の履行促進は人権理事会或いは人権条約機関により、国連の組織原理や制度に基づき法的拘束力を伴わない形で実行されているが、最後に人権義務違反が国家間紛争として ICJ に付託され、法的拘束力を伴う判決が下される事例が近年増加傾向にあることを指摘したい。その中の多くは普遍的人権条約の紛争解決条項に基づく ICJ の管轄権に依拠した請求であるが、場合によっては当事国間の選択条項受諾宣言に管轄権を基礎付けたり、自国民のために外交保護権を行使している請求も見られる。人権義務違反を巡るICJにおける国家間訴訟については、ディアロ事件のように外国人の違法な逮捕・追放を理由に金銭賠償が命じられて、賠償金額が妥当であったかは別として適切に被害者の救済が図られた事例が認められるものの、反対に仮保全措置指示命令が出されていたにも関らず、紛争解決条項の交渉前置要件が充たされていないとして、裁判所の管轄権が否定されて本案判決に至らなかった人種差別撤廃条約適用事件のような例もある。しかし1966年の南西アフリカ事件（第二段階）においてICJが示した被告国による義務違反に対応する原告国の法益侵害が必要とされるとの判決の論旨は、バルセロナ・トラクション事件判決傍論の対世的義務の概念の導入により、大きく方向転換されたと考えられる。対世的義務は1995年の東チモール事件判決で人民自決権の尊重に関して認められたが、結局請求は受理されなかったのに対して、1996年のジェノサイド条約適用事件では対世的義務との性格が裁判所の管轄権の時間的・地域的な制約を排除するとして、被告国が提起した先決的抗弁は退けられた[2]。更に2012年の訴追又は引渡し事件では、原告国の当事者適格を争う被告国の抗弁に対して、対世的義務を規定する拷問等禁止条約の全ての締約国に条約義務違反の終結を求める資格を承認するとの判決が下された[3]。従ってここ50年程の間のICJにおける審理の動向から推論すると、個別国家の法益に止まらず国際社会の公益保護の観点から、人権を巡る国家間紛争がICJにおいて審理される可能性が今後も高まると予測できる。即ち人権条約中に挿入された紛争解決条項を通じて、国際機構の法律問題に対して勧告的意見を与える権能と並んで国家間紛争の解決を主たる任務とするICJにも、国際人権規範を適用して条約の履行を促進する役割を確認することが可能とされ、その機会が今まで以上に増大していくと考えられる。

以上国際人権法と国際人道法を比較しながら、国際法規範としての定立と履行のメカニズムについて考察してきたが、最後に両国際規範が本来の国際法主体ではない個人の権利をいかなる方法や態様で保護・保障して、規範としての実効性を確保しているのか考えてみたい。まず国際人道法においては戦闘能力を失った戦地にある軍隊の傷者・病者や捕虜、更には非戦闘員である文民に対する保護が交戦国に義務付けられ、義務違反を犯した個人を訴追して処罰する裁判管轄権の普遍化が図られている。その普遍化の段階は、人類の敵として伝統的にあらゆる国の管轄権が慣習法上認められている海賊の取締りと同程度ではないが、少なくともジュネーブ4条約の普及の現状から条約規定の重大な違反については慣習法が確認できると言えよう。更に義務違反を犯した個人に対して管轄権を有する国が訴追の意思又は能力に欠ける場合に限って、国際刑事裁判所が人道法の重大違反を犯した個人を訴追して刑事責任を追及することが、近年になって漸く可能とされるに至った。即ち国際刑事裁判の当事者は本来の主体として国際法上の義務を受諾した国家ではなく、人道法の履行のために国家の権能を代替する刑事裁判所によって訴追・処罰される個人なのである。このように支配・従属関係にある当事者間の公法的な関係と捉えられる構図は、国際的武力紛争において戦闘を展開する正規の軍隊構成員については、大きな困難を伴わずに当嵌めることが可能であろう。しかし近年増加している非国際的武力紛争の場合は、指揮系統や支配・従属関係が不明確かつ流動的で、又だからこそ国際刑事裁判所による訴追・処罰を徹底して、不処罰の根絶を目指していく必要が生じているとも言える。いずれにしてもここで追及されるのは人道法違反を犯した個人の刑事責任であり、管轄権を有する国の権能を国際刑事裁判所が代替する性格のものであっても、個人を国際人道法上の責任主体と位置付けていることに間違いはあるまい。そして人道法の定立や国際請求の提起についての個人の国際法の権利主体としての側面は、国内刑事法制においてと同様に武力紛争における人道の観点からの秩序維持の目的の下に埋没し、罪刑法定主義の維持等専ら裁かれる側の権利保護にしか焦点が当られていない現状である。

次に国際人権法の目的は個人の人権と基本的自由の保護に求められるが、殆どの人権条約は其々の個別分野における条約の趣旨及び目的の達成に向け、立法その他の適当な措置を執ることを締約国に義務付けている。そして締約国による条約義務の履行状況を監視するために国際的実施措置が整備されているが、そこで締約国から提出された報告や通報を審査・検討するのは条約により設置される人権条約機関であり、その構成メンバーが個人の資格で条約の締約国会議において選出された専門家であるとしても、個人の代表というよりは人権理事会諮問委員と同じく国連の機関と位置付けられるのが適切であろう。しかも人権条約機関は締約国に対して法的拘束力のある決定を下す権能に欠けるため、条約義務の不履行の疑いが生じても直接に締約国の責任を追及することはできず、対話と協力を重ねるプロセスを通じて条約義務の履行を確保していく任務に従事している。人権理事会における UPR についても同じことが言えるが、唯一締約国による人権条約の義務違反を認定して責任を追及できる方策は、条約中の紛争解決条項や管轄権受諾宣言に基づき ICJ 或いは仲裁裁判に付託して国家間紛争としての訴訟提起に限られよう。しかし具体的な法益侵害が生じて外交保護権が行使されている場合には金銭賠償等を通じて個人の人権侵害の救済が可能とされるものの、訴訟の当事者適格を有する他の締約国一般に認められるのは条約義務違反の終結を求めることに止まっていて、それ以上に違反国に対する制裁や対抗措置を講じられないことは国家責任条文に規定されている通りである[4]。

国際人権法の目的や世界人権宣言の文言からも明らかなように、個人は本来は国際人権規範の権利主体であるにも関らず、地域的人権保障制度における例外を除いて、自らが受けた人権侵害の救済を請求することを可能とされる権利主体としての地位を未だ獲得しているとは言い難い。即ち人権侵害の被害者個人がまず選択すべき方途は国内的救済の追及であり、それを完了しても権利の回復が不可能な場合にのみ人権条約機関への個人通報が可能とされるが、一方的宣言又は選択議定書の締結により条約機関の権限の行使に同意を表明している締約国に対するものに限られている。しかも条約機関は個人通報の受理可能性について厳しい基準を設けている上、審査・検討された結論も当事国に対する勧告に止まり、当事国自らが権利侵害を認めて勧告を受入れない限り救済が実現する保証は得られない。人権委員会の 1503 手続を継承して新たに整備された人権理事会の不服申立手続も、理事会の権限に対する国連加盟国の同意こそ必要とされていないものの、基本的には人権条約機関における通報処理手続の範囲を超えるものではないが、事態作業部会が設けられて関係国との協力の促進を図る目的の下に改善が実現されたことは評価されよう。以上のように人権侵害の被害者たる個人に保障される救済は依然として国内的救済手段が中心であり、国際人権規範の履行のために個人通報を含む多様な国際的実施措置が実行に移されているにも関らず、個人が請求権の主体と位置付けられるには猶遠い状態にあると考えられる。

国際人道法の枠組においては人道法違反の個人の責任を追及する国際システムが近年急速に発達し、責任主体としての個人の国際法上の位置付けが明確になりつつあるが、国際人権法の分野では人権規範を遵守していない国の責任を追及して、自らが受けた権利侵害の救済を求める個人の権利は現時点の普遍的人権条約上は十分確保されていないと認めざるをえない。言葉を換えると人権及び基本的自由の権利主体である筈の個人が、権利侵害を受けても権利を回復すべき請求権を国際法上未だ獲得していないのであり、それを補完するための多様な国際的実施措置が実行に移されてはいるものの、地域レベルを除いて権利主体としての個人の国際法主体性の確立に資する進展を見せているとは考えられないのである。従って国際法上の包括的権利義務を有する一次的法主体は依然として国家に限定されている状況に変化はなく、国際法定立の側面では国連を初めとする国際機構や赤十字国際委員会等NGOの関与が増大しつつあるとは言え、条約締結や慣習国際法形成において顕著に見られるように、国際法定立主体については国家による独占が依然として基本的に継続している。

国際法規範の履行については、今世紀に入り国家責任条文が国連総会によるテークノートをもって確定し、現在様々な観点からの研究が進められていると見られる。ところで人権及び基本的自由の重大かつ一貫したパターンの侵害が確認された場合、侵害国は国連の場や国際世論において激しい非難を受け、平和に対する脅威と認定されれば安保理による国連憲章第7章下の強制措置としての制裁が決定され、そこに至らずとも一方的な自発的制裁の対象とされる可能性が高い。このように重大な人権侵害が制裁の対象とされる理由は、拷問や強制失踪等多くの国において犯罪として厳しく規制されている侵害行為が、武力紛争や国内情勢の混乱の中で国の政策として国家機関により実行されてしまうケースが跡を絶たないからである。即ちジェノサイド等一定の重大人権侵害は国家による犯罪行為に相当すると認識されて、国際社会の秩序維持のために終結を求められると同時に制裁を科して抑止を図られる可能性が高いが、国際人道法違反に代表される個人の国際犯罪とは異なり、国家の国際犯罪の概念は未だ確定的に認識されてはおらず、国家責任条文においても関連規定は結局削除されてしまった。条文草案の段階で国際法委員会は国家の国際犯罪として、侵略や力による植民地支配、大規模な環境破壊と並んで大規模人権侵害を列挙していたことを、本書を締括るに当って強く留意すべきであると思われる。

以上国際人権法と国際人道法における個人の法主体性を比較検討すると、人道法違反に対する国家の訴追・処罰義務を徹底させて更に補完する形で、国際機関が直接に個人の刑事責任を追及するシステムが実現し、責任主体としての個人の国際法主体性が確立される方向にあることが明らかにされた。これに対して国際人権義務の履行に関しては国家の裁量が大幅に許容されている状態で、それを監視する国際機関や条約機関による多様な関与が制度化されてはいるものの、人権侵害の被害者個人が国際的救済を請求して国際機関が権利回復を国に命じることはできず、権利主体としての個人の権能は非常に限定的な段階に止まっている。即ち個人の権利侵害が国家間紛争に転化されて国際裁判の俎上に載らない限り、人権条約が定める国際的実施措置において国は義務違反や人権侵害の責任を追及されることはないと言えよう。従って重大かつ大規模な人権侵害があっても、国家による国際犯罪としての責任の追及方法が確立していない現状において、平和に対する脅威と認定されて国連による強制措置としての制裁が科されるか否かは、安保理の政治的判断に依存していると考えられるのである。

注

1 *I.C.J. Reports*, 1996, p.240, para.25 ; *I.C.J. Reports,* 2004, pp.177-181, paras.102-113.

2 *I.C.J. Reports,* 1995, p.102, para.29 ; *I.C.J. Reports*, 1996, pp.615-616, paras.30-31.

3 *I.C.J. Reports,* 2012, pp.449-450, paras.67-69.

4 国家責任条文第 48 条 2 項参照。

主要参照文献

A.I.D.I. *Annuaire de l'International de Driot International*
A.J.I.L. *American Journal of International Law*
B.Y.I.L. *British Yearbook of International Law*
E.J.I.L. *European Journal of International Law*
G.Y.I.L. *German Yearbook of International Law*
H.L.R. *Harvard Law Review*
H.I.L.J. *Harvard International Law Journal*
H.R.Q. *Human Rights Quarterly*
I.C.L.Q. *International and Comparative Law Quarterly*
I.J.I.L. *Indian Journal of International Law*
I.L.A. *International Law Association*
N.Y.I.L. *Netherlands Yearbook of International Law*
V.J.I.L. *Virginia Journal of International Law*
R.G.D.I.P. *Revue Générale de Driot International Pubic*
R des C *Recueil des Cours*

阿部浩己『国際法の人権化』信山社、2014 年。

Addo, M.K., "Interim Measures of Protection for Rights under the Vienna Convention on Consular Relations," *E.J.I.L.,* Vol.10 (1999).

Ago, R., "Communauté international et organisation internationale," *Manuel sur les organisations internationals,* Nijhoff, 1988.

Allott, Ph., *The Health of Nations : Society and Law beyond the State,* Cambridge, 2002.

Andreopoulos, G.J., *Genocide : Conceptual and Historical Dimensions*, University of Pennsylvania Press, 1994.

Akehurst, M., "The Hierarchy of the Sources of International Law," *B.Y.I.L.,* Vol.47 (1974).

Arangio-Ruiz, G., "The Normative Role of the General Assmbly of the United Nations and the Declaration of Principles of Friendly Relations," *R des C*, Tom.137 (1972).

Arajärvi, N., *The Changing Nature of Customary International Law : Methods of Interpreting the Concept of Custom in International Criminal Tribunals,* Routledge, 2014.

Asamoah, O.Y., *The Legal Significance of the Declaration of the General Assembly of the United Nations,* Nijhoff, 1966.

Askin K.D., *War Crimes against Women*, Nijhoff, 1997.

Aust, A., *Modern Treaty Law and Practice,* Cambridge, 2000.

Bailey, S.D., *The UN Security Council and Human Rights*, St.Martin's Press, 1994.

Baxter, R., "Treaties and Custom," *R des C,* Tom.129 (1970).

Bechett, J.A., "Behind Relative Normativity : Rules and Process as Prerequisites of Law," *E.J.I.L.,* Vol.12 (2001).

Bianchi, A., "Human Rights and the Magic of *Jus Cogens,*" *E.J.I.L.*, Vol.19.(2008).

Bos, M., "The Recognized Manifestations of International Law : A New Theory of 'Sources'," *G.Y.I.L.*,

Vol.20 (1977).

Bradley, C.A. & Goldsmith, J.L., "Customary International Law as Federal Common Law : A Critique of the Modern Position," *H.L.R.*, Vol.110 (1997).

Buergenthal, T., *Law-Making in the International Civil Aviation Organization*, University of Virginia Press, 1969.

バーゲンソル・T（小寺初世子訳）『国際人権法入門』東信堂、1995 年。

Burley, A-M, "The Alien Tort Statute and the Judiciary Act of 1789 : A Badge of Honor," *A.J.I.L.* Vol.83 (1989).

Byers, M., *Custom, Power and the Power of Rules,* Cambridge, 1999.

Cannizzaro, E. & Palchetti, P., *Customary International law on the Use of Force*, Nijhoff, 2005.

Caplan, L.M., "State Immunity, Human Rights, and *Jus Cogens* : A Critique of the Normative Hierarchy Theory," *A.J.I.L.*, Vol.97 (2003).

Cassese, A., *International law in a Divided World*, de Gruyter, 1986.

——— "When May Senior State Officials Be Tried for International Crimes? : Some Comments on the Congo v. Belgium Case." *E.J.I.L.*, Vol.13 (2002).

——— *International Criminal Law,* Oxford, 2003.

カッセーゼ・A（曽我英雄訳）『戦争・テロ・拷問と国際法』敬文社、1992 年。

Cassese, A., & Weiler, J.H.H., *Change and Stability in International Law-Making*, Oxford, 1988.

Chadwick, E., *Self-Determination, Terrorism and the International Humanitarian Law of Armed Conflict,* Nijhoff, 1996.

Charney, J.I., "The Persistent Objector Rule and the Development of International Law," *B.Y.I.L.*, Vol.56 (1985).

——— "Universal International Law," *A.J.I.L.*, Vol.87 (1993).

——— "Progress in International Criminal Law?" *A.J.I.L.,* Vol.95 (1999).

Chayes, A. & A., *The New Sovereignty : Compliance with International Regulatory Agreements*, Harvard U.P., 1995.

de Chazournes, L.B. & Sands, Ph., *International Law, the International Court of Justice and Nuclear Weapons,* Cambridge, 1999.

Cheng, B., "United Nations Resolutions on Outer Space : 'Instant' Customary Law?" *I.J.I.L.*, Vol.5 (1965).

——— "Custom : The Future of General State Practice in a Divided World," Macdonald & Johnston, *The Structure and Process of International Law,* Springer, 1983.

Chibundu, M.O., "Making Customary International Law Through Municipal Adjudication : A Structural Inquiry," *V.J.I.L.*, Vol.39 (1999).

Chinkin, C., "Due Process and Witness Anonymity," *A.J.I.L.*, Vol.91 (1997).

Christenson, G.A., "The World Court and *Jus Cogens,*" *A.J.I.L.*, Vol.81 (1987).

Clark, B., "The Vienna Convention Reservations Regime and the Convention on Discrimination against Women," *A.J.I.L.*, Vol. 85 (1991).

Clark, R. & Sann, M., *The Prosecution of International Crimes : A Critical Study of the International Tribunal for the Former Yugoslavia*, Transaction Publishers, 1996.

Crowe, J. & Weston-Scheuber, K., *Principles of International Humanitarian Law,* Edward Elgar, 2013.

Czaplinski, W., "Sources of International Law in the Nicaragua Case," *I.C.L.Q.*, Vol.38 (1989).

D' Amato, A., "The Concept of Special Custom in International Law," *A.J.I.L.*, Vol.63 (1969).
——— "Manifest Intent and the Generation of Customary Rules of International Law," *A.J.I.L.*, Vol.64 (1970).
——— *The Concept of Custom in International Law,* Cornell U.P., 1971.
——— "The Concept of Human Rights in International Law," *Columbia Law Review*, Vol.82 (1982).
——— "Judge Bork's Concept of the Law of Nations Is Seriously Mistaken," *A.J.I.L.*, Vol.79 (1985).
——— "Trashing Customary International Law," *A.J.I.L.,* Vol.81 (1987).
——— "Peace vs. Accountability in Bosnia," *A.J.I.L.*, Vol.88 (1994).
Danilenko, G., *Law-Making in the International Community*, Nijhoff, 1993.
Davidson, S., *Human Rights,* Open University Press, 1993.
Delbrück, J., *The Future of International Law Enforcement : New Scenarios – New law?* Duncker & Humblot, 1993.
——— *Allocation of Law Enforcement Authority in the International System*, Duncker & Humblot,1995.
——— *New Trends in International Lawmaking : International 'Legislation' in the Public Interest,* Duncker & Humblot, 1997.
Di Qual, L., *Les effets de Résolutions des Nations Unies*, 1967.
D' Aspremont, J., *Formalism and the Sources of International Law : A Theory of the Ascertainment of Legal Rules,* Oxford, 2011.
Dukalskis, A. & Johansen, R.C., "Measuring Acceptance of International Enforcement of Human Rights : The United States, Asia, and the International Criminal Court," *H.R.Q.*, Vol.35 (2013).
Dupuy, R-J., "Coutume sage et coutume sauvage," *Mélange offerts à Charles Rousseau, La communauté international*, 1974.
——— "Declaratory Law and Programmatory Law," Akkerman, *Declarations on Principles : A Quest for Universal Peace,* Springer, 1977.
——— *La Communauté Internationale entre le Mythe et l'histoire,* UNESCO, 1986.
Du Visscher, P., "Observations sur les résolutions declaratives de droit adoptée au sein de l'Assemblée générale de l'Organisations Nations Unies," *Festschrift für Rudolf Bindschedler,* 1980.
Dutton, Y., *Rules, Politics, and the International Criminal Court,* Routledge, 2013.
Dworkin, R., *Taking Rights Seriously*, Harvard U.P., 1977.
Elias, O., "The Nature of the Subjective Element in Customary International Law," *I.C.L.Q.,* Vol.44 (1995).
江藤淳一「慣習国際法の理論と『一貫した反対国』の原則」『国際法外交雑誌』第 88 巻第 1 号（1989 年）。
Fastenrath, U., "Relative Normativity in International Law," *E.J.I.L.*, Vol.4, (1993).
Fitzpatrick, J., "Speaking Law to Power : The War against Terrorism and Human Rights," *E.J.I.L.*,Vol.14 (2003).
Franck, Th., *Fairness in International Law and Institutions*, Oxford, 1995.
Friedmann, W., *The Changing Structure of International Law,* Columbia U.P., 1964.
Frowein, J., "Reaction by Not Directly Affected States to Breaches of Public International Law," *R des C,* Tom.248 (1994).

藤田久一『戦争犯罪とは何か』岩波新書、1995 年。

Gammeltoft-Hansen, Th., *Access to Asylum*, Cambridge, 2011.

Gardam, J., "Women and the Law of Armed Conflict," *I.C.L.Q.*,Vol.46 (1997).

Geslin, A. & Le Floch, G., "Chronique de jurisprudence de la Cour international de justice (2011-2012)," *Jounal de Droit International*, Tom.140 (2013).

Glanville, L., *Sovereignty and the Responsibility to Protect : A New History*, The University of Chicago Press, 2014.

Goldsmith, J.L. & Posner, E.J., "Understanding the Resemblance between Modern and Traditional Customary Law," *V.J.I.L.*, Vol.40 (2000).

——— "International Agreements : A Rational Choice Approach," *V.J.I.L.*, Vol.44 (2003)

——— *The Limits of International Law,* Oxford, 2005.

Gunning, I., "Modernizing Customary International Law : The Challenge of Human Rights," *V.J.I.L.*,Vol.31 (1991).

Haggenmacher, P., "La doctrine des deux élément du droit coutumier dan la pratique de la cour internationale," *R.G.D.I.P.*, Tom.90 (1986).

Hannikainen, L., *Peremptory Norms (Jus Cogens) in International Law : Historical Development, Criteria, Present Status,* 1988.

Hart, H.L.A., *The Concept of law,* Oxford, 1961.

ハサウェイ・J・C（平野裕二・鈴木雅子訳）『難民の地位に関する法』現代人文社、2008 年。

初川　満『緊急事態と人権』信山社、2007 年。

Henckaerts, J-M. & Doswald-Beck, L., *Customary International Humanitarian Law*, Cambridge, 2005.

Henkin, L., "U.S. Ratification of Human Rights Conventions : The Ghost of Senator Bricker," *A.J.I.L.*, Vol.89 (1995).

Higgins, R., *The Development of International Law through the Political Organs of the United Nations,* Oxford, 1963.

——— *Problems and Process : International Law and How We Use it*, Oxford, 1994.

樋口一彦「1977 年ジュネーブ諸条約追加議定書と慣習国際人道法ー国際立法の観点から」坂元茂樹（編）『国際立法の最前線』藤田久一先生古稀記念、有信堂、2009 年。

広瀬善男『外交的保護と国家責任の国際法』信山社、2009 年。

van Hoof, G.J.H., *Rethinking the Sources of International Law,* Kluwer, 1983.

位田隆一「『ソフトロー』とは何か」『法学論叢』（京大）第 117 巻第 6 号（1985 年）。

井上忠男『戦争と国際人道法　その歴史と赤十字の歩み』東信堂、2015 年。

岩沢雄司『条約の国内適用可能性ーいわゆる "self-executing" な条約に関する一考察』有斐閣、1985 年。

Jiménez de Aréchaga, E., "International Law in the Past Third of a Century," *R des C*, Tom.159 (1978).

Kammerhofer, J., "Uncertainty in the Formal Sources of International Law : Customary International Law and Some of Its Problems," *E.J.I.L.*, Vol.15 (2004).

Kelly, J.K., "The Twilight of Customary International Law," *V.J.I.L.*, Vol.40 (2000).

Kelsen, H., *Principles of International Law*, Rinehart & Campany, 1952.

Kirgis, F., "Custom on a Sliding Scale," *A.J.I.L.*, Vol.81 (1987).

Klabbers, J., *The Concept of Treaty in International Law*, Kluwer, 1996.

Klabbers, J. & Piiparinen, T., *Normative Pluralism and International Law : Exploring Global Governance,* Cambridge, 2013.

国際女性の地位協会『コンメンタール女性差別撤廃条約』尚学社、2010 年。

小寺　彰・道垣内正人『国際社会とソフトロー』有斐閣、2008 年。

Kolb, R., *Théorie du Jus cogens international*, Presses Universitaires de France, 2001.

小長谷和高『序説　国際刑事裁判―独裁指導者に対する人道の審き―』（第 2 版）尚学社、2007 年。

小森光夫『一般国際法秩序の変容―国際法制度の変化過程と規範的正当化―』信山社、2015 年。

Koojimans, P., "The ICJ in the 21st Century : Judicial Restraint, Judicial Activism, or Proactive Judicial Policy," *I.C.L.Q.*, Vol.56 (2007).

Koskenniemi, M., *From Apology to Utopia,* Cambridge, 1989.

——— "National Self-determination Today : Problems of Legal Theory and Practice," *I.C.L.Q.*, Vol.43 (1994).

——— "The Police in the Temple. Order, Justice and the UN : A Dialectical View," *E.J.I.L.*, Vol.6 (1995).

久保田 洋『実践国際人権法』三省堂、1986 年。

———『入門国際人権法』信山社、1990 年。

黒澤　満 『軍縮問題入門』（第 2 版）東信堂、1999 年。

———『核軍縮と国際平和』有斐閣、1999 年。

Lacks, M., "Les development et les fonctions des treatés multilatéraux," *R des C*, Tom.92 (1957).

——— "Recognition and Modern Methods of International Cooperatopn," *B.Y.I.L.*, Vol.35 (1959).

Lauterpacht, H., *International Law and Human Rights,* Archon Books, 1950.

——— "Codification and Development of International Law," *A.J.I.L.,* Vol.49 (1955).

——— *Private Law Sources and Analogies of International Law,* Archon Books, 1970.

Leigh, M., "Witness Anonymity is Inconsistent with Due Process," *A.J.I.L.,* Vol.91 (1997).

Lepard, B.D., *Customary International Law : A New Theory with Practical Applicaions,* Cambridge, 2010.

Lescure,K. & Trintignac, F., *International Justice for Former Yugoslavia : The Working of the International Criminal Tribunal of the Hague,* Kluwer, 1996.

Leimbach, D., *A Global Agenda : Issues Before the United Nations* 2009-2010, the UN Assosiation of the USA, 2009.

Lijnzaad, L., *Reservations to UN-Human Rights Treaties : Ratify and Ruin*? Nijhoff, 1995.

Liivoja, R. & Petman, J., *International Law-making, Essays in Honour of Jan Klabbers*, Routledge, 2015.

Lobo de Souza, I.M., "The Role of State Consent in the Customary Process," *I.C.L.Q.*, Vol.44 (1995).

Malkani, B., "The Obligation to Refrain from Assisting the Use of the Death Penalty," *I.C.L.Q.*,Vol.62 (2013).

McNair, A.D., *The Law of Treaties,* Oxford, 1961.

Mendelson, M.H., "The Formation of Customary (General) International Law," *I.L.A. Report* (1988).

——— "The Formation of Customary International Law," *R des C,* Tom.272 (1998).

Mendes, E., *Global Governance, Human Rights and International Law : Combating the Tragic Flaw,* Routledge, 2014.

Meron, Th., "Norm Making and Supervision in International Human Rights : Reflections on Institutional Order," *A.J.I.L.*, Vol.76 (1982).

――― "On a Hierarchy of International Human Rights Law," *A.J.I.L.*, Vol.80 (1986).
――― *Human Rights and Humanitarian Norms as Customary Law*, Clarendon Press, 1989.
――― "Rape as a Crime under International Humanitarian Law," *A.J.I.L.*, Vol.87 (1993).
――― "War Crimes in Yugoslavia and the Development of International Law," *A.J.I.L.*, Vol.88 (1994).
――― "International Criminalization of Internal Atrocities," *A.J.I.L.*, Vol.89 (1995).
――― "Revival of Customary Humanitarian Law," *A.J.I.L.*, Vol.99 (2005).
Milano, E., "Diplomatic Protection and Human Rights before the International Court of Justice : Re-fashoning Tradition?" *N.Y.I.L.*, Vol.35 (2004).
Monnier, J., "Nodules et principes, Réflections sur la portée de la résolution 1749(XXV) de l'Assemblée générale des Nations Unies," *Festschrift für Rudolf Bindschedler,* 1980.
森　大輔『ゲーム理論で読み解く国際法　国際慣習法の機能』勁草書房、2010 年。
森川俊孝・佐藤文夫『新国際法講義』北樹出版、2015 年。
Morton, J.S., *The International Law Commission of the United Nations*, University of South Carolina Press, 2000.
村上正直『入門・人種差別撤廃条約』解放出版社、2009 年。
村瀬信也「現代国際法における法源論の動揺―国際立法論の前提的考察として―」『立教法学』第 25 号（1985 年）。
村瀬信也・鶴岡公二（編）『変革期の国際法委員会』信山社、2011 年。
中村耕一郎『国際「合意」論序説』東信堂、2002 年。
Niarchos, C.N., "Women, War, and Rape : Challenges Facing the International Tribunal for the Former Yugosulavia," *H.R.Q.*, Vol.17 (1995).
Nolte, G., *Treaties and Subsequent Practice*, Oxford, 2013.
Norman, G. & Trachtman, J.T., "The Customary International Law Game," *A.J.I.L.*, Vol.99 (2005).
小田滋「国際司法裁判所判事三期二七年の任期を終えて」『国際法外交雑誌』第 104 巻 2 号（2005 年）。
大倉一美『拷問等禁止条約とは何か―国際人権に取り残される日本』創史社、1998 年。
大沼保昭『単一民族社会の神話を超えて』東信堂、1986 年。
―――『人権、国家、文明―普遍主義的人権観から文際的人権観へ―』筑摩書房、1998 年。
Orakhelashvili, A., *Peremptory Norms in International Law*, Oxford, 2006.
Pauwelyn, J., Wessel, R.A. & Wouters, J., *Informal International Lawmaking,* Oxford, 2012.
Pellet, A., "Can a State Commit a Crime? Definitely, Yes! " *E.J.I.L.,* Vol.10 (1999).
Perreau-Saussine, A. & Murphy, J.B., *The Nature of Customary Law : Legal, Historical and Philosophical Perspectives*, Cambridge, 2007.
Raggazi, M., *The Concept of International Obligation Erga Omnes,* Clarendon Press, 1997.
Reisman, W.M., "Legal Issues in the Nicaragua Opinion," *A.J.I.L.*, Vol.81 (1987).
Roberts, A.E., "Traditional and Modern Approaches to Customary International Law : A Reconciliation," *A.J.I.L.,* Vol.95 (2001).
Scobbie, I., "The invocation of Responsibility for the Breach of 'Obligation under Peremptory Norms of General International Law'," *E.J.I.L.*, Vol.13 (2002).
坂元茂樹「条約実施機関の解釈権能―自由権規約第 2 条 1 項の解釈をめぐって」坂元茂樹

（編）『国際立法の最前線』藤田久一先生古稀記念、有信堂、2009 年。
――――「『条約の留保』に関するガイドラインについての一考察一人権条約の実施機関の実行をめぐって」、村瀬信也・鶴岡公二（編）『変革期の国際法委員会』信山社、2011 年。
芹田健太郎・薬師寺公夫・坂元茂樹『ブリッジブック国際人権法』信山社、2008 年。
Shahabuddeen, M., *International Criminal Justice at the Yugoslav Tribunal : A Judge's Recollection*, Oxford, 2012.
Sicilianos, L-A., "The Classification of Obligations and the Multilateral Dimension of the Relations of International Responsibility," *E.J.I.L.*, Vol.13 (2002).
Simeon, J.C., *Critical Issues in International Refugee Law*, Cambridge, 2010.
Simma, B., "From Bilateralism to Community Interest," *R des C*, Tom.250 (1994).
Simma, B. & Paulus, A.L., "The Responsibility of Individuals for Human Rights Abuses in Internal Conflicts : A Positivist View," *A.J.I.L.*, Vol.93 (1999).
Skubiszewski, K., "Enactment of Law by International Organizations," *B.Y.I.L.*, Vol.41 (1965-1966).
―――― "The Elaboration of General Multilateral Conventions and of Non-contractual Instruments Having a Normative Function or Objective," *A.I.D.I.*, Vol.62-II (1986).
Slaughter, A-M., "International Law in a World of Liberal States," *E.J.I.L.*, Vol.6 (1995).
Stein, T.L., "The Approach of the Different Drummer : The Principle of the Persistent Objector in International Law," *H.I.L.J.*, Vol.26 (1985).
Steiner, H.J., Alston, Ph. & Goodman, R., *International Human Rights in Context : Law, Politics, morals*, Oxford, 2007.
杉原高嶺『国際法学講義』有斐閣、2008 年。
Swaak-Goldman, O., "Prosecutor v. Rajic, Review of the Indictment Pursuant of Rule 61 of the Rules of Procedure and Evidence. No.IT-95-12-R61," *A.J.I.L.*, Vol.91 (1997).
高嶋陽子『武力紛争における国際人権法と国際人道法の交錯』専修大学出版局、2015 年。
滝澤美佐子『国際人権基準の法的性格』国際書院、2004 年。
Tames, Ch.J., "Do Serious Breaches Give Rise to Any Specific Obligations of the Responsible State?" *E.J.I.L.*, Vol.13 (2002).
―――― *Enforcing Obligations Erga Omnes in International Law*, Cambridge, 2005.
Thirlway, H.W.A., *International Cutomary Law and Codification*, Sijthoff, 1972.
―――― *The Sources of International Law*, Oxford, 2014.
Tomuschat, Ch., "Obligation Arising for States without or against Their Will," *R des C*, Tom.241 (1993).
―――― *Human Rights : Between Idealism and Realism*, Oxford, 2008.
戸塚悦朗『国連人権理事会一その創造と展開』日本評論社、2009 年。
Vagts, D.F., "International Relations Looks at Customary International Law : A Traditionalist's Defence," *E.J.I.L.*, Vol.15 (2004).
Verdirame, G., *The UN and Human Rights : Who Guards the Guardians*, Cambridge, 2011.
Vermeer-Künzli, A., "As If : The Legal Fiction in Diplomatic Protection," *E.J.I.L.*, Vol.18 (2007).
―――― "A Matter of Interest : Diplomatic Protection and State Responsibility *Erga Omnes*," *I.C.L.Q.*, Vol.56 (2007).
Villiger, M., *Customary International Law and Treaties*, Kluwer, 1985.
Virally, M., "Sur la notion d'accord," *Festschrift für Rudolf Bindschedler*, 1980.
―――― "La distinction entre textes internationaux de portée juridique et textes internationaux déprourvus de portée juridique," *A.I.D.I.*, Vol.60-I (1983).

——— "Panorama du droit international contemporain," *R des C,* Tom.183 (1983).

——— "Résolution et accord international," *Essays in International Law in Honour of Judge Manfred Lachs,* Springer, 1984.

渡辺茂己『国際人権法』国際書院、2009 年。

Weil, P., "Towards Relative Normativity in International Law," *A.J.I.L.*, Vol.77 (1983).

Weill, Sh., *The Role of National Courts in Applying International Humanitarian Law,* Oxford, 2014.

Weiler, J.H.H., *International Crimes of State : A Critical Analysis of the ILC's Draft Article 19 on State Responsibility,* de Gruyter, 1989.

Weisburd, A.M., *Use of Force : The Practice of States Since World War II*, Penn State U.P., 1997.

Wilmshurst, E. & Breau, S., *Perspectives on the ICRC Study on Customary International Humanitarian Law*, Cambridge, 2007.

Wolfrum, R., *Strengthing the World Order : Universalism v. Regionalism*, Duncker & Humblot, 1990.

Woodhouse, D., *The Pinochet Case : A Legal and Constitutional Analysis,* Hart Publishing, 2000.

Wyler, E., "From 'State Crime' to Responsibility for 'Serious Breaches of Obligation under Peremptry Norms of General International Law' ," *E.J.I.L.*, Vol.13 (2002).

山手治之・香西　茂『現代国際法における人権と平和の保障』東信堂、2003 年。

横田洋三『日本の人権／世界の人権』不磨書房、2003 年。

横田洋三（編）『国際人権入門』法律文化社、2008 年。

あとがき

21世紀に入って国連における「人権の主流化」は急速かつ確実に進展し、世界人権宣言の起草等多大な業績を残した国連人権委員会に代り、2006年に人権理事会が新設されて、加盟国の人権状況に対する普遍的定期審査（UPR）が実行に移された。そして5年後の2011年には、新女性統合機関UN Womenが活動を開始した。著者は2009年と2010年の2回にわたり、社会・文化・人道問題を担当する総会第三委員会に政府代表代理として出席する機会を得て、ニューヨークの国連本部の熱気に溢れる動向を肌で感じることができた。研究活動に止まらないこの時の新鮮な経験が、人権・人道分野を対象として本書を執筆する直接の契機になったと考えている。

著者の国際法研究は条約締結手続の検討に始り、慣習法形成を含む国際法定立過程に関する理論の考察、そして国際機構の規則制定やソフトロー等の新しい国際規範の可能性の究明に従事してきた。その間の国際法の発展は目を瞠るばかりで、人権・開発・環境等新たな領域で大量の規範が創出されてきている。国際規範の定立プロセスでは今までにない多様な手法が駆使され、非常にダイナミックに展開していたことが研究上の関心を惹いたと思われる。従来の国際法の法源では捉えきれない新しい規範に注目が集まり、規範概念の拡大或いは柔軟化という一般的傾向が高まってきた。又これに呼応して、伝統的な国際法規範においても、対世的義務の概念や強行規範等、異なる法的性格や上位規範の存在が認識されるようになって、国際法体系はより一層複雑で精緻な構築を必要とするに至っている。

その結果現在では、国際法の細分化や研究領域の専門化が著しく、国際法を研究していても専門分野以外の事象に目を向ける余裕がないように思われる。従って古い分類に従うと法源論、或いは法定立過程論と呼ばれるような、国際法の俯瞰的・横断的な研究を続けてきた著者にとって、各分野における膨大かつ詳細な資料を渉猟して、纏まった理論なり著作を書下ろす作業に取掛ることは非常に困難であった。それでも今回人権法と人道法を対象とする著作の執筆に敢えて挑戦した背景には、いくつかの理由が挙げられる。

国際人権規約が成立して国際人権法が国際法の一分野としての地位を確立して間もなく、著者は国際法の研究に着手した。そして伝統的な国家間関係を規律する国際法とは異質な、独特の国際法領域との印象を強く持った記憶がある。又人権と基本的自由は保護されるべきもの、尊重されるべきものという価値や道徳に基づく規範意識も当然かつ自明のことで、究明の余地がないように思われた。しかし1979年の女性差別撤廃条約の成立と続く「国連女性の十年」の動向は世界中に大きな反響を及ぼし、日本の国際法研究においても人権分野の重要性が強く認識される結果を齎した。そのような中で当時国際法学会会長を務められていた故石本泰雄先生のお勧めもあり、『国際女性条約・資料集』の編纂が取組まれて、著者も女性国際法研究者の一人としてこれに参加し、女性の人権や人道法についての知見の一端を得ることができた。

その後も子どもの権利条約等多くの人権条約が成立し、人権条約機関による国際的実施措置も含めて、学問研究のみならず広く一般社会の関心を集めるようになり、人権に関する多数のNGOも設立されている。著者も「女性の地位協会」や「汎太平洋東南アジア婦人協会」等の活動に参加して、人権への関心を引続き維持したものの、自ら中心的な研究対象とする機会が多くはなかった。又ロンドン大学の客員教授として滞在した21世紀初頭のイギリスでも、日本以上に国際人権法に対する関心は高く、多くの学生が専攻する中で人権に関する講演が頻繁に開催されていた。そして上記の総会第三委員会への出席により国連の人権保護活動に関する見識を深め、所属大学の学部のカリキュラムにも「国際人権法」の科目を新設して、半年間の講義を担当するに至っている。

日本でも国際人権法学会が設立され、多くの国際法・国内法学者や法曹関係者が研究に携わり、人権法に関する大量の書籍が刊行されてきている。しかし多くの著作が発信型の情報提供を主な目的とし、理論化を求める学問的分析は必ずしも中心に位置していないと思われる。国際法理論における新しい動向、そして条約法や国家責任・外交的保護等の法典化が進んだ領域では、常に人権分野の様々な現象が取上げられていることが、著者の経験からも強く感じられていた。従って国際人権法の全体像を極力簡潔に把握して、そこに適用可能な理論の抽出を試みたいと考えたのである。

次に本書に国際人道法に関する考察を加えた理由は、冷戦終結後の内戦の増加と過激化に求められる。国内的武力紛争では一般住民の被害が拡大し、特に戦闘に加わらない女性や子どもの権利侵害が甚だしい。それを規制して抑止するための人道法規は、国家間の武力紛争に適用される規範に比べて著しく進展が遅れている。従って世紀転換期には内戦における人道法の重大違反が国際的な批判を呼び、国際刑事裁判による処罰が実現されてきた。ここ数十年に及ぶ人道法のダイナミックな展開は、国連設立以降の国際人権法の定立活動に匹敵するような発展と言っても過言ではないであろう。

本書の国際人道法に関する記述は、人権法に比べて遥かに量は少ないが、その理由は赤十字国際委員会による法典化条約の改正が重ねられた結果、人道法の体系化が進み、全体像の把握がそれ程困難でないからと考えられる。従って記述量からすると相当の相違が見られるものの、両規範の比較から、当初予想しなかった顕著な対照性を導く成果を得られたと考えている。

最後に本書は亜細亜大学特別研究奨励制度の適用を受けた研究に基づくものであり、定年を間近に控えての得難い機会として1年間研究に専念することができた。又本書執筆の直接の契機となった国連総会への派遣に際しては、大学や学部の理解を得て、暖かく送出して貰えたことを特筆しておきたい。そして著者の長年の研究活動を支えてくれた家族や先輩・友人と、『国際女性条約・資料集』以来のご縁から本書の刊行を快く引受けて下さった東信堂下田勝司社長には、大変お世話になった。心よりの感謝を申し上げる。

2017年1月

篠　原　　梓

索　引

あ行

ILO条約……………………… 129,130,136,208
アパルトヘイト条約……………………… 109
アベナ事件………………………………… 167
意識主義…………………………………… 31
意思主義………………………………… 18,31
移住者の年金に対する権利に関する条約…… 121
移住労働者委員会………………………… 123
移住労働者権利条約………………… 122,137
1503手続 …………………………189,190,191
1235手続 ……………………………188-190
一般的意見………………………… 134,152
一般的勧告………………… 114,134,155,156
一般的性格の留保………………… 26,154,155
オスロ・プロセス………………………… 67
オタワ・プロセス………………………… 67

か行

外交的保護…………………… 23,38,39,40,168
外交的保護条文案………………………… 35,37
外交保護権…………… 10,38,39,40,167,168,208
外国人の権利宣言…………………… 122,187
外国人不法行為法…………………… 165,172
核軍縮交渉義務事件……………………… 69
核兵器合法性事件………… 65,68,69,72,79,80
ガブチコボ＝ナジュマロシュ事件 …… 76
既婚婦人の国籍条約……………………… 112
客観主義…………………………………… 31
旧ユーゴ国際刑事裁判所(ICTY) … 35,43,81
教育差別禁止条約………………………… 110
強行規範……………… 10,29-34,36-38,170,182
強制失踪委員会……………………… 127,144
強制失踪条約………………… 126,127,143,144
共通利益…………………………………29,148
漁業管轄権事件…………………………… 76
経済的社会的権利………………………… 90,98
結晶化効果………………………………… 164
交戦法規……………………………51,56,57,59,60
拷問禁止委員会……………… 119,135,141,142
拷問等禁止条約………… 118,119,137,142,169
拷問等禁止条約選択議定書……………… 144
合理的配慮…………………………… 123,124
国際海洋法裁判所………………………… 20,24
国際関心事項……………………………… 4,109
国際刑事裁判所(ICC) … 5,20,43,44,107,117,207
国際司法裁判所…………………………… 19
国際人権規約……………………………… 98
　社会権規約……………………… 99,100,131
　自由権規約……………… 98,99,100,131,152
　自由権規約選択議定書……………… 98,99
国際人権章典……………………………… 98
国際奴隷条約……………………………… 91
国内管轄権………………90,91,93,94,204,206
国内管轄事項……………………… 4,109,157,160
国内的救済…………………… 38,139,140,211
国内避難民(IDP) ……………………97,106
国連児童基金(UNICEF) ………… 96,97,133
国連人権委員会…………………… 95,108,188
国連人権高等弁務官事務所……… 97,133,192
国連難民高等弁務官事務所(UNHCR) ……
…………………… 97,103,105,106,107,132,191
国連先住民族の権利宣言………………… 187

国連ミレニアム宣言…………………………… 187
個人通報制度…………………… 131,138,141,208
国家責任条文……………………………36,37,77,213
国家通報制度……………… 130,131,136-138,208
国家の国際犯罪……………………………… 37,213
国家報告制度……………… 129,131,132,135,,208
子どもの権利委員会…………………… 115,117
子どもの権利宣言……………………… 115,186
子どもの権利条約……………………… 115,138
　武力紛争における児童の関与に関する選択
　　議定書……………………………… 71,116
　子どもの売買、児童買春及び児童ポルノに
　　関する選択議定書……………………… 116
雇用・職業差別禁止条約……………………… 110
雇用を目的とする移住に関する条約……… 121
コルフ海峡事件…………………………………… 79
婚姻の同意・最低年齢・登録条約………… 112

さ行

最悪の形態の児童労働禁止条約…………… 117
罪刑法定主義……………………………82,83,210
暫定措置………………………………………… 140
ジェノサイド条約……………………107,158,184
ジェノサイド条約適用事件………………… 28,209
死刑廃止議定書………………………………… 120
死刑モラトリアム決議………………………… 121
自動執行性………………………………… 94,206
市民的政治的権利………………………… 90,98
社会権規約委員会………………… 100,131,132
自由権規約委員会……… 120,131,135,140,141,152
集団安全保障制度……………………………… 53
就業が認められるための最低年齢に関する
　条約…………………………………………… 117
ジュネーブ法……………………… 5,56,59,60,71
ジュネーブ4条約…………… 21,61,62,71,206,210
　共通第3条 …………………… 63,64,71,73,78
　第一追加議定書 …………………… 64,65,72
　第二追加議定書 …………… 63,64,65,72,73,78
受理許容性……………………………………… 139
障害者権利委員会……………………………… 125
障害者権利条約…………………………… 123,125
障害者の権利宣言………………………… 123,186
植民地独立付与宣言……………… 33,160,161,162
女性差別撤廃委員会…………… 114,141,155,156
女性差別撤廃条約…………………………… 96,112
女性差別撤廃宣言…………………………… 96,112
女性に対する暴力撤廃宣言……………… 114,187
女性の地位委員会…………………………… 96,112
人権理事会…………………… 96,191-192,194,195
人権理事会諮問委員会………………………… 192
人種差別撤廃委員会…………… 112,135,136,141
人種差別撤廃条約……………… 110,111,136,137,138
人種差別撤廃条約適用事件…………………… 209
人種差別撤廃宣言……………………………… 109
信託統治制度…………………………………… 159
人道に対する罪……………… 41,42,82,83,84,109
人民自決権……………………… 64,158,160-164,209
人類の平和と安全に対する罪………… 42,44,83
スポーツ反アパルトヘイト条約……………… 109
正戦論……………………………………………… 51
政府報告のための統合ガイドライン……… 133
世界女性会議…………………………………… 184
世界人権会議…………………………………… 184
世界人権宣言…………………… 32,33,95,98,102,106
赤十字国際委員会（ICRC）……………………
……………4,5,21,58,61,64,74,76,78,109,157,207,212
赤十字条約……………………………… 21,59,63
宣言的効果……………………………………… 164
戦時国際法…………………………… 50,56,63,70
総加入条項…………………………………… 57,62

相互主義…… 24,139
即時慣習法…… 33
訴追又は引渡し事件……
……28,33,75,118,138,169,172,175,177,183,184,209
ソフトロー……78,102,179,185
ソフトロー理論…… 8
損害賠償事件…… 22

た行

対世的義務……
……10,27-31,36,37,118,168,170,171,209
多数国間条約に対する留保…… 25,146,149
中立法規…… 51,56,57,58
調査制度……142-144,208
ディアロ事件…… 39,40,141,168,181,209
テーマ別手続……189,190,192
テル・オーレン事件…… 165
東京裁判…… 23,41,82
投資紛争解決センター (ICSID) …… 24
当事者能力…… 27,28
特別手続…… 189,191,192,194

な行

ナミビア事件…… 33,162
南西アフリカ事件…… 28,209
難民条約……103,104,105
難民議定書…… 103,105
ニカラグア事件……75,76,79,174
西サハラ事件…… 33,162
二段階方式…… 33,101,107,180,184,204
ニュルンベルク裁判…… 23,41,79,82
ニュルンベルク諸原則…… 42,83
ノン・ルフールマン原則… 105,106,119,127,187

は行

ハーグ法…… 5,51,56,59,60,61,64,71
発生的効果……33,164,165,205
発展の権利宣言…… 101,187
バルセロナ・トラクション事件 ……
…… 27,29,39,168,170,209
反人種主義・人種差別撤廃世界会議… 111,185
東チモール事件……28,162,175,209
引渡し又は訴追の義務……
…… 35,41,62,127,169,171,172,206
非自治地域に関する宣言…… 159
非法律的国際合意…… 8,185
フィラデルフィア宣言…… 128
フィラルティガ事件…… 118,165,172
フォルティ事件…… 166
フォローアップ手続…… 135,141,142,143,208
不処罰…… 10,169,171,207,210
婦人参政権条約…… 112
不正な条件による移住労働者の機会と処遇の
平等促進に関する条約 …… 121
不戦条約…… 54
不服申立手続……191-195,211
普遍的管轄権…… 35,41
普遍的裁判管轄権……63,119,127,169
普遍的定期審査（UPR） … 4,191,192,194,208,211
分離壁事件…… 28,59,80,81
平和維持活動…… 55
平和に対する脅威…… 10,212,213
平和への権利宣言…… 187
ベリロス事件…… 151,152,155
防止制度…… 144,145,208
補完性の原則…… 207
北海大陸棚事件…… 75,164,174,180,182

ま行

マルテンス条項……………………70,71,73,74,79
無差別戦争観……………………………… 51,57

や行

UN Women ……………………………… 9,96,133
友好関係原則宣言………………… 90,161,162
ユス・アド・ベルム…………………… 51,52
ユス・イン・ベロ……………………… 51,56

ら行

ラグラン事件………………………… 166,167
理性的選択理論……………………… 145,178
立法条約………………………………………… 25
リーバー・コード…………………………… 63,70
留保事件…………………… 26,28,107,147,158
留保に関する実行ガイドライン…… 150,153
留保に関する対話…………………… 153,156
領域内庇護宣言……………………… 106,186
領事関係条約事件………………………… 166
両立性の原則……………………… 26,148,151
リビア＝マルタ大陸棚事件 …………… 175
ルワンダ国際刑事裁判所 (ICTR)…35,44,82,83
ロウル・ケネディー事件…………… 152,153
ロチュス号事件……………………173,175,176

著者紹介

篠　原　　梓（しのはら　あづさ）

■経歴

東京都出身、国際基督教大学・一橋大学大学院法学研究科博士課程卒。

専門、国際法・国際機構論・国際人権法。

現在、亜細亜大学国際関係学部教授・法務省難民審査参与員。

■主要著作

『国際社会における法と裁判』（共著、国際書院）、

「現代国際法における人権と外交的保護の交錯」『政治経済研究所紀要』第 5 号（武蔵野大学）、

『新国際法講義』（共著、北樹出版）、

「国際法における対世的義務の概念」『国際関係紀要』第 9 巻第 1・2 合併号（亜細亜大学）、

『共通利益概念と国際法』（共著、国際書院）、

「慣習国際法形成における国連総会決議の意義」『国際法外交雑誌』第 88 巻第 1 号、他。

国際規範としての人権法と人道法

2017年3月25日　初 版　第1刷発行　〔検印省略〕

定価はカバーに表示してあります。

著者©篠原 梓／発行者 下田 勝司　印刷・製本／中央精版印刷

東京都文京区向丘 1-20-6　郵便振替 00110-6-37828

〒 113-0023　TEL (03) 3818-5521　FAX (03) 3818-5514

発行所 株式会社 東信堂

Published by TOSHINDO PUBLISHING CO., LTD.

1-20-6, Mukougaoka, Bunkyo-ku, Tokyo, 113-0023, Japan

E-mail : tk203444@fsinet.or.jp　http://www.toshindo-pub.com

ISBN978-4-7989-1415-2 C3032 © Azusa SHINOHARA